はじめに

　本書は、社会経済史という共通の領域で仕事をしてきた3人の歴史研究者と、そこに時間だけではなく空間ないし地理という新しい視点を持ち込もうとしている研究者による〈ワークショップ〉(独自の技術をもつ職人の共同作業)から生まれました。私たちは、自らの作業現場をお互いにオープンにし、作業の素材(近現代ヨーロッパ社会／インドを中心とした南アジアの政治経済／江戸時代以降の日本の経済および歴史地理情報)と道具(比較社会史／グローバル化の経済史／生活環境と市場の経済史／歴史情報学)について語り合ってきました。

　そのなかで大きなテーマとなったのは、私たちの研究と大学での講義のつながりをめぐる問題でした。21世紀の新しい経済社会の波頭に立つ若ものたちや、今という時間を共有するすべての人たちに、私たちは何をどのように語りかけたらいいのか？　この点をめぐる議論をつうじて、研究と並ぶ私たちの重要な仕事である講義の現場を公開し、それぞれの歴史像を率直に語ることによって、現代において歴史を学ぶ意味を広い読者の皆さんに問いかけてみようというプランが浮上したのです。〈現代人のための歴史ナビゲーション〉という本書の副題は、こうした本書成立の背景を照射しています。

　本書には四つのタイプの個性的な〈歴ナビ〉が搭載されています。それらを無理に一体化しなかったのは、本書の最後にもその歴史論を引用した国際政治学者E・H・カーが60年以上前にイギリスのBBC放送を通じて語った次の言葉が、頭にあったからです。「歴史は、それみずから、歴史家が資料を組み立てて作る型なのです。型がなければ、歴史はあり得ません。その型というのは、心の所産——つまり、過去の事件に働きかける歴史家の心の所産に過ぎないのです。」(E・H・カー『新しい社会』岩波新書、1953年、17頁)

　そこで以下では、四つの〈歴ナビ〉の「型」について、それを用いた歴史への旅を案内する4人のナビゲーター自身の言葉で説明しておきたいと思います。

第I部（川越）：本書の四つの〈歴ナビ〉装置のうち、私の担当部分が一番古いバージョンになります。18・19世紀の工業化の比較史と20世紀の福祉国家の比較史という、これまでもすでに繰り返し使われてきた歴史の視点・方法を踏襲しているからです。ただその仕様にはいくつかの新しい工夫が施されています。第一に、歴史の変化を経済社会の持続的要因と革新的要因という二つの要因の接合という観点から捉えようとしている点、第二に、18世紀後半から20世紀を挟んで現代に至るいわゆる先進工業地域の歴史（ヨーロッパ、北アメリカ、ソ連や東ヨーロッパの社会主義経済圏、日本が視野に入っています）を、「長い19世紀」と「長い20世紀」に時代区分し、現代社会の起点として1880年代から1920年代に至る「世紀転換期」の経済社会変動を重視している点、第三に、この世紀転換期に生成する社会の共通性と個体性を捉えるために、「社会国家」という概念を採用している点がそれです。こうした新たな仕様によって、私たちが生きている現代日本の経済社会が有する歴史的な特質と、問題点をどこまで浮かびあがらせることができたかは、読者の皆さんの判断に委ねたいと思います。

第II部（脇村）：「グローバル化の経済史」と題しながら、インド亜大陸周辺に歴史記述を終始させていることに疑問をもつ方もおそらく少なくないでしょう。しかし私は、この地域の歴史を描くことこそまさに、「グローバル化の経済史」という題目にふさわしいと考えています。なぜならば、この地域は遅くとも13世紀以来、「開放体系」として存在していたと考えるからです。海陸の交易ルートが十字に交錯し、物資のみならず人の移動も盛んに行われました。また、政治権力そのものも外来の勢力によって構成されることが少なくなかったのがこの地域の歴史です。その意味では、イギリスによる植民地支配もその一事例であるということすら可能です。ただし、イギリスの支配は、この地域に深刻なトラウマ（外傷）を残しました。その帰結が、20世紀後半の「閉鎖体系」だったともいえます。しかしながら、インド亜大陸の800年は、その大半において「開放体系」であったことは確かです。この地域は「開放体系」として存在しつつ、内在的な力の優位性を崩さなかった点が特筆されるべきだと

はじめに

思います。「開放体系」であることによって、つねに多様性を抱えこみつつ、一つの個性ある文明として生き続けてきたことは銘記されるべきでしょう。ひるがえって、私は、現下の日本における危機の最大の要因が、グローバル化状況への不適応にあると思っています。日本は、非西欧世界のなかで、近代において最も円滑に国民国家形成と工業化を成し遂げた国でした。それだけに、パラダイム転換ともいうべき21世紀のグローバル化状況に対して適応困難になりつつあるという逆説が生じているのだと考えています。インド亜大陸の800年から見えてくるものは、こうした状況にある私たちにも、大いに参考になるのではないでしょうか。

　第Ⅲ部（友部）：ここでは、現代世界においても頭痛の種であり続けている市場経済の変動とそれに対応してきた生活環境の変遷を、近代に限定せずに比較的長期にわたって観察しています。その歴史には、人間・市場・自然という三者のもちつもたれつの格闘の足跡が刻まれていました。人間はときに自然と市場に働きかけ、その果実を獲得して、厚生を高めてきました。しかし、その一方で、市場経済の流動性に苦しめられ、また、重労働による苛酷な負担を自らの身体に強いてきました。身体にまつわるさまざまな差別もそれにともない生まれました。それでも、人間は戦い続け、そのつど組織の改編や制度の改善を試み、人間全体の幸福を追求してきたわけです。高度成長期までの日本社会では、その基点がまさに家族や世帯であったわけですが、それ以降、経済社会の仕組みが大幅に変化した結果、今その基点そのものが動揺・変転しています。未来のあるべき日本社会を想定するにおいても、伝統的な日本社会が家族や世帯にもとづいてどのような社会の仕組みや経済制度を構築してきたのか、そしてそれらが私たちの幸福形成にどのように寄与してきたのかをじっくり考えていただきたいと願っています。そのために、現代に至る長い歴史的過程で苦闘してきた人間ひとりひとりの姿を読者の皆さんが具体的にイメージできるような記述と分析を心がけたつもりです。

　第Ⅳ部（花島）：歴史という学問分野は、コンピューターテクノロジーとは

縁遠いと思われがちです。たしかに、歴史的事象の解釈や推論といった知的活動においては、人間の頭脳が主役です。しかし、その一方で、データベースやデジタルアーカイヴといった情報システムが、近年における歴史研究の発展に大きく寄与してきたことも、また事実です。21世紀の歴史学は、コンピューターテクノロジーから最も多くの恩恵を授かる学問分野になるでしょう。第Ⅳ部では、このような潮流のなかで、歴史を学ぶ皆さんがインターネットやデジタル情報を利用する際に、心にとめておいてほしいことがらをまとめました。かつて「パーソナルコンピューター」という概念をはじめて提唱し、AppleのMacintoshに多大な影響を与えたといわれるコンピューターサイエンティスト、アラン・ケイは、その講演のなかで「視点(viewpoint)はIQ 80に値する」と述べています。つまり、ものごとに対する視点をどのように設定するかによって、知的パフォーマンスは大きく左右されるということです。歴史学におけるコンピューターの利用は、まさに「視点の自由度」を拡大することに他ならないのです。本書の第Ⅳ部が、歴史研究における新しい視点創造のためのヒントになれば幸いです。

　さて、こうした四つのタイプの、ある意味くせの強い〈歴ナビ〉を一冊の本にまとめるにあたっては、それらをコンパティブル（相互利用可能）にする何らかの仕掛けが必要でした。本書では、各〈歴ナビ〉の特徴を生かしつつこの課題に応えるために、形式上の統一を図ることにしました。本書の全4部は、それぞれ4頁で組まれた15章（第Ⅳ部のみ5章）から構成され、各章は起点をやや異にするものの近世から現代に至る時期を時代順にカバーしています。各章では、それぞれの時代やテーマの特徴を1頁で概観し、それに関連するデータ（統計図表・文字資料・図版資料など）を2頁にわたって提示した後、その時代を特徴づけているトピックについて詳述するという共通のスタイルをとっています。読者の皆さんには、それぞれの関心に従って、どれか一つの〈歴ナビ〉に精通する、データをもとに自分でイメージした歴史像とナビゲーターの歴史像を対比する、第Ⅰ部から第Ⅲ部までを時間軸にそって併読する、さらには三つの〈歴ナビ〉から得られた情報をベースに、第Ⅳ部で提示されている新

はじめに

　しい歴史情報を取り込んで、自分なりの〈歴ナビ〉を作ってみるといった、さまざまな使い方にチャレンジしてほしいと願っています。
　最後になりましたが、私たちの〈ワークショップ〉を一つの具体的な形に結実させて下さったナカニシヤ出版と、自ら〈ワークショップ〉の一員として本書の編集に携わって下さった酒井敏行さんに、心から感謝したいと思います。
　本書を通じて私たちが伝えたかったメッセージは、歴史は動くということ、そしてそれを動かすのは、経済や社会を形作っている私たちひとりひとりの日々の暮らしに他ならないということです。本書が、歴史を通じて今という時代における生き方を考えるナビゲーターとして役だってほしいと願っています。

　　　　　　　　　　　　　　2010年8月8日
　　　　　　　　　　　　　　　著者を代表して　　川　越　　修

目　　次

はじめに　*i*

第 I 部　工業化社会の比較史

1　歴史の見方　*3*
2　近現代世界におけるヨーロッパ　*7*
3　イギリス産業革命の歴史的条件　*11*
4　後発工業化の多様な道　—ドイツとアメリカ—　*15*
5　工業化と暮らし　*19*
6　工業化と国民国家　*23*
7　日本における工業化の歴史的条件　*27*
8　人口転換と都市化　*31*
9　近代家族と社会国家　*35*
10　世界大戦と社会国家の制度化　*39*
11　黄金期の社会国家　*43*
12　社会国家の類型　*47*
13　社会国家とジェンダー秩序　*51*
14　長い 20 世紀と日本の経済社会　*55*
15　21 世紀社会への道　*59*

第 II 部　グローバル化の経済史　—インド亜大陸の 800 年—

16　インド亜大陸の 800 年　—グローバル化の経済史—　*65*
17　13 世紀世界システム　*69*
18　デリー・スルターン朝と中央アジア世界　*73*
19　大航海時代とインド洋世界　*77*

20 ムガル帝国とその経済　*81*
21 継承国家の時代　*85*
22 インドの植民地化　―ベンガル―　*89*
23 植民地経済の成立　*93*
24 綿工業とジュート工業　*97*
25 交通革命／農業の商業化／飢饉　*101*
26 「自由貿易」下のインド経済をどのように考えるか？　*105*
27 輸入代替工業化の始まり　―第一次世界大戦―　*109*
28 大不況と第二次世界大戦　*113*
29 閉じられたインド　―独立後の混合経済体制―　*117*
30 開かれたインド　―経済自由化―　*121*

第Ⅲ部　生活環境と市場経済から見る日本の歴史

31 日本史の見方・考え方　―歩いて・見て・考える―　*127*
32 生活水準の波動とその歴史的形成　*131*
33 日本における市場経済と貨幣　*135*
34 開発・生活環境の変化と感染症　*139*
35 農村における世帯形成と市場経済　*143*
36 農村工業の展開と地域経済の成長　*147*
37 人口成長と都市化　*151*
38 近代化と婦女子の労働環境　*155*
39 近代化と衛生環境の変化　*159*
40 二重構造と経済発展　*163*
41 地主小作関係と農家経済　―戦後との比較―　*167*
42 工業化と市場統合　*171*
43 戦後の人口と家族　*175*
44 生活水準の比較史　―19世紀と20世紀の世界―　*179*
45 21世紀の幸福と貧困　*183*

目　　次

第Ⅳ部　21世紀の歴史情報リテラシー
- 46　地理情報学の贈り物　―「時空間的変化」という視点―　*189*
- 47　歴史情報とはなにか　*193*
- 48　歴史事象の時空間分析　*197*
- 49　インターネットは「知恵の海」か　*201*
- 50　コピペよ、さらば　―WEB情報の信頼性リスク―　*205*

参　考　文　献　*209*
索引［人名／事項］　*219*

第Ⅰ部
工業化社会の比較史

1 歴史の見方

　イギリスの歴史家Ｅ・Ｈ・カーが1961年に行った講演をもとに書かれ、現在でも広く読まれている『歴史とは何か』というタイトルをもつ本があります。そのなかでカーは、歴史というのは確定し固定化された、つまり「死んだ」過去の集合ではなく、現在の私たちが過去との間で取り交わす、生きた「対話」の産物であり、異なった問題関心や視点を取り入れることを通じて、書き換えが可能だと述べています。本章でもこうしたカーの歴史論に従って、18世紀半ばから21世紀初頭にかけての近現代世界における経済社会の歴史を、21世紀初頭の日本に生きる私たちの目で見ていくことにしましょう。

　以下において皆さんと一緒に考えていきたい課題は、現代日本の経済社会は〈どこから来て・どこにいて・どこへ行くのか〉という問いに集約されます。この問いに答えるために本章では、グローカル（globalとlocalの合成語）な視点を採用します。18世紀から20世紀にかけての歴史を国民国家単位の閉じた歴史の集合体と捉えるのではなく、地球全体を見渡すレンズ（世界システム史）と、その時代を生きる人びとの具体的な生活にフォーカスするレンズ（社会史）を使って、グローバルな方向とローカルな方向に開くことが狙いです。第Ⅰ部で私たちは、そうした視点を「凍った涙」（☞文献⑱7）とも表現されている社会・経済統計の「解凍」（＝解読）作業と組み合わせることによって、ヨーロッパ・アメリカ・日本における近現代の経済社会を比較検討していくことになります。

　第Ⅰ部では近現代を相互に重なり合う二つの時代に区分します。一つは、イギリス産業革命（それ自体が15世紀末からのグローバル化の帰結です）を起点とし、最初のグローバルな戦争である第一次世界大戦を帰着点とする、〈長い19世紀〉（＝工業化の世紀）です。そしてもう一つは、1880年代からの、経済活動の国際化と植民地分割競争という形をとった新たなグローバル化を起点とし現代に至る、〈長い20世紀〉（＝社会国家の世紀）という時代です。これらの時期の主な「出来事」については、以下の年表（☞図表1-1）を参照して下さい。

第Ⅰ部　工業化社会の比較史

図表1-1　関連年表　㉖6,㊱143-145,㊳1,41,61,87,109,137

		人口の推移（100万人）			
		世界計	ヨーロッパ	日本	（年）
1492	コロンブス、アメリカ大陸発見	425	81		(1500)
1600	英：東インド会社設立	545	100		(1600)
1639	**日：鎖国令**	610	120		(1700)
1642	英：ピューリタン革命／88～89名誉革命	720	140		(1750)
1764	ハーグリーブス、ジェニー紡績機発明				
1765	ワット、蒸気機関改良 ⇨ 産業革命				
1768	アークライト、水力紡績機発明				
1775	米：独立戦争（～83）				
1779	クロンプトン、ミュール紡績機発明				
1789	フランス革命（～92）				
1806	英：奴隷貿易廃止	900	180	28	(1800)
1807	プロイセン改革				
1814	スティーブンソン、蒸気機関車試運転				
1830	英：マンチェスター－リバプール間鉄道開通				
1833	英：工場法（児童12時間労働）　44（女性）				
1834	独：関税同盟　英：全国労働組合連合成立				
1840	アヘン戦争（～42）　56～60 第二次アヘン戦争				
1843	英：機械輸出禁止法廃止				
	独（プロイセン）：株式会社法 ⇨ 48/49に制限撤廃				
1846	英：穀物法廃止				
1848	ヨーロッパ革命；カリフォルニア金鉱発見				
1851	英仏間に海底電線開通；シンガー、ミシン発明；ロンドン万国博覧会	1200	265	32	(1850)
1852	仏：クレディ・モビリエ創立				
1854	**日米和親条約 ⇨ 日本開国**				
1855	ベッセマー製鋼法発見				
1858	英：インドの直接統治開始				
1861	米：南北戦争（～65）				
1868	**明治維新**				
1869	スエズ運河開通；米：大陸横断鉄道開通				
1871	ドイツ帝国成立				
	岩倉使節団（～73）				
1882	**日本銀行創設**				

＊太字は日本に関連する項目

（左側縦書き：長い19世紀）

1　歴史の見方

		人口の推移（100万人）		
		世界計	ヨーロッパ	日本（年）
長い19世紀	1883　独：ビスマルク社会保険立法（〜84/89）			
	1884　独：アフリカ植民開始			
	1893　**日清戦争**（〜94）			
	1895　**下関条約**（台湾領有）			
	1903　フォード自動車会社設立	1650	573	45（1900）
	1904　**日露戦争**（〜05）			
	1905　**第二次日韓協約**（韓国の保護国化）			
	1914　第一次世界大戦（〜18）			
長い20世紀	1917　ロシア革命			
	1929　ニューヨーク株式市場の株価大暴落 ⇒ 世界恐慌			
	1933　独：ヒトラー政権掌握；米：ニューディール政策			
	1937　**日中戦争始まる**			
	1939　第二次世界大戦（〜45）；41〜 **太平洋戦争**			
	1944　国際通貨金融会議 ⇒ ブレトン・ウッズ協定			
	1945　国際連合成立；IMF 設立			
	東ヨーロッパに社会主義経済圏（〜49）			
	1949　中華人民共和国成立			
	1950　朝鮮戦争（〜53）	2534	813	83（1950）
	1964　**東京オリンピック開催**			
	1965　ヴェトナム戦争（〜75）			
	1967　EC 発足			
	1971　ニクソン・ショック＝ドル兌換停止 ⇒ 変動相場制へ	3699	1008	104（1970）
	1973　〜石油危機の深刻化			
	1979　欧州通貨制度発足；スリーマイル島原発事故			
	1986　チェルノブイリ原発事故			
	1989　ベルリンの壁（1961）崩壊 ⇒ 冷戦体制の崩壊（〜91）	5295	1149	124（1990）
	1992　マーストリヒト条約 ⇒ ユーロ導入へ			
	1994　（カイロ）国際人口・開発会議			
	1995　（北京）世界女性会議			
	1997　（京都）地球温暖化防止京都会議 ⇒ 京都議定書			
	2001　9.11.ニューヨーク同時多発テロ			
	2002　ユーロ通貨の使用開始			
	2008　金融に端を発した世界経済の混乱深刻化			

第Ⅰ部　工業化社会の比較史

─ トピック1 ─

経済社会変動の分析ツール

　近代の経済社会の変動過程を捉えるための分析ツールには、これまで大きく二つのタイプがありました。断絶説と連続説です。しかし第Ⅰ部ではこの二つを組み合わせた、いわば接合説ともいうべき枠組みを採用します。

　(1)断絶説　経済社会は産業革命という言葉で示されるような、大きく激しい動きによって引き起こされる体制の大転換（例えば産業革命による封建制から資本制への移行といった捉え方）によって、いわば階段状に不連続な変化をするものとしてイメージされます。

　(2)連続説　経済社会の変化には「飛躍」はなく、経済社会は「漸進的」かつ「連続的」に変化するとイメージされています。アシュトン『産業革命』（岩波文庫）は、そのタイトルにもかかわらず、この立場に立って書かれたものです。また基本的にこの立場に立ちながら、そこに断絶説的な説明を取り入れた見方として、工業化を飛行機の離陸（テーク・オフ）にたとえたロストウの経済発展段階論があります

　こうした違いにもかかわらず、両者は近現代世界の経済社会変動には普遍的モデル（例えばイギリスやアメリカ）が存在すると考える点では共通しています。

　(3)接合説　これに対し、第Ⅰ部は経済社会変動には普遍的モデルは存在しないという見方に立っています。第Ⅰ部では経済社会の変動を、それぞれの経済社会が歴史的に作り上げてきた歴史経路（連続的な在来要因）とそれを変化させるインパクト（断絶的な革新要因）が接合する（articulate）ことによって起こるという仮説に立って分析していくことになります。その際重要なのは、この接合は機械的に起こるものではないと考えられている点です。接合による社会経済変動の方向は、在来要因と革新要因が出会う時期と場において、そこに立ち会ったアクター（行動主体を意味します）が、二つの要因の交錯する状況（以下では布置連関と呼びます）をどのように認識し、どんな行動を選択するかによって、多様な方向（接合に失敗するという方向も含まれます）に進みうると考えられているのです。

　接合説は、近現代における経済社会変動を、変動を促すインパクトの共通性とそれへの対応の多様性（経済社会の歴史経路依存性とアクターの選択的行動）という三つの要素の接合体として比較史的に分析するためのツールに他なりません。

2　近現代世界におけるヨーロッパ

　今回の課題は、世界経済をめぐるいくつかの歴史的統計指標を手がかりに、長期のトレンドを確認しつつ第Ⅰ部前半で検討すべき問題を発掘することです。

　まず図表 2-1 を見て下さい。この表からは、20 世紀後半の世界人口がきわめて高い増加率を示していること、そして 1900 年を境に途上地域の人口構成比が減少から増加傾向に転じていることが読み取れます。また図表 2-2 では、19 世紀から 20 世紀前半の北アメリカにおける人口の急増（移民によるものです）と世界人口に占めるアジアの構成比の高さ（一貫して 60 ％前後）が注目されます。こうしたトレンドからは、ヨーロッパから始まった工業化の動きがグローバルな人口の動きと連動していること（☞図表 2-6、2-7）、そのなかにあって日本を含むアジアという地域が欧米ともラテン・アメリカやアフリカ地域とも異なった位置を占めていることが浮かび上がってきます。

　こうしたトレンドを、各国の人口 1 人当たり GDP（☞図表 2-3）と世界工業生産に占める各国のシェア（☞図表 2-4）という、各国の経済力を示す基本データとつき合わせてみると、いくつかの検討課題が浮かび上がってきます。ヨーロッパのなかで当初優勢だったルネッサンスの母国イタリアではなく、イギリスで世界最初の工業化（＝「産業革命」）が起こったのはなぜか、移民国家アメリカの経済力が、1820 年頃（対ヨーロッパ全体）から 19 世紀末（対イギリス）にかけ、ヨーロッパを凌駕しえたのはなぜか、日本を除くアジア（中国とインド）の経済力が 19 世紀に顕著に低下しているのはなぜか、そしてそのなかで日本の経済力が 19 世紀を通じて大きく低下することなく、20 世紀後半に飛躍的に上昇した理由をどう捉えるかといった問題です。

　次回以降、まずこれらの点を〈長い 19 世紀〉の問題として検討した後、工業化が人びとの生活にどのような影響を及ぼしたかを検討し（「凍った涙」の解凍作業）、それとの関連で人口・家族をめぐる問題を軸に、〈長い 20 世紀〉の諸問題の検討へと歩を進めていくことにしましょう。

第Ⅰ部　工業化社会の比較史

図表 2-1　世界人口の推移と将来予測（100万人）㉔6

年	世界人口計	先進地域	発展途上地域	世界人口に占める割合(%)
1750	791	201	590	74.6
1800	978	248	730	74.6
1850	1,262	347	915	72.5
1900	1,650	573	1,077	65.3
1950	2,534	813	1,721	67.9
1960	3,032	916	2,115	69.8
1970	3,699	1,008	2,690	72.7
1980	4,451	1,083	3,368	75.7
1990	5,295	1,149	4,146	78.3
2000	6,124	1,194	4,930	80.5
2010	6,906	1,233	5,674	82.2

図表 2-2　大陸別人口（100万人）㊳1

	1500	1700	1800	1900	1950	1975
ヨーロッパ	81	120	180	390	515	635
北アメリカ	1	1.2	6.5	81.25	164	233
ラテンアメリカ	13	11.8	17.5	63.75	161	312
アフリカ	46	61	70	110	205	385
アジア	280	415	625	970	1450	2300
オセアニア	2	—	2.5	6.75	14	23
世界	425	610	900	1625	2500	3900

図表 2-3　西欧および主要6カ国の1人当たり GDP 水準（世界平均=1）⑯90

	1500	1600	1820	1913	1950	2001
西欧	1.36	1.50	1.81	2.27	2.17	3.18
イギリス	1.26	1.64	2.56	3.23	3.29	3.33
イタリア	1.94	1.85	1.67	1.68	1.66	3.15
アメリカ	0.71	0.67	1.88	3.48	4.53	4.62
日本	0.88	0.87	1.00	0.91	0.91	3.42
中国	1.06	1.01	0.90	0.36	0.21	0.59
インド	0.97	0.92	0.80	0.44	0.29	0.32

表 2-4　世界工業生産における国別シェア（％）㊳12

	1820	1870	1896〜1900	1926〜1929	1971
イギリス	24	32	20	9	4
フランス	20	10	7	7	3
ドイツ	15	13	17	12	5
英独仏　計	59	55	44	28	12
アメリカ	4	23	30	42	33
ロシア/ソ連	—	4	5	4	16
日本	—	—	1	3	5

2 近現代世界におけるヨーロッパ

図表 2-5 1569年に発案されたメルカトル地図 ㉚253

図表 2-6 土地利用の歴史的変化と人口 ⑥164

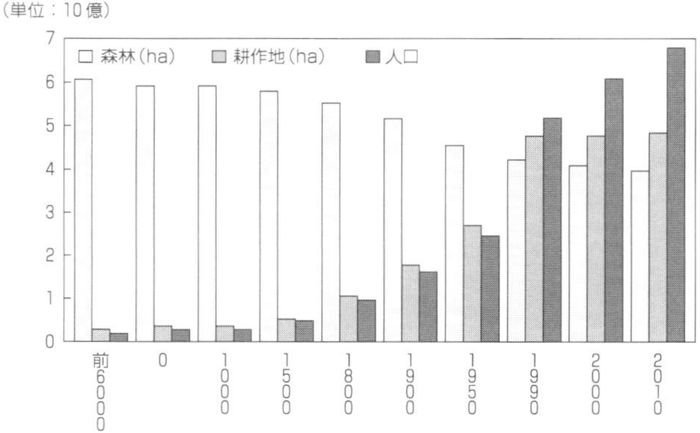

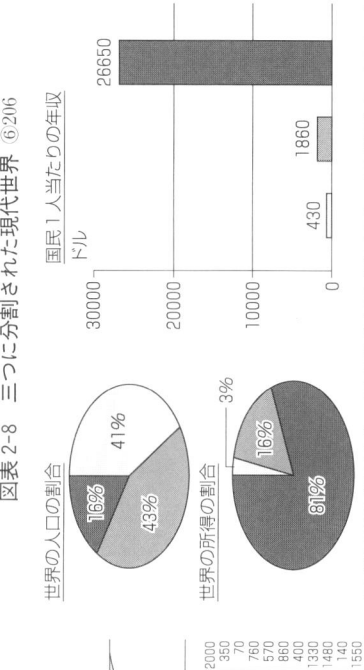

図表 2-7 現代世界の地域別人口（1974年時点での推計）⑥203

図表 2-8 三つに分割された現代世界 ⑥206

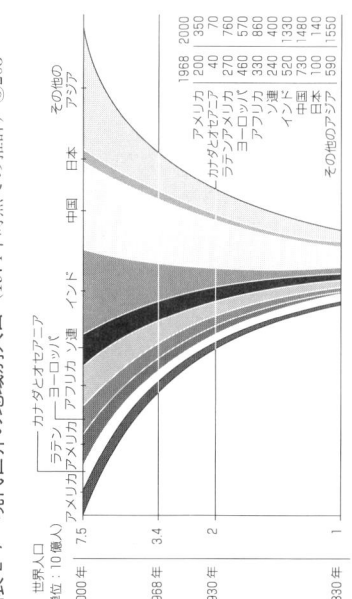

第 I 部　工業化社会の比較史

トピック 2

ヨーロッパとアジア

　先に提示した検討課題のなかから、ここではジョーンズの著書（☞文献⑱）を手がかりに、ヨーロッパが工業化の震源地となった歴史的な条件を探りながら、第 I 部が模索する歴史の作法について考えてみたいと思います。

　(1)『ヨーロッパの奇跡』　本書においてジョーンズは、その条件として、経済のグローバルな展開（これを前提とする点で、彼はもっぱらイギリスの内生的な要因を重視する「イギリス中心主義学派」と見方を異にしています）のなかで、「環境・経済・地政」という三つの要素が独自の組み合わせを作り上げた点（この点を重視する意味では、彼は経済のグローバル化と世界システムの構造を決定因と考える「世界主義論者」とも立場を異にします）を挙げています。いささか乱暴な試みですが、以下でこの三つの要素の連関についての彼の主張を要約してみましょう。

　(2)「環境・経済・地政」　まず環境面でのヨーロッパの特質としてジョーンズは、穀物生産地域およびそれに連関した政治的中心地域の分散性と、自然災害が資本よりは労働力に大きな損失をもたらしたことに着目します。これと「経済」面における市場の特性（地域経済圏における日常生活品取引を軸に展開）が結びついて、労働力と財産の保全を正当性の根拠とする小規模な政治体が並立（後に国民国家へと展開）するという、工業化に適合的な「地政」学上の特質が生じたと論じます。

　これに対しアジアでは、水田稲作から想像できるように、農業は労働集約的で、自然災害は農地やインフラといった資本の大損失をもたらし、そのリスクを避け、あるいは損失を速やかに回復すべく巨大化（＝「帝国」化）する傾向をもつ単一の政治体のもと、経済／市場は巨大な中心都市における奢侈品取引を軸に動き、富の集中と格差の拡大および固定化により、政治が絶えず不安定化するという特質をもったとされています。

　(3)経済史の作法　ここでは、こうしたジョーンズの見解そのものの当否はひとまず置くとして、その複眼的思考方法に着目したいと思います。複眼的というのは、自然、経済、政治を個々バラバラに扱ったり、そのなかの決定因を論理的ないし計量的に探るという思考法ではなく、それぞれの時代を生きた人びとの生き方や価値観、さらには各時代の科学的な認識パラダイムの変化などを含め、歴史を構成する多様な要素の布置連関（constellation）を探るという思考法を意味します。

3　イギリス産業革命の歴史的条件

　今回から、工業化の時代としての〈長い19世紀〉の検討に入ります。まず、なぜイギリスで世界最初の工業化（＝産業革命）が展開されたのか、その歴史的条件とはどのようなものだったのかを考えることから始めましょう。

　まず図表3-1を見て下さい。これは西暦1000年から1800年までのイギリスの人口変動を概観したものです。イギリスの人口は14世紀に黒死病（ペスト、☞図表3-6）の流行で大きく減り（a）、300年かけて元の水準に戻った後（b）も成長を維持（c）しますが、1700年を挟んでいったん停滞し（d）、その後急成長（e）しています。こうした人口の動きは、イギリスが16世紀から17世紀の半ばにかけ初期的な経済成長を経験した後、18世紀半ば以降、産業革命と呼ばれる本格的な経済発展（☞図表3-3）をとげたという事実に照応しています。

　ではdの時期の停滞要因と、イギリスがそれを突破しえた要因は何だったのでしょうか。停滞要因の一つは、人口増加をともなう初期的経済成長が食糧と木材（重要な建築資材でありエネルギー源でもありました）という、供給においてトレードオフの関係にある資源の制約という壁にぶつかったことにありました。そしてこれまでの経済史研究を総合すると、イギリスがそれを突破しえたのは、土地制度と農法の革新による上記の制約の突破（農業革命）、農村における新たな毛織物工業の展開（☞図表3-4⇒プロト工業化）、奴隷貿易を核とした三角貿易（☞図表3-7）の展開や17世紀以来の貿易総量の持続的な増加（☞図表3-2）を通じた国産品輸出の伸びといった予備的条件の整備によって整えられた土壌に、石炭へのエネルギー転換と結びついた動力革命（1765年の蒸気機関の発明）と綿という世界商品の生産技術の革新（1764年のジェニー紡績機発明に始まる機械化）が根づき、開花したことによると考えられます（☞図表3-8〜3-12）。

　そしてこの先行モデルのない、長期的・複合的な経済社会変動の帰結である産業革命が、イギリスにおいて、さらにそれに続いて工業化を展開した諸国においても、第一次産業から第二次産業への経済の重点の転換、農村から都市への人口の移動という、経済社会の大変動（☞図表3-5）の震源地となるのです。

11

第Ⅰ部 工業化社会の比較史

図表 3-1 イギリスにおける人口の長期的変動 ⑮9

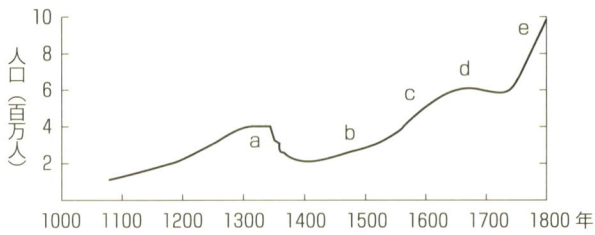

図表 3-2 イギリスの初期貿易
(1000ポンド) ㊳52

	国産品輸出	再輸出	輸入	粗総貿易
1640頃	2,300	500	2,700	5,500
1663/69	3,000	900	4,000	7,900
1699～1701	4,400	2,000	5,800	12,200
1722～1724	5,000	2,700	6,800	14,500
1752～1754	8,400	3,500	8,200	20,100

図表 3-3 イギリスのGDP成長率推計と人口増加率 (年率%)
⑯231

	GDP	人口
1700～1760	0.69	0.38
1760～1780	0.64	0.69
1780～1801	1.38	0.97
1801～1831	1.90	1.45

図表 3-4 イギリス産業の構造変化 ⑯236

		羊毛製品	リンネル	皮革	木綿製品	鉄製品	石炭	建築	その他
1770	生産高合計にしめる割合(%)	30.6	8.3	22.3	2.6	6.6	4.4	10.5	14.8
1831	生産高合計にしめる割合(%)	14.1	4.4	8.7	22.4	6.7	7.0	23.5	13.3
1831	価格変化(%) 1770年=100	113.4	99.3	123.8	66.2	30.1	133.3	178.8	173.5

図表 3-5 イギリス経済の長期的変容 ⑯238

	1人当たりGNP 1700=100	構造変化指標(%)			
		産業部門別従事者割合			都市化率(人口5000～)
		農業	工業	その他	
1700	100	61.2	18.5	20.3	17.0
1760	120	52.8	23.8	23.4	21.0
1800	128	40.8	29.5	29.7	33.9
1840	170	28.6	47.3	24.1	48.3
1870	271	20.4	49.2	30.4	65.2

3 イギリス産業革命の歴史的条件

図表 3-6 「死の舞踏」(黒死病の脅威) ㉚186

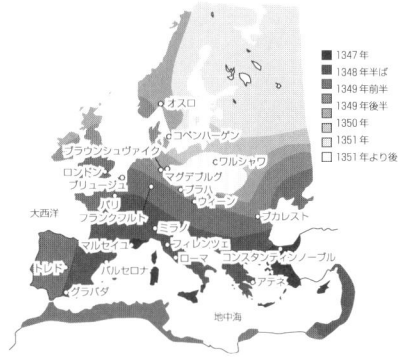

図表 3-7 三角貿易のネットワーク ㉚280

図表 3-8 ジェニー紡績機 ㉝3

図表 3-9 ウォーターフレーム紡績機 ㉝3

図表 3-10 スティーブンソンの蒸気機関車 ㉛1

図表 3-11 ミュール紡績工場 ㉝57

図表 3-12 ワットの蒸気機関 ㉟5

13

第Ⅰ部　工業化社会の比較史

トピック3

イギリス経済衰退の歴史的条件

　産業革命の地イギリスは、2で概観したように、19世紀末になるとアメリカやドイツといった国々の追撃を受け、長い経済衰退の局面に入り込んでしまいます。どうしてそのような事態に陥ったのでしょうか。ここでは、トピック1で説明した経済社会変動を捉えるためのツール（接合説）の助けを借りて、その歴史的背景を探ってみましょう。

　(1)産業革命はどこまで革命か　産業革命は、何をどこまで変えたのでしょうか。たしかに主たる工業製品（毛から綿へ）、生産立地（農村から都市へ）、生産方法と労働環境（手作業から「工場」における機械生産へ）は大きく変わりました。しかしそれが「事実」のすべてではありません。

　これまでの研究（☞文献㉓など）によれば、産業革命期のイギリスの「工場」はごく一部の大工場をのぞいて、規模も小さく、工場内の個々の作業場ではイギリスで採用された機械技術の稼働に不可欠だった手工業的熟練工が生産を支配しており、輸出される綿製品のブランド名は商業革命にルーツをもつ輸出商の手に握られ、貿易に不可欠の手形取引もロンドンを拠点とするマーチャントバンカー抜きには機能しなかったとされています。つまり産業革命の過程は、徹底した断絶という意味での「革命」だったというよりも、一連の革新要因が在来の経済的アクターによって取り込まれ、在来条件に適合する形で定着した接合的変化という側面をもっていたのです。

　(2)産業革命の担い手（＝資本家）は革新的だったか　では、イギリスの経済衰退はどう説明できるのでしょうか？　19世紀半ばのイギリスの「工場主」の姿を想像してみて下さい。あなたは生産現場でも、流通、金融面でも完全な支配権を握ってはいません。となると利潤を手にしたあなたは、それを再投資して生産を合理化し企業規模を拡大するという、経済学が想定するような行動をとるでしょうか？　現実には、高くはなかった自己の社会的プレスティッジを上げるために、利潤をイギリスの伝統的な支配階層モデルにならった生活をすることに振り向ける、つまり田舎（農村）に土地を購入してジェントルマン的生活を享受するというのも、彼らにとって有力な選択肢となったのです。これでは、イギリスへのキャッチアップを目指し、競争力強化をはかる後発工業国には勝てません。

　接合説はこのように、イギリス産業革命の原因と帰結を規定した具体的で多様な要因を照射しうる、一定の説明力をもった視点だといえそうです。

4 後発工業化の多様な道
―ドイツとアメリカ―

　今回は、イギリスに続いて工業化を進めた諸国を取り上げます。なかでもドイツとアメリカ（合衆国）は、19世紀末の高度工業化（繊維工業から重化学工業への重点移動）の時期に、イギリスと対抗しうる経済力を獲得します。

　まず、図表4-1、4-2、4-3を見て下さい。表にある5カ国の20世紀初頭時点での人口、部門別労働力構成、経済力指標を比較すると、後発工業化の道の多様性が浮かび上がってきます。1人当たりGDPでみるとこの時点ですでにイギリスを上回っていたアメリカの特徴は、第三次産業部門の比率の高さにあり、1人当たりGDPの伸び率ではイギリスを凌駕していたドイツでは、就業人口の重心は第二次産業部門にありました。これに対しフランスは、自然出生率が低く農業人口の割合が高いという特徴を示しています。逆にイギリスの特徴は、生活水準を示す一つの指標となる平均寿命や第二・三次産業部門の割合がいずれも3国を上回っている点にあり、イギリスの経済社会を衰退というイメージだけで評価してはならないことが示唆されています。そして、20世紀初頭の日本の経済社会をめぐる指標からは、日本がこの時点ではまだ工業化に向けて動き出したばかりの段階にあったことが浮き彫りになります。

　では後発工業国、ドイツの工業化はどのような過程をたどったのでしょうか。その要点をフローチャート式に素描すると、〈政治的分裂⇒経済的にイギリスに従属⇒関税同盟（1834年）→機械工業や鉄道建設（☞図表4-6、4-7）に重点を置いた積極的産業振興政策→制度整備（株式会社＋ユニバーサル・バンク）→政治的統一（1871年）→工業化の高度化をリード〉、といった具合になるでしょう。

　このどこか日本の工業化過程を想起させるドイツの動きに対し、アメリカの工業化はまったく異なった条件のもとで進行しました。移民国家であったこと（☞図表4-4、4-8）、貿易依存度の低い自己完結的経済圏をなしていたこと（☞図表4-5）がそのポイントです。この条件のもとアメリカは、20世紀の生産システムの標準モデルとなる大量生産システムの形成に向けて歩んでいきます。

第Ⅰ部　工業化社会の比較史

図表 4-1　人口動態統計 ㊱19

	人口100人当たりの出生数					平均寿命（男女平均）				
	英	仏	独	米	日	英	仏	独	米	日
1820	3.03	3.17	3.99	5.52	-	39	40	-	-	35
1900	2.87	2.13	3.56	3.23	3.17	51	47	47	47	44
1992	1.37	1.30	1.11	1.59	0.97	76	77	76	77	79

図表 4-2　主要経済部門別の就業者構成の変化（%）㊱33

	英	仏	独	米	日	英	仏	独	米	日	英	仏	独	米	日
	Ⅰ：農業、林業、漁業					Ⅱ：鉱業、製造業、建設業、公益事業					Ⅲ：サービス業				
1820	37.6	-	-	70.0	-	32.9	-	-	15.0	-	29.5	-	-	15.0	-
1870	22.7	49.2	49.5	50.0	70.1	42.3	27.8	28.7	24.4	-	35.0	23.0	21.8	25.6	-
1913	11.7	41.1	34.6	27.5	60.1	44.1	32.3	41.1	29.7	17.5	44.2	26.6	24.3	42.8	22.4
1950	5.1	28.3	22.2	12.9	48.3	44.9	34.9	43.0	33.6	22.6	50.0	36.8	34.8	53.5	29.1
1992	2.2	5.1	3.1	2.8	6.4	26.2	28.1	37.8	23.3	34.6	71.6	66.8	59.1	74.0	59.0

図表 4-3　1人当たり実質 GDP 水準
（1820年イギリス＝100）㊱294-299

	英	仏	独	米	日
1820	100.0	69.4	63.3	73.3	40.1
1870	185.8	105.8	108.9	139.9	42.2
1913	286.6	196.6	218.3	302.2	76.0
1950	389.2	297.3	243.8	545.2	106.7
1973	682.9	736.9	749.0	945.7	627.4
1992	896.2	1022.7	1102.0	1227.7	1106.2

図表 4-5　世界の工業生産と工業製品輸出に占める割合（%）㉛75

	英		仏		独		米	
	生産	輸出	生産	輸出	生産	輸出	生産	輸出
1881～1885	26.6	38.2	8.6	14.5	13.9	17.8	28.6	4.2
1896～1900	19.5	31.5	7.1	13.4	16.6	19.4	30.1	7.0
1906～1910	14.7	28.8	6.4	12.5	15.9	20.6	35.3	8.2

図表 4-4　アメリカ合衆国の人口増加と移民 ㊳8

	1850	1860	1870	1880	1890	1900	1910	1920	1930
人口（千人）	23,361	31,513	39,905	50.262	63,056	76,094	92,407	106,466	123,188
増加率（10年／%）	-	36	27	26	24	21	21	15	16
増加分の移民割合(%)	-	31	26	23	28	28	55	34	16

4 後発工業化の多様な道

図表4-6 ドイツにおける鉄道網の発達 ⑬200

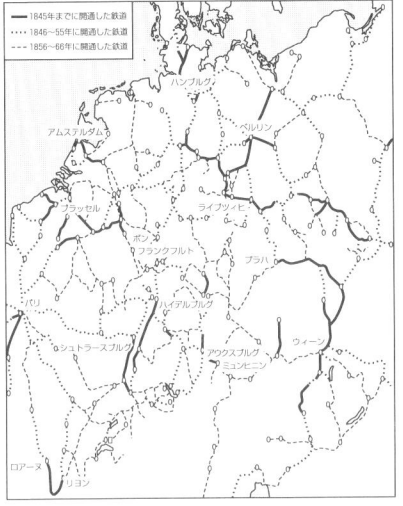

図表4-7 ベルリンのボルジヒ機械製造工場 ⑦19-20

図表4-8 アメリカへのヨーロッパ系移民の推移 ㉗52-53

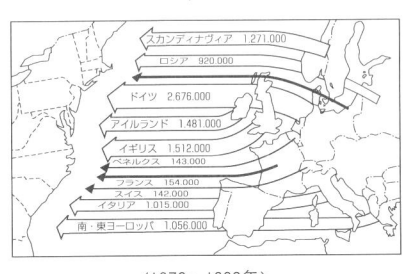
〈1870〜1900年〉

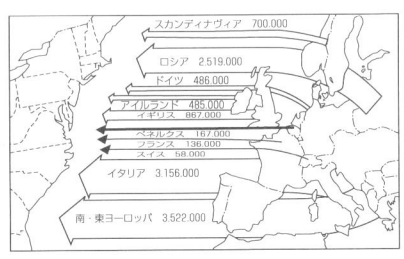
〈1900〜1920年〉

図表4-9 シンガー・ミシンのニューヨーク工場(左、1854年)と広告(右、1857年) ㉚111-112

17

第Ⅰ部 工業化社会の比較史

トピック 4

後発工業化の歴史的条件——ドイツとフランス

　ここでは、19世紀の工業化の歴史においてはかなり特異な条件を有していたアメリカではなく、再び接合という視点を借りて、同じヨーロッパにおける後発工業国であるドイツとフランスを比較してみたいと思います。
　(1)ドイツ工業化の歴史的条件　先ほども指摘したように、ドイツ工業化の在来要因の一つとして、政治的分裂にともなう国内市場の統一の遅れ（ドイツで関税同盟が結ばれるのは1834年）が挙げられます。これと産業革命を経験したイギリスからの経済圧力（＝イギリス工業製品のドイツ市場への流入）という外からの革新要因が接合不全をきたし、19世紀前半のドイツでは工業化への本格的なスタートは遅れます。しかし、この点を認識したプロイセン（＝当時のドイツ最大の領邦国家）の革新的官僚を中心に、イギリスの進んだ工業技術を積極的に摂取し、伝統的な手工業の高い技術力を生かせる新しい部門（＝機械工業）において競争力を高める産業振興策がとられたこと、さらに19世紀半ばから認可されるようになった株式会社形態をとったユニバーサル・バンク（株式発行による自己資金と預金からなる豊富な資金を国内産業に投資）という革新的な制度が導入されたことにより、ドイツは1850年以降、急速に工業化を進めていきます。
　(2)フランス工業化の歴史的条件　これに対しイギリスとならぶヨーロッパの政治・経済大国であったフランスでは、フランス革命の成果の一つである農民革命の帰結（＝大量の小土地所有農民の誕生）が、先に挙げたフランスの低い出生率も示唆しているように、労働力面において製造業中心の工業化に対し負の働きをしました。また、国力の強さゆえに対英経済関係において保護主義的な対応を選択したこと（イギリス製品からの国内市場の保護は反面、イギリスの先進技術の導入を困難にさせます）によって、外からの経済革新要因がブロックされ、フランスは全体として緩慢な工業化を余儀なくされたと考えられます。さらに銀行制度も、在来の国立銀行と国外に目を向けた新興の投資銀行（＝クレディ・モビリエ）が並立するフランスでは、当面、工業化の強い促進要因とはなりませんでした。
　(3)後発工業化の鍵　こうしてみると、後発工業化の道は在来的な国内要因の優劣によって機械的に決まるのではなく、在来要因と革新要因とのプラス方向への接合可能性の鍵は、それぞれの場・時におけるアクターの状況認識とそれにもとづく選択的行動が握っているといえるでしょう。

5 工業化と暮らし

　今回は視点を変えて、イギリス産業革命を起点とする19世紀の工業化の波が、当時の人びとの暮らしにどのような影響を及ぼしたかについて検討します。

　まず、工業化を下から支えた労働者層の賃金をめぐる統計の「解凍」（＝解読）から始めましょう。図表5-1は英独仏3国の労働者の名目賃金、図表5-2は同じく生計費について、それぞれ1900年を100とした指数で示したものです。英仏の賃金は1850年代、独では1860年代から上昇し始めますが、いずれの国でも賃金を上回っている生計費上昇率を考慮に入れると、ヨーロッパの労働者たちが実際に工業化の果実を手にできるようになるのは、1880年代以降のことであったといえるでしょう（☞図表5-8）。ただしこの頃の労働時間は依然として長く（☞図表5-3）、1913年をとっても週50時間程度の水準にありました。

　他方、人びとの暮らしの質を示す指数（乳児死亡率☞図表5-4、教育水準☞図表5-5）は何を語っているでしょうか。社会で最も弱い存在である乳児の生後1年以内の死亡率がヨーロッパにおいて低下し始めるのは、おおむね1870年代以降であり、その後1920年代になってようやく10人に1人の水準を割り込みます。こうした変化は都市における生活環境が次第に改善されるとともに、教育水準が初等教育から中等教育へと拡充されていく動きと連動しています。

　このように、19世紀のヨーロッパにおける工業化は全体として、1880年代から1920年代の世紀転換期に、人びとの暮らしの量的・質的改善をもたらしたといえますが、これとは異なった動きを見せている指標があることも見逃してはなりません。20歳以上の人口に占める有権者の割合が、1898年の時点では英独仏いずれにおいても50％を切っており、数値が大きく変わるのは第一次世界大戦後（☞図表5-10）ないし第二次世界大戦後だということ（☞図表5-6）は、何を意味しているでしょうか。ポイントは人口の半数を占める女性です。この数字は、世紀転換期に生活の量的・質的改善を可能にしたヨーロッパ社会の大転換とその帰結を分析していくにあたって、ジェンダーという視点が不可欠であることを示唆しているのです。

第Ⅰ部 工業化社会の比較史

図表5-1　工業における貨幣賃金
（1900年＝100）㊲[1]186-187

	英	仏	独
1830	57	45	37
1840	61	49	44
1850	60	50	41
1860	69	60	48
1870	75	72	60
1880	80	88	70
1890	94	93	83
1900	100	100	100
1910	105	110	125

図表5-2　生計費指数
（1900年＝100）㊲[1]863-864

	英	仏	独
1830	148	—	56
1840	153	84	58
1850	112	84	52
1860	131	93	82
1870	129	100	90
1880	115	103	99
1890	98	101	97
1900	100	100	100
1910	105	103	119

図表5-3　被雇用者1人当たりの年間労働時間（時間）㊱358

	英	仏	独	米	日
1870	2984	2945	2941	2964	2945
1913	2624	2588	2584	2605	2588
1950	1958	1926	2316	1867	2166
1973	1688	1771	1804	1717	2042

図表5-4　乳児死亡率（出生児1000人当たりの1歳未満死亡児数‰）㊲[1]120-124, [2] 82, [3] 87

	英	仏	独	米	日
1840	154	162	299	—	—
1850	162	146	297	—	—
1860	148	150	260	—	—
1870	160	201	298	—	—
1880	153	179	240	—	—
1890	151	174	226	—	—
1900	154	160	229	—	—
1910	105	111	162	—	—
1920	80	123	131	*82/132	166
1930	60	84	85	*60/100	125

＊*白人/黒人

図表5-5　15-64歳の国民1人当たり平均教育年数（年、男女平均）㊱30

	英	仏	独	米	日
1820	2.00	—	—	1.75	1.50
1870	4.44	—	—	3.92	1.50
1913	8.82	6.99	8.37	7.86	5.36
1950	10.60	9.58	10.40	11.27	9.11
1973	11.66	11.69	11.55	14.58	12.09
1992	14.09	15.96	12.17	18.04	14.87

図表5-6　選挙権の拡大（20歳以上人口に対する割合％）㉞[上]113,117,149

	英	仏	独
1831	3.8	0.8	—
1871	14.9	43.7	33.0
1898	28.5*	42.0	37.8
1924	75.6	39.9	97.8
1945	96.6	88.3	95.6**

＊*1900, **1949

5 工業化と暮らし

図表5-7 1840年代ドイツの「プロレタリア」家族（左）と市民家族（右）⑦48-49

図表5-8 1900年頃のドイツの労働者家庭 ㊺56,80

図表5-9 1840年代のドイツの学校風景 ⑦54　図表5-10 投票するドイツの女性たち
　　　　　　　　　　　　　　　　　　　　　　　（1919年）㊿200

21

トピック5

19世紀ドイツの社会史

　ここでは、1871年にドイツ帝国の首都（それ以前はプロイセン王国の王都）となったベルリンにフォーカスし、工業化の陰のアクターである労働者層の暮らしがどう変化していくかを追ってみましょう（☞文献⑦⑧）。

　(1)初期工業化の時代　この時代は1830年頃から1850年頃にかけて、ドイツがイギリスに従属しつつ工業化に向けての遅いスタートを切った時期にあたります。この頃のドイツでは、現在と同じように、「新しい貧困」が問題となっていました。社会的弱者（救貧事業ないし慈善の対象）や物乞い・浮浪者（取り締まりの対象）たちをめぐる従来の貧困問題とは異なり、工業化の影響を受けた都市手工業者層や、農村から都市に移住し、周辺のスラムに住みついた手に職のない「働く」人びとの貧困（「大衆的貧困」と呼ばれました）が新たに問題となったのです（☞図表5-7、5-9）。こうした工業化の初期段階の貧困問題は、エンゲルス（『イギリスにおける労働者階級の状態』）や横山源之助（『日本の下層社会』）の古典的なルポルタージュが活写しているように、どの国の中心都市でも（そして今日の開発途上地域でも）似た相貌を見せます。

　(2)1848年革命　この新たな社会問題を背景として、ヨーロッパは1848年に大きな革命運動の波に洗われます。ベルリンでも労働者たちは、バリケードを造り街頭で軍隊や有産市民たちと対峙するとともに、自らを守るために「労働者友愛会」という新しい組織を作り上げました。

　(3)工業化の時代　革命は大きな政治的成果をあげることはできませんでしたが、これを契機にベルリンは大きく変貌をとげ始めます。上下水道やガス燈の整備が始まり、かつての城壁を取り払った都市の再開発が進むのです（このプロセスを第Ⅰ部では外的都市化と呼ぶことにします）。

　(4)高度工業化の時代　1848年の動きは後の労働組合や労働者政党という新たなアクターの誕生につながっていきますが、1871年にドイツ帝国が成立すると、労働者問題は国家の重要な政策課題として議論されるようになります。そしてドイツでは、工業化の高度化（＝初期の繊維産業や機械工業から重化学工業への産業部門の重点のシフト、☞図表6-7）を通じたイギリスやアメリカとの競争力の強化とならんで、労働者組織を弾圧した当のビスマルクにより、新たな解決策（＝1883年に始まる一連の社会保険立法）が導入されることになるのです。

6　工業化と国民国家

　前回確認した人びとの暮らしの改善は、ヨーロッパにおける国民国家の強化と密接に関連しています。国民国家は、イギリスの清教徒革命やフランス革命を挟んで、ヨーロッパで長い時間をかけて議会制や民主主義とともに熟成された経済社会の統治システムです。では、工業化がより高度な段階に進みつつあった19世紀末に、なぜあらためて国民国家が問題になるのでしょうか。

　まず工業化の高度化の動きについて統計指標を確認しましょう。**図表6-1**、**6-2**、**6-3**から明らかなように、世紀転換期に諸指標の急上昇が見られるわけではありませんが、世界における生産量と貿易量のいっそうの拡大、工業品輸出に占める機械・金属品の割合の上昇（繊維製品の割合の低下）、銑鉄とならぶ粗鋼生産の上昇のうちにその方向性が明確に示されています。同時にこれらの数字は、20世紀前半の貿易量の伸び悩みや粗鋼へのシフトがイギリスではなくドイツにおいてより明確に示されていることなど、工業国間の力関係のバランスが変化し国家間の新たな競争関係が生まれつつあることを示唆しています。

　こうした展開を受けて、工業国においては国家の政策的役割が強化されていきます。まず経済力を維持・強化すべく、各国はいっせいに保護関税体制の強化をはかります。さらにドイツを筆頭にヨーロッパでは、社会保険を手段とする社会保障制度の整備によって国民の暮らしの保護が試みられます。そして、イギリスに続いてフランスとドイツも、政治的支配をともなう対外進出の動きを強めます（☞**図表6-4、6-5**）。この時期が「帝国主義の時代」（☞**図表6-8**）と呼ばれてきたゆえんです。

　こうして世紀転換期は、工業化の高度化の動きとともに経済活動の国際化の動きが顕在化し、それが国民経済の保護、国民生活の保護、さらには植民地領有という形をとった国民国家の強化（経済的権益の拡大と国際政治上の力の誇示を通じたナショナリズムの高揚）と結びつくことによって、国民国家がプレゼンスを高めた時期となったのです。現在まで続く政府支出の拡大傾向も、この時期以降、急速に加速していきます（☞**図表6-6**）。

第Ⅰ部　工業化社会の比較史

図表6-1　世界生産・世界貿易数量指数（1913年＝100）㊳11

	1830	1870	1890	1900	1913	1929	1948	1971
世界生産指数	5.78	19.5	41.1	58.7	100	153.3	274	950
世界貿易数量指数	4.3	23.8	44	57	100	110	103	520

図表6-2　世界工業製品輸出の構成変化（％）㊳29

	1899	1913	1929	1976
繊維品	34.1	28.2	23.3	8.7
機械類	13.4	19.6	27.1	53.9
金属品	11.3	13.8	12.7	11.3
化学品	8.5	8.5	8.1	12.2
その他	32.6	29.9	28.8	14.0
合計	100.0	100.0	100.0	100.0

図表6-3　銑鉄・粗鋼生産の推移（1000t）㉛109

	英		独	
	銑鉄	粗鋼	銑鉄	粗鋼
1870	6,059	334	1,261	126
1890	8,031	3,636	4,100	2,135
1900	9,104	4,980	7,550	6,461
1913	10,425	7,787	16,761	17,609

図表6-4　主要国の植民地領有（1000km²/1000人）㊳104

	1876		1900	
	面積	人口	面積	人口
英	22,476	251,861	32,713	367,605
仏	965	5,997	10,985	50,107
独	—	—	2,597	11,998
世界	46,495	313,645	72,900	529,647

図表6-6　全政府支出のGDP比（％）㊱81

	英	仏	独	米	日
1880	9.9	11.2	10.0	—	9.0
1913	13.3	8.9	17.7	8.0	14.2
1938	28.8	23.2	42.4	19.8	30.3
1950	34.2	27.6	30.4	21.4	19.8
1973	41.5	38.8	42.0	31.1	22.9
1992	51.2	51.0	46.1	38.5	33.5

6　工業化と国民国家

図表 6-5　列強によるアフリカ分割 ㊳107

〈1891年〉　　　　　　　　　〈1914年〉

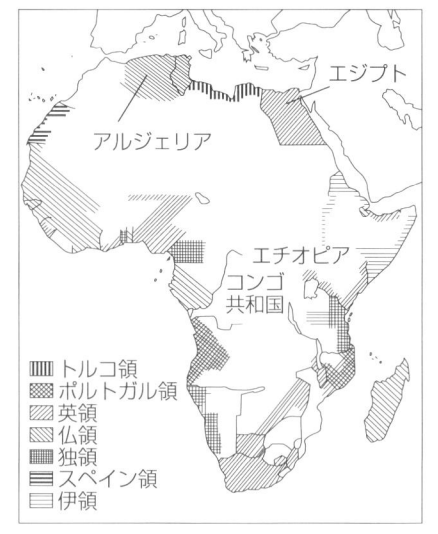

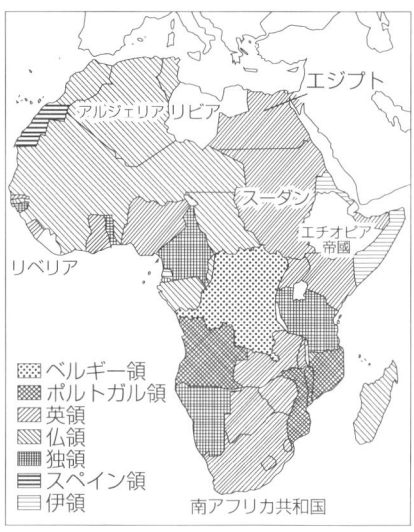

エジプト
アルジェリア
エチオピア
コンゴ共和国

▦ トルコ領
▦ ポルトガル領
▨ 英領
▨ 仏領
▨ 独領
▤ スペイン領
▤ 伊領

エジプト
アルジェリア　リビア
スーダン
リベリア
エチオピア帝國

▦ ベルギー領
▦ ポルトガル領
▨ 英領
▨ 仏領
▨ 独領
▤ スペイン領
▤ 伊領

南アフリカ共和国

図表 6-7　1890年に完成したニュルンベルクの電機工場 ㊾55

図表 6-8　20世紀初頭のアフリカにおけるイギリス人官吏 ㉚360

―トピック6―

アメリカ工業化の歴史経路と社会

　ここまで私たちは、19世紀の欧米における工業化の多様な道を接合説という視点を使って比較してきました。そこからは、イギリスにおける先行モデルのない、長期的かつ内生的な要因が強く働いた産業革命の道とその帰結（＝イギリス経済における在来的なアクターの影響力の強さと経済衰退の開始）、およびイギリスとの競争という圧力のなかで、国家がアクターとして重要な役割を演じたドイツにおける後発工業化の道とその帰結（＝国家の労働者問題への積極的な関与）が浮かび上がってきました。

　そこでここでは、これまで5においてごく簡単に触れることしかできなかった、アメリカの工業化の歴史的経路とアメリカ社会の特質について検討しておくことにしましょう（☞文献㉘）。

　(1)**アメリカ工業化の歴史的条件**　アメリカ工業化の在来条件となった経済の自己完結性と移民国家という要因は、大量生産システムの開発とどのように結びついているでしょうか。まず19世紀を通じてヨーロッパからの大量の移民を受け入れたアメリカでは、ヨーロッパにおいて歴史的に蓄積された手工業的な熟練をもった労働力が不足するという特性と、比較的フラットな社会階層構造がもたらす標準品指向の強い市場の特性をもっていました。これにイギリスからの競争圧力を減じる経済の自己完結性という要因が付け加わることによって、これら在来要因と企業家の革新的行動（コルトのピストル、シンガーのミシン〔☞図表4-9〕、そしてフォードの自動車という大量生産へのステップを彩る製品がこれを物語っています）の接合が可能となり、ここアメリカで、19世紀におけるヨーロッパ的な工業化の生産システムとは異なった、熟練労働力を節約しつつ標準品を大量生産するのに適合的な、新たな生産システムが誕生することとなるのです。

　(2)**アメリカ社会の特質**　では工業化のこうした歴史経路は、アメリカ社会のどのような特質とリンクしているのでしょうか。もちろん大量に生産された商品は大量に消費される必要があります。国際的な人口移動により拡大を続ける比較的フラットな国内市場（そして商品を販売する第三次産業部門の大きさ、☞図表4-2）がそれを可能とし、保護よりは機会の平等と自立・挑戦を求めるメンタリティとアメリカン・ドリームに支えられたナショナリズムが、国内植民地ともいうべき南部（そして黒人差別）を抱えつつ、アメリカを強力な国民国家に押し上げていくのです。

7 日本における工業化の歴史的条件

　今回は、19世紀における工業化の波及の動きに連動する形で、世紀転換期に欧米以外の地域ではじめて工業化へのスタートを切る、日本の工業化と経済成長（☞図表7-1）の歴史的条件を考えてみることにしましょう。ただし、アジアや日本についての詳細は第Ⅱ、Ⅲ部に譲り、ここでは接合説という分析ツール（☞トピック1）を使って日本における工業化の歴史経路を検証することに限定します。

　まず在来要因については、ハンレーの著作（☞文献㉜）が良い手引きになります。彼女によれば、幕末期には生活水準の一定の上昇をもたらした可能性のある江戸時代（☞図表7-2、7-3、ヨーロッパのトレンドとの比較については☞図表7-4）が残した「遺産」に数えうるのは、農業や在来産業の発展および交通ネットワークの整備による地域間分業の展開、さらにはそれが可能にした江戸（1800年時点で人口100万を数え、70万のロンドンや60万のパリを凌駕）をはじめとする大都市の存在、そこにおける良好な都市生活環境、全国に5万はあったとされる寺子屋による基礎教育（＝読み・書き・ソロバン）の高い水準などです。

　その「太平」を揺るがした革新要因は、幕末に「列強」の開港要求となって現れます。第Ⅰ部冒頭の年表（☞図表1-1）にあるように、アメリカのペリーが来航し日米和親条約が結ばれたのは、イギリスがアジアに目を向け、中国（アヘン戦争）やインド（1858年から直接統治へ）に植民地化の圧力をかけていた時期と重なっています。ただ日本は、在来要因の強さ（＝遺産）とならび、お茶やコーヒー、砂糖や胡椒、さらには棉花といった植民地物産の供給地としては魅力に欠けたこともあって、イギリスやフランスではなく、自己完結的経済圏をもつアメリカが主導する開港の道をとることになります。

　こうした在来要因と革新要因の布置連関に、アクターとしての明治新政府の積極的な産業振興政策、さらには工業化の始動と時を同じくする東アジアの植民地化に向けた早熟な動きなどの要因が加わって、日本はアジアにおいてドイツよりもさらに国家の主導性の強い工業化の道を歩み始めました。

第Ⅰ部　工業化社会の比較史

図表7-1　西欧・中国・日本における経済成長の軌跡（1人当たりGDP）⑯89

図表7-2　江戸・東京における建築労働者の実質賃金指数（1851年＝100）㉜41

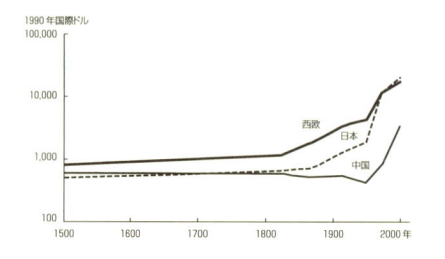

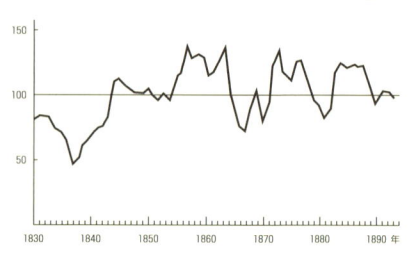

図表7-3　京都の大工の家計（1818〜30年）㉜37

支　　　出	額（両に換算）	％
1）　米、3.54石	5.9	22
2）　米以外の食物・調味料・薪・木炭 　　（食物と燃料費：66パーセント）	11.7	44
3）　家賃（四畳半が二部屋）	2.0	7.5
4）　道具類・家具（賃貸料・購入費）	2.0	7.5
5）　衣料品	2.0	7.5
6）　交際費	2.0	7.5
7）　その他	1.2	4.6
	26.8	100.6

＊年収＝銀1587匁（約金26.5両）〔1日5.4匁で294日〕
　家族＝大工・妻・子供1人

図表7-4　西欧と東アジアにおける賃金収入の生存水準倍率　⑯110

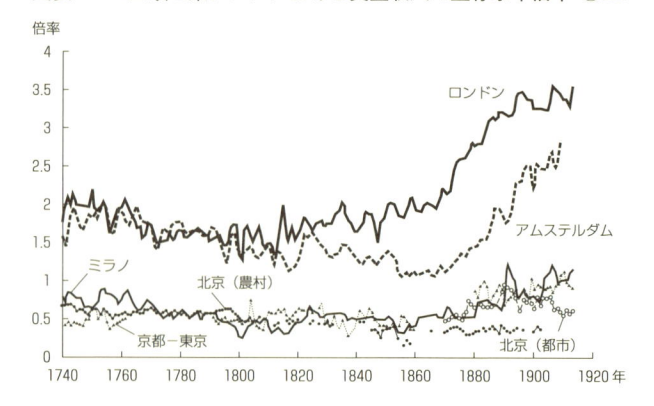

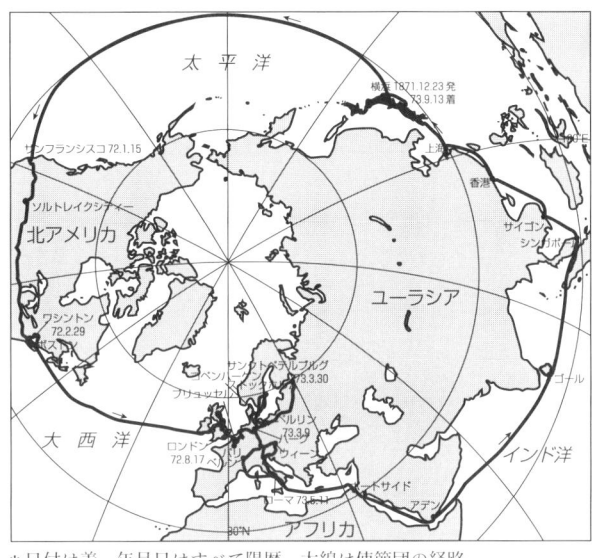

7 日本における工業化の歴史的条件

図表 7-5 岩倉使節団経路図 ⑳vi-vii

＊日付は着、年月日はすべて陽暦。太線は使節団の経路。

図表 7-6 使節団の見たアメリカ・ボストンの繁華街 ⑭[1]401

図表 7-7 使節団の見たイギリス・マンチェスターの監獄 ⑭[2]184

図表 7-8 使節団の見たフランス・パリの新市場 ⑭[3]36

図表 7-9 使節団の見たドイツ・ベルリンの大学 ⑭[3]394

29

―― トピック1 ――

岩倉使節団の旅

　明治維新（1868年）の直後、倒幕とそれに続く新興国家建設の中心的担い手（岩倉具視、伊藤博文、大久保利通ら）を含む総勢100名を超える大使節団が欧米に派遣されました。その目的は、幕末に結ばれた「不平等」条約の改正とならび、工業化を進めつつあった欧米の実情を視察し、日本の近代化・工業化のモデルを探し求めることにありました。1871（明治4）年12月に横浜を出航した一行はまず、南北戦争を経て国内の政治的経済的統一を果たし、工業化のスピードを加速させていたアメリカのサンフランシスコに上陸します。以下ではこの岩倉使節団の公式記録である『米欧回覧実記』の現代語訳（☞文献⑳）から引用することによって、一行がアメリカ、イギリス、フランス、ドイツの工業化について、どのような印象を得ていたのかを探ってみることにしましょう。

　(1)**アメリカ**　「それから小銃の部品工場に行った。工場の区域は広大で、四階の工場建屋で工作している。小銃に付属する金属部品を作り、台木を削り、銃の仕上げをするなどの工程がある。職人は分業で、それぞれ一工程を専門に作り、旋盤などの機械の回転はみな水力によっている。」(1872.5.15.ボストン／⑳[1]330-331)

　(2)**イギリス**　「市長の案内で馬車で綿紡績工場に行った。この工場は地下室から数えて九階建ての建物で、かたわらの建物には煙突が立っており、ここで三三〇馬力の蒸気機関を運転している。原料の棉花はすべて米国から輸入している。紡績機械はどれもボストンで見たものと同じである。」(1872.9.3.マンチェスター／⑳[2]176)

　(3)**フランス**　「英仏の工場経営者を比較してみると、英国では機械の及ばぬ所に人力を用い、フランスでは人力の及ばないところを機械に助けさせるということができよう。」(1873.1.23.パリ／⑳[3]159)

　(4)**ドイツ**　「この土地は石炭と鉄を出す。アルフレド・クルップ氏がこれを用いて銃砲生産を始め、ここに大きな製鉄所を作って最近一〇年来めきめきと大きくなり世界一の大工場となった。英国は製鉄が盛んではあるが、これほどの大工場はない。……工場内の一つの建屋に容量七万トンのベッセマー転炉六基を設置し、絶えず粗鋼を精錬している。その中央の地上に鋳型があり、蒸気機関の力で溶鉄を運んでいる。転炉のかたわらにも蒸気力によるピストンが設置……」(1873.3.8.エッセン／⑳[3]327-328)

8 人口転換と都市化

　今回と次回は、日本から再びヨーロッパに戻って、国民国家が強化された世紀転換期にヨーロッパで起きつつあった19世紀的な工業化社会から20世紀社会への転換を促した共通の変動要因(都市化・人口転換・近代家族化)について、検討することにします。工業化の動きが当該社会に内在的な在来要因との接合を通じて作り上げた社会が新たな在来要因となり、これらの革新要因と接合する動きのなかから、社会国家という20世紀社会の形が姿を現します。

　まず、人口転換というのは、経済社会の近代化にともない人口変動パターンが多産多死(増減を反復)から多産少死(顕著な人口増加)を経て少産少死(出生率低下にともなう人口増加率の低下)へと変化する現象を指しています(☞図表8-1)。図表8-2(ドイツについては☞図表8-3)を見ると、ヨーロッパの工業国(英独)ではおおむね(フランスを例外として)、1870年頃からまず死亡率、ついで1900年前後から出生率が急低下し始め、1920年代から30年代にかけて死亡率と出生率の低下がいったん底に達して人口増加率が大幅に低下し、人口転換の過程が終了したことがわかります。

　他方、人口の都市への集中を意味する都市化については、ヨーロッパの多くの国において世紀転換期(1900年前後)に向けて都市人口が総人口に占める割合が急速に上昇していることが明らかになります(☞図表8-4、英独仏の間の異なる動きについては☞図表8-5)。では、この都市化の動きと人口転換の動きはどのような関係にあるのでしょうか。

　それを考えるヒントになるのが、5において労働者たちの生活の質の改善を示す指標として取り上げた、乳児死亡率の動きです(☞図表5-4)。ドイツの経験を例にとると、私たちの想像に反して、乳児死亡率は19世紀を通じて都市部の方が農村部より高く、それが逆転するのは20世紀初頭のことでした。つまり、都市化と人口転換の動きは、都市部における乳児死亡の顕著な低下を可能にした都市生活環境の改善や生活水準の上昇を介して、密接にリンクして進行したのです。

第Ⅰ部　工業化社会の比較史

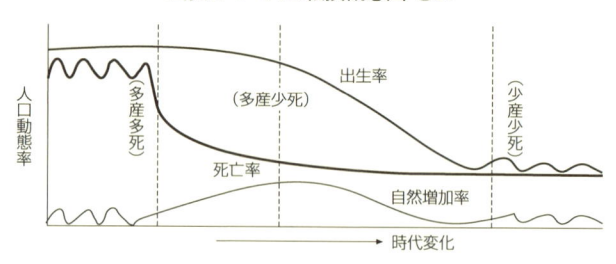

図表 8-1　人口転換概念図　①34

図表 8-2　人口動態統計（人口1000人当たり‰）㊲[1]95-109

	出生率			死亡率		
	英	仏	独	英	仏	独
1840	32.0	27.9	36.4	22.9	23.7	26.5
1850	33.4	26.8	37.2	20.8	21.4	25.6
1860	34.3	26.2	36.4	21.2	21.4	23.2
1870	35.2	25.9	38.5	22.9	28.4	27.4
1880	34.2	24.6	37.6	20.5	22.9	26.0
1890	30.2	21.8	35.7	19.5	22.8	24.4
1900	28.7	21.3	35.6	18.2	21.9	22.1
1910	25.1	19.6	29.8	13.5	17.8	16.2
1920	25.5	21.4	20.0	12.4	17.2	15.6
1930	16.3	18.0	17.6	11.4	15.6	11.0

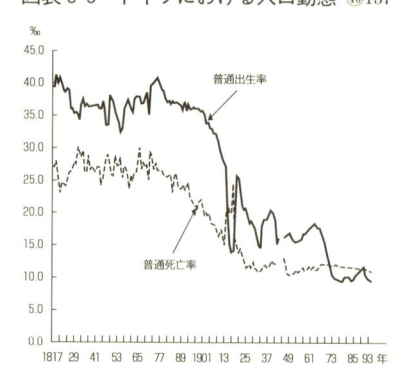

図表 8-4　各国の都市人口比率　㉙113

図表 8-3　ドイツにおける人口動態　㊵157

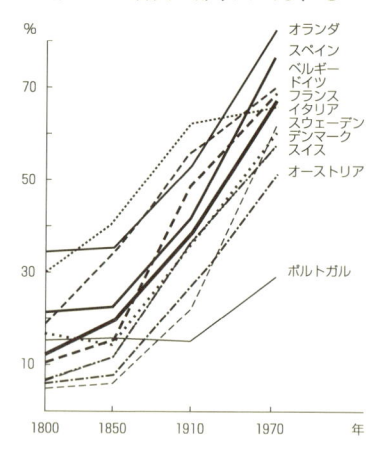

図表 8-5　主要国の都市化　㉞[下]259-278
（住民数2万人以上の行政地域に住む人口の比率％）

	英*	仏**		独
1871	42.0	20.2	1871	12.5
1881	47.9	21.4	1880	16.1
1891	53.1	24.2	1890	21.9
1901	58.2	29.6	1900	28.8
1911	60.6	32.4	1910	34.7
1921	62.4	34.6	1925	40.5
1931	71.2	38.9	1933	43.4

＊イングランド・ウェールズ
＊＊人口1万人以上

8 人口転換と都市化

図表 8-6 ベルリンの市域拡大 ㊽753

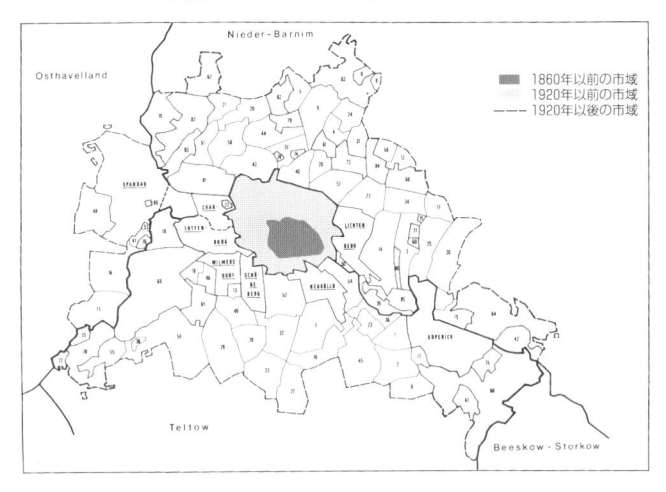

図表 8-7 ベルリン・ポツダム広場 ㊼19, 66

〈1833年頃〉

〈1900年頃〉

図表 8-8 ベルリンの都市交通網整備 ㊽735

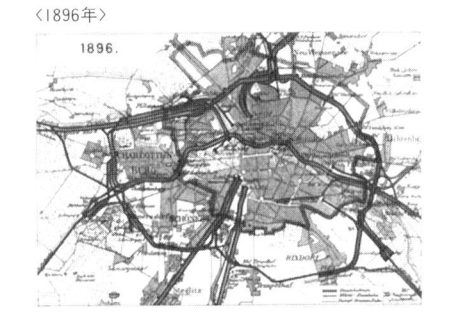

〈1871年頃〉

〈1896年〉

33

> トピック8

都市化の三局面

　今回のトピックでは、都市化と人口転換の動きがどのようにリンクしているのかについて、ドイツの事例を念頭に、都市化の過程に即して説明してみることにします。19世紀の工業化にともなう都市化の過程（☞**図表8-6、8-7**）は、相互に重なり合いつつ進行する、次の三つの局面を内包しています。

　⑴**伝統都市の解体**　ここで問題となるのは、本格的な工業化に先立つ農村社会の変化や都市における初期的な工業化の動きが誘因となって生じる、農村から都市に向けての人口移動の動きです。ヨーロッパの伝統社会では、都市は市壁によって周辺の農村部と隔絶されていることが多く、そこへ大挙して流入してくる人口は市壁内（旧市街）から溢れ出し、周囲にスラムを形成します。これが**トピック5**で述べた「大衆的貧困」問題であり、それを通じて伝統的な都市システムは機能不全に陥ります。

　⑵**外的都市化**　多産多死の状況下でこの人口移動が引き起こした問題を解決すべく、ヨーロッパ大陸では19世紀半ば以降、パリやベルリンといった中心都市を皮切りに、市壁の撤去とスラム・クリアランスによる市域の拡大とならび、上下水道、街灯、道路・交通網（☞**図表8-8**）といった都市インフラの整備が急ピッチで進行します。この過程を目に見える都市の変化という意味で、外的都市化と名付けることにしましょう。この外的都市化の動きによって、都市の生活環境は大幅に改善され、生活水準の上昇とも重なり合って、都市部では死亡率の低下が始まります。

　⑶**内的都市化**　これに対して、内的な、したがって目に見えない都市化とは何を意味しているでしょうか。毎日使っているパソコンを思い浮かべてみて下さい。目に見えるハードウエアは、そこにインプットされたOSやワープロソフトによってはじめてそれとして機能することが可能になります。内的都市化という際の内的というのも、これと類似した意味を有しています。つまり内的都市化とは、外的に整備され、便利で清潔になった都市で、生活必需品の生産から遊離し職住の分離した生活を送るための新たな生き方（＝規範）をインプット（＝内面化）することを意味しているのです。この新しい規範のなかには、資本主義的な市場経済（OSに相当）を前提とした、身体および生活の規律化や家族のあり方（構成員の数や相互関係）をめぐる規範（ソフトに相当）が含まれています。出生率の低下は、正にこのソフトのあり方とリンクしているのです。

9　近代家族と社会国家

　都市化と人口転換の動きは、世紀転換期のヨーロッパの都市に暮らす家族に大きな変化をもたらしました。**図表 9-1** から明らかなように、ヨーロッパの各国では 1880 年頃からほぼ同時に出生力（合計特殊出生率 TFR：女性 1 人当たりの生涯出産数の推計値）の顕著な低下が見られ、それを受けて例えばドイツでも夫婦 1 組当たりの子供数が 1900 年の 4.1 から 1920 年には 2.3 に急落しており、夫婦と子供 2 ないし 3 人という直系核家族が標準的な家族となりつつあったことがうかがえます（☞図表 9-2）。以下ではこうした家族を、社会学の概念を借りて、近代家族と呼びます（☞図表 9-6）。

　この都市的な近代家族は、職住分離と家族の果たす経済機能の再生産機能への特化、および男性単独稼得者モデルの浸透（☞図表 9-4）と男女の性別役割の固定化（家事や育児を無報酬で担う主婦の誕生☞図表 9-7。ただし既婚女性の就業率は持続的に上昇☞図表 9-3、9-8）という特徴を有していました。そして世紀転換期には、この私たちには馴染みの新しいタイプの家族を標準化すべく、家族愛や母性愛といった規範が盛んに強調されるようになりますし、消費単位となった近代家族においては子供の意味転換が起こります。つまり労働力としての子供の有用性が消失し、子供は家計にとってコストと受け止められるようになるのです。となれば、子供にできる限りの愛情を注ぎ、なおかつ上昇し始めたばかりの生活水準を維持するためには、幼少期に死亡するというリスクの減った子供の数を制限することは、一つの合理的な選択でした（☞図表 9-5）。

　この近代家族は、生活上のさまざまなリスクに極めて弱い存在です。かつての共同体的な互助の仕組みから離れ、男性稼ぎ手が労働不能になれば自助の手だてすらもたない彼らの生活や生存を守るには、新たな仕組みが必要になります。教会や共同体にかわってその役割を担うことになるのが世紀転換期に強化される国民国家であり、社会保険がその有力な手段となりました。近代家族が都市化された工業化社会の基礎単位となった 20 世紀は、歴史的な共助や自助の形と新たな公助の形が接合した、社会国家の時代となるのです。

第Ⅰ部　工業化社会の比較史

図表 9-1　各国における出生力の変動 ㉙8

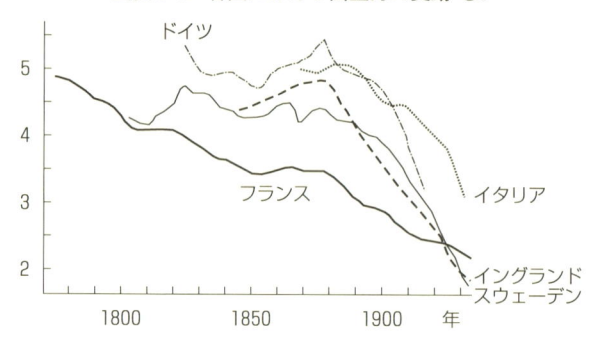

図表 9-2　ドイツにおける家族規模の変動 ㊵163

	夫婦1000組当たり出産数				平均出産総数
	0人	1人	2人	3人	4人以上	
1899	87	90	116	123	584	4.9
1900	100	105	150	147	498	4.1
1910	119	167	213	168	333	3.0
1920	158	236	245	154	207	2.3
1930	181	221	252	155	191	2.2
1940	211	242	276	148	123	1.8
1951	239	186	280	147	148	1.9
1961	170	155	357	199	119	2.0
1971	195	313	345	109	38	1.5

図表 9-3　ドイツにおける既婚女性の年齢別就業率（％）⑩304

年齢層	1882	1895	1907	1925
15-19	18.0	15.7	22.5	28.1
20-24	9.3	11.9	21.6	27.0
25-29			21.9	26.8
30-34	9.1	11.8	25.4	27.9
35-39				
40-44	9.8	12.7	28.6	30.7
45-49				
50-54	9.5	12.7	29.5	31.5
55-59				
60-64	7.1	10.0	23.3	28.5
65＋				20.8
平均	9.2	12.0	25.8	28.7

図表 9-4　ドイツにおける家計構造（M＝マルク）⑩306

年次	世帯主職業	家族員数	年間総収入(M)	世帯主勤労収入%	年間総支出(M)	支出構成					
						飲食費%	住居費%	被服費%	光熱費%	非消費支出%	その他%
1846	機械工場指物工	(4.2)	768	78.1	768	60.5	13.3	15.6	—	2.8	7.8
1846	同・補助労働者	(3.0)	525	77.1	525	57.1	17.1	13.1	—	3.5	9.2
1848	農村労働者	5	—		360	61.3	8.3	10.0	8.7	2.5	9.2
1879	タバコ労働者	5	1352	—	1403	51.3	13.7	16.4	5.7	2.3	10.6
1879	レンガ積工	4	1232	73.1	1278	57.0	11.0	7.0	12.5	4.8	7.7
1896	レンガ積工	5	1448	93.9	1641	56.6	14.6	14.0	6.1	3.7	5.0
1907	運河労働者	4	1533	86.3	1551	64.5	18.8	8.6	3.9	2.8	1.4
1907	教員	4	3352	95.4	3035	37.8	23.1	12.1	3.7	7.7	15.6
1908	旋盤工	6	2049	98.8	2062	54.2	14.2	14.9	3.5	4.6	8.6

9 近代家族と社会国家

図表 9-5 ドイツ乳幼児保護連盟（1909年設立）ドレスデン母親相談所 ㊺48

図表 9-6 近代的な労働者家族（1928年）㊺56

図表 9-7 主婦の仕事 ㊺30,32

図表 9-8 働くドイツ女性 ㊿17,31,245

37

第Ⅰ部　工業化社会の比較史

── トピック9 ──

〈長い19世紀〉と〈長い20世紀〉

　近現代の世界経済史における〈長い19世紀〉と〈長い20世紀〉の重なり合うこの辺りでいったん立ち止まって、ここまでの論点を整理するとともに、20世紀に向けた新たな論点を展望しておくことにしましょう。

　(1)〈長い19世紀〉　この言葉はもともと、イギリスの歴史家ホブズボームが使った表現です。彼のいう「長い」19世紀は、イギリスで産業革命が始まりフランスで大きな革命の起こった18世紀後半から第一次世界大戦（1914～18年）に至る時期を指しています。この時期を私たちは、イギリス産業革命を起点とする工業化の波及過程として捉え、イギリスと後発工業国との経済・政治関係（＝革新要因）と各国の多様な歴史経路（＝在来要因）が当該社会におけるアクターの選択的行動によって接合され、多様な工業化社会が生成するという観点に立って、分析してきました。

　(2)世紀転換期の意味　7～9で検討したのは、この〈長い19世紀〉とこれから検討する〈長い20世紀〉（時期的には1880年代から現代までが射程に入ります）が重なり合っている世紀転換期です。この時期には、工業化の高度化とともに、国際的にも（イギリスの地位の低下にともなう新たな競争の激化）、国内的にも（人口転換・都市化・近代家族化）、さらに学問の分野でも（経済学の革新、社会学や社会政策学、社会衛生学などの登場）、大きな地殻変動が発生しました。そしてそこから、現代の私たちの生活を支え同時に縛りつけてもいる経済や社会の新しい仕組み、すなわち社会国家が姿を現します。社会国家とは、都市の近代家族を基礎単位とする国民国家が社会保障制度の整備を通じて社会の安定性を保とうとする動きから生まれる、20世紀社会の形なのです。

　(3)〈長い20世紀〉へ　こうした社会国家の制度化への動きは、20世紀前半の大津波（社会主義国の誕生、大恐慌、二度の世界大戦）を経て、経済成長と国民福祉を両輪とする20世紀後半の「豊かな」社会へとつながっていきます。次回からは、19世紀的な工業社会（在来要因）と世紀転換期の経済社会変動（革新要因）が国民国家を重要なアクターとして接合した結果として生成する、個別の社会国家間の共通性と差異、1990年以降顕在化する新たなグローバル化による社会国家の行き詰まり、そして日本の経済社会が20世紀にたどった経路と現在私たちが直面している諸問題との関わりといった論点に、歴史的視点からアプローチすることにしましょう。

10　世界大戦と社会国家の制度化

　20世紀前半は、歴史上類を見ない世界規模の戦争の時代でした。二度の世界大戦はともに、参戦国の有する人的・物的・財政的資源のすべてを動員し（☞図表10-1）、戦争に勝つという目的にとって最適な資源配分を国家が専門職集団の手を借りて一元的に管理する体制（総力戦型社会☞図表10-7）のもとで、遂行されました。ここでは、第一次世界大戦から世界恐慌を経て第二次世界大戦に至る過程を、世紀転換期に生成した社会国家の制度化という観点から跡づけてみることにしましょう。

　膨大な兵力を動員して戦われた第一次世界大戦は、勝ち負けを問わず、参戦国に大きな人的損害のみならず財政的な負担を残しました（☞図表10-2）。19世紀の工業化のトップランナーたちを直撃した第一次世界大戦は、アメリカとヨーロッパの経済的地位の逆転をもたらすとともに、1917年のロシア革命を通じて、後発地域に資本主義的な工業化とは異なる社会主義的な工業化（☞図表10-8）の道を開くことになったのです。

　また英米独仏といった国の統計を見ると、第一次世界大戦は、これらの工業国において公共支出と公共部門就業者の肥大化、さらにはそれを賄うための税収強化の不可逆的な動きの起点となったことがわかります（☞図表10-3、10-4、10-5：その動きがいっそう加速するのは1960年代以降です）。これらの数字からは、戦後社会の安定化のためのさまざまな施策（戦死・戦傷者への補償、食糧供給、働き手を失った母子の保護、熟練労働力不足への対応等々）の展開を契機に、社会国家のさまざまな制度が整備・拡充されるとともに、制度設計や制度の維持管理に携わる専門職集団が膨張するといった事態が浮かび上がってきます。

　こうした社会国家の制度化の動きの前に立ちはだかったのが、1929年に始まる世界恐慌でした。これを契機に各国では失業者が街にあふれ（☞図表10-6）、政府はいっせいに大規模な公共事業の展開によって難局を乗り切ろうとしました。アメリカのニューディール政策もドイツにおけるナチ政権のとった政策も、この点では軌を一にしていたといえます。

第Ⅰ部　工業化社会の比較史

図表 10-1　第一次世界大戦と第二次世界大戦の規模　⑫71

	参戦国	動員兵数	戦死者	負傷者	直接戦費
第一次世界大戦	33	7,000万	1,000万	2,000万	2,080億ドル
第二次世界大戦	72	11,000万	3,200万	3,500万	9,350億ドル

図表 10-2　第一次世界大戦期の戦時財政　⑫30

		1914～18
ドイツ（10億マルク）	歳出	159.0
	歳入	21.8
	不足分	137.2
フランス（10億フラン）	歳出	170.6
	歳入	26.2
	不足分	144.5
イギリス（10億ポンド）	歳出	9590
	歳入	2730
	不足分	6860

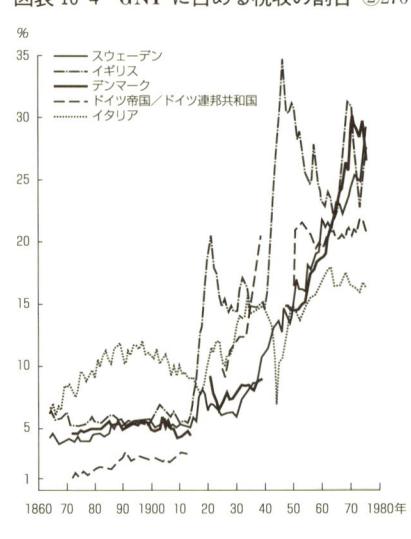

図表 10-3　GNPに占める公共支出の割合　②274

図表 10-4　GNPに占める税収の割合　②276

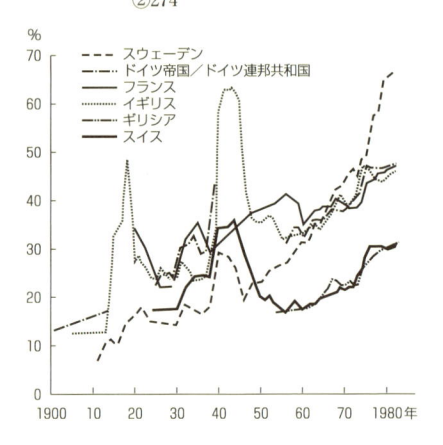

図表 10-5　総就業に占める公共部門就業者の割合　②278

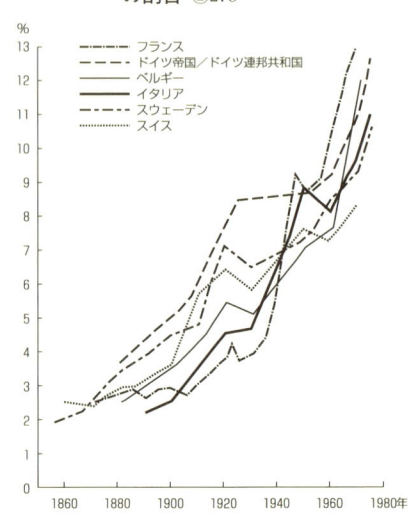

40

10 世界大戦と社会国家の制度化

図表 10-6　主要国の失業者（1000人）と失業率（％）㊳112

	アメリカ	イギリス	ドイツ	フランス		アメリカ	イギリス	ドイツ	フランス
1913	1,671 (4.3)	432 (2.1)	— (2.9)	— (4.7)	1929	1,550 (3.2)	1,216 (11.0)	1,899 (13.1)	10 (—)
1919	546 (1.4)	448 (2.4)	693 (3.7)	— (—)	1933	12,830 (24.9)	2,521 (21.3)	4,804 (26.3)	305 (—)
1925	1,453 (3.2)	1,226 (11.2)	664 (6.7)	12 (—)	1937	7,700 (14.3)	1,484 (11.3)	912 (4.6)	380 (—)

図表 10-7　第一次世界大戦期の女性動員
（イギリス）㉚374

図表 10-8　ソ連の5カ年計画のポスター
⑫51

図表 10-9　世界恐慌への対応　㉚385, ㊶30

〈テネシー川流域開発公社のダム〉　　〈ドイツのアウトバーン〉

41

第Ⅰ部　工業化社会の比較史

― トピック10 ―

社会国家とナチズム

　すでに示唆されているように、20世紀前半の世界において、ひとりドイツのみがきわめて「特殊な道」を歩いていたわけではありませんでした。とすると、ヒトラーとナチスによる500万人を超えるユダヤ人の大量虐殺（ホロコースト）の原因は、どのように説明できるのでしょうか。大摑みに整理すると、従来の説明では以下の二つの解釈パターンが有力でした。

　(1)**意図論と構造論**　意図論というのは、ホロコーストの決定的な原因をヒトラーとナチ党幹部らの政治的野心やイデオロギーに求める立場を指します。戦争犯罪人の裁判に近い歴史解釈とでもいえるものです。これに対し構造論では、ホロコーストの原因はそうした主観的な意図にではなく、ドイツの社会構造の「特殊性」に求められています。この立場に立つ論者は、ドイツは19世紀の急速な工業化によって経済的にはイギリスやアメリカと肩をならべたものの、政治領域における近代化（＝民主化）が遅れた結果、社会構造に「特殊な」歪みが生じ、そこからナチズムが派生したと考えるのです。これに対し、私の解釈は次のようなものです（☞文献⑨）。

　(2)**社会国家制度の問題点**　20世紀の社会国家は制度上、いくつかの共通の問題点（☞12）を抱えています。その一つである公的サービスの受給資格をめぐる包摂と排除の線引きという問題をめぐる最近の研究からは、二つの世界大戦をはさんでダーウィンの進化論を起源とする社会ダーウィン主義（優生学）がこの線引きの「科学的」な基準となり、ドイツのみならず、アメリカやスウェーデンでも「断種」（遺伝情報にもとづき特定集団を生殖から排除する手段）が制度化されたことが明らかになっています。

　(3)**社会国家における制度の失敗**　ナチス・ドイツは、大規模な公共投資により失業問題の解消をはかり、女性の母親役割を強調し出産奨励策を打ち出すとともに、人種主義的な人口政策を積極的に展開した点においては決して「特殊」な例外ではありませんでした。それがホロコーストに行きついた原因は、第一次世界大戦後の国際政治や経済上の位置がドイツを戦争に誘導したという条件とならび、ドイツ社会の特質であった国家と社会の間に位置する自立的な団体の活動が封じられ、国家と直結した専門職集団による目的合理性の過剰な追求（排除の徹底）が進むととともに、それへの国民の同意により、社会国家制度の暴走への歯止めが失われてしまった「制度の失敗」にあるというのが、私の解釈です。

11　黄金期の社会国家

　20世紀前半の二度にわたる世界大戦を経て、戦後の世界秩序はアメリカ合衆国を基軸に再構築されます。すなわち、国際経済秩序は1944年の会議で固まった米ドルを基軸通貨とするいわゆるブレトン・ウッズ体制を軸に再編されますし、第二次世界大戦により大きな打撃を受けたヨーロッパと日本の経済復興もアメリカの援助なしには不可能でした（☞図表11-1）。また国際政治面では国際連盟（本部はジュネーブ）にかわる国連の本部がニューヨークに置かれ、軍事的にもアメリカを軸にNATOが結成されます。さらに、1950〜53年の朝鮮戦争を契機に強まった冷戦（☞図表11-10）によって、資本主義経済圏におけるアメリカのヘゲモニー（覇権）がいっそう強化されることになりました。

　戦後世界におけるアメリカの覇権を支えていたのは、19世紀後半から20世紀前半にかけてアメリカで開発された大量生産システムでした。1903年に設立されたフォード社によって製造・販売されたT型フォードが、アメリカの時代の始まりを象徴する商品となりました。そして、「高度経済成長」期（☞図表11-2）を通じて、大量生産・大量消費型の社会（☞図表11-8）がアメリカからヨーロッパ（1950年代半ば〜）、そして日本（1960年代〜）へと波及していくのです（☞図表11-3、11-4）。

　しかし、20世紀後半の世界はアメリカ一色に塗りつぶされたわけではありません（☞図表11-5）。ヨーロッパでは、ベヴァリッジ報告（1942年）がイギリスにおける社会保障制度の「包括的」な整備（「揺りかごから墓場まで」）を牽引するなど、各国で社会国家の制度的、財政的拡充が加速しますし、ソ連を核とした社会主義経済圏は「労働者国家」として独自の道を進み、第三世界への影響力の行使をめぐってアメリカとの対立を深めました。そして1970年代に入ると、長期化したヴェトナム戦争（☞図表11-9）がアメリカの経済的・軍事的覇権を動揺させ、ブレトン・ウッズ体制が崩壊します。これにオイル・ショックが加わって高度経済成長の時代は終焉し、社会国家は失業問題（☞図表11-6）と移民労働者問題（☞図表11-7、11-11）に直面することとなります。

第Ⅰ部　工業化社会の比較史

図表 11-1　1930年代以降のアメリカによるドル撒布（1948年価格／億ドル）㊳153

	1937/38	1946	1947	1948	1949	1950	1951	1952	1953
民間取引	69	93	95	103	100	139	138	138	135
政府取引	2	73	73	62	74	54	50	51	55
海外軍事支出	2	8	7	10	11	10	16	24	30
非軍事贈与		29	21	39	54	39	30	19	18
対外借款		36	45	13	9	5	4	8	7
総額	71	166	168	165	174	193	188	189	190

図表 11-2　各国の実質 GDP 指数（1913年＝100）㊱219-224

	米	英	独	日
1945	317.9	154.5	134.2	143.2
1950	281.4	160.8	147.5	227.1
1955	350.7	185.3	232.2	351.1
1960	390.4	209.3	323.4	529.2
1965	499.5	245.0	408.5	827.8
1970	588.0	277.4	498.9	1430.0
1975	669.6	306.7	555.5	1775.3
1980	803.3	335.5	652.3	2221.9
1985	926.2	370.8	690.4	2669.1
1990	1055.0	436.4	814.7	3324.2
1994	1139.6	448.7	879.4	3542.3

図表 11-3　乗用車保有台数（1000台）㊱95

	米	英	独	仏	日
1913	1,190	106	61	91	—
1950	40,339	2,258	516	1,500	48
1973	101,986	13,497	17,023	14,500	14,473

図表 11-4　テレビの普及（1000台）㊲[1]776-778,[2]629,[3]816

	米	英	西独	東独	仏	日
1955	31,000	4,504	127	14	261	166
1960	46,000	10,478	4,635	1,035	1,402	6,860
1965	53,000	13,253	11,379	3,216	6,489	17,960
1970	60,000	15,883	16,675	4,499	10,968	22,883

図表 11-6　失業率（％）㊳141

	米	英	西独	日
1960	5.5	1.7	1.2	1.1
1965	4.5	1.5	0.6	0.8
1970	4.9	2.7	0.7	1.2
1975	8.5	4.4	4.7	1.9
1979	5.8	5.9	3.8	2.1

図表 11-5　「三つの世界」の経済比較（1974年、世界全体に占める割合％）㊳238

	資本主義圏	社会主義圏	発展途上地域
面積	26	26	48
人口	20	32	48
国民所得	58	28	14
（1人当/ドル）	(4,100)	(1,100)	(500)
工業生産高	58	35	7
外国貿易	68	10	22

図表 11-7　EEC（当時）諸国の移民労働者（1976年、人）㊳10

移出＼移入	英	西独	仏
EEC 域内	632,000	406,176	300,000
EEC 域外	1,033,005	1,514,719	1,600,000
総計	1,665,005	1,920,895	1,900,000

11　黄金期の社会国家

図表 11-8　1920年代のアメリカにおける大衆消費社会　㉑14

〈フォードT型車〉

〈電化された台所〉

図表 11-9　ヴェトナム戦争、アメリカ軍（上）と解放戦線（ヴェトナム）兵士（下）

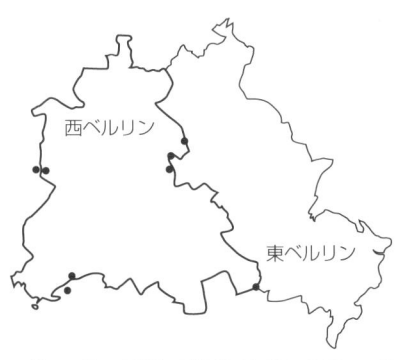

＊写真＝U. S. Army

図表 11-10　ベルリンの壁、建設時の様子（上、1961年）とその概要（下）

＊西ベルリンを囲む太線がベルリンの壁、●は検問所。写真＝U. S. National Archives

図表 11-11　ドイツ在住外国人の出身国（2004年）　⑥288

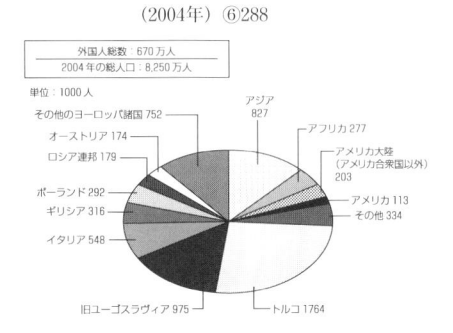

外国人総数：670万人
2004年の総人口：8,250万人
単位：1000人

その他のヨーロッパ諸国 752
オーストリア 174
ロシア連邦 179
ポーランド 292
ギリシア 316
イタリア 548
旧ユーゴスラヴィア 975
トルコ 1764
アジア 827
アフリカ 277
アメリカ大陸（アメリカ合衆国以外）203
アメリカ 113
その他 334

トピック11

社会主義と社会国家

　20世紀後半は、アメリカの時代であるとともに、ヨーロッパを中心とした社会国家の時代、ソ連とアメリカの間の経済・科学技術上の競争や軍事的対立が支配する冷戦の時代でもありました。ここでは、いまや過去の遺物となってしまった感のある社会主義国家について検討しておくことにします。

　(1)**社会とは**　社会主義と社会国家に共通する社会という概念は、イギリスを核とする自由主義的な資本主義経済が開花した19世紀に「発見」された概念です。工業化の進行とともに表面化した新たな「大衆的貧困」は「社会問題」と呼ばれ、かつての共同体的な絆を喪失した人びとは、資本主義の彼方に展望される社会主義に希望の光を見いだします。社会主義と社会国家は、工業化の時代としての19世紀が産み落とした双生児です。

　(2)**社会主義経済圏の成立**　社会国家と同様、社会主義も二度の世界大戦を契機に社会主義国家として制度化されました。第一次世界大戦末期のロシア革命によって成立した新しい政権は、1922年にソヴィエト社会主義連邦共和国を名乗りますし、第二次世界大戦は、ソ連の影響下に置かれた東ヨーロッパに多数の社会主義国（ポーランド、ハンガリー、ユーゴスラヴィアなど）を誕生させたばかりか、アジアでも中華人民共和国（1949年建国）のほか、ヴェトナムと朝鮮半島に社会主義を標榜する国家が誕生します。

　(3)**社会主義国家東ドイツ**　これらの国家は、理想としては労働者や農民を主人公とする新しい社会体制を志向していましたが、現実には、19世紀的枠組みのなかでは工業化へのスタートを切りえなかった後発地域における工業化の試みとして、多くの困難と紆余曲折を経験しました。そのなかにあってナチス・ドイツの軛（くびき）から解放されたドイツ東部に樹立された東ドイツ（ドイツ民主共和国）は、19世紀以来のドイツ工業化の遺産を受け継いだ社会主義経済圏の「優等生」として、重化学工業化を進めるとともに、男女平等を旗印に労働と生活の完全な保障を通じて資本主義体制との差異化を押し進めました。しかし、党と一体化した国家と官僚の強権的支配体制、生産と消費のアンバランス、女性の二重負担（家事・育児と労働）といった問題を解決できず、1989/91年に崩壊してしまいます。しかしおよそ40年というその歴史は、20世紀の社会国家が内包していた構造的問題を乗り越えようとしながら果たしえなかった試みとして、20世紀とは何だったかを考える重要な素材であり続けています。

12　社会国家の類型

　黄金期の社会国家は、19世紀における工業化の歴史経路に規定された多様な在来要因と工業化社会を革新する共通の変動要因（都市化・人口転換・近代家族化）の接合から派生する共通性と多様性を内包しています。その共通性は、〈国家（財政と専門職集団）の肥大化〉、〈男女間の固定的で不均等な性別役割規範（ジェンダー秩序）〉、〈社会（給付）への包摂と排除をめぐる線引き〉という3点に集約されます。社会国家の有するこの特質（同時に20世紀的な時代制約性でもある）を、社会国家性という概念で括ることにしましょう。

　他方、社会国家の多様性をめぐっては、エスピン－アンデルセンの問題提起（英米の自由主義レジーム／北欧の社会民主主義レジーム／ヨーロッパ大陸の保守主義レジーム☞**図表12-1**）以来、さまざまな議論が展開されてきました。これらのレジーム（社会体制ないし社会秩序）間の多様性は、伝統社会以来の歴史性を帯びた共助、19世紀に規範化された自助、そして社会国家が提供する公助という、社会的セーフティネットの三つの形の組み合せ（強弱のバランス）の差異として理解することも可能です。ここでいつものように、統計を見てみることにしましょう。まず各国の社会的支出の対GDP比と国民負担率を示した図表（☞**図表12-2、12-3**）はともに、ヨーロッパ大陸諸国の共通性（公助の強さ）と米日の共通性（公助の弱さ）、さらにはイギリスの中間的な位置を示しています。その一方、GDPに占める公共投資の割合を示している図（☞**図表12-4**）では、日本の高い数値が際立っています。

　社会国家性の主要な構成要素である国家の果たす役割の大きさに関わるこれらの指標にジェンダー秩序という視点を加えると、社会国家の多様性はどのように捉えられることになるのでしょうか。第Ⅰ部ではこの後、イギリスを含むヨーロッパを福祉社会、アメリカを市場社会、社会主義国家を国家社会と特徴づけ、これらの社会との比較から浮かび上がる20世紀後半の日本社会の特質と問題点を、イエ社会という観点から探っていくことにします。

第 I 部　工業化社会の比較史

図表 12-1　各福祉レジームの特質（1992年頃、%）㊴14-15

レジーム		社会的支出	公的扶助支出	ジニ係数*	労働組合組織率	女性労働力率	相対的貧困率
自由	アメリカ	15.2	3.7	0.361	25	60	16.7
	イギリス	23.1	4.1	0.312	48	58	10.9
社民	スウェーデン	35.3	1.5	0.211	82	74	3.7
保守	ドイツ	26.4	2	0.280	40	51	9.1
	フランス	28	2	0.278	28	54	7.5
	日本	11.8	0.3	0.295	31	54	13.7

＊*1990年代半ば

図表 12-2　各国の社会的支出（対 GDP 比）の推移　㊴24

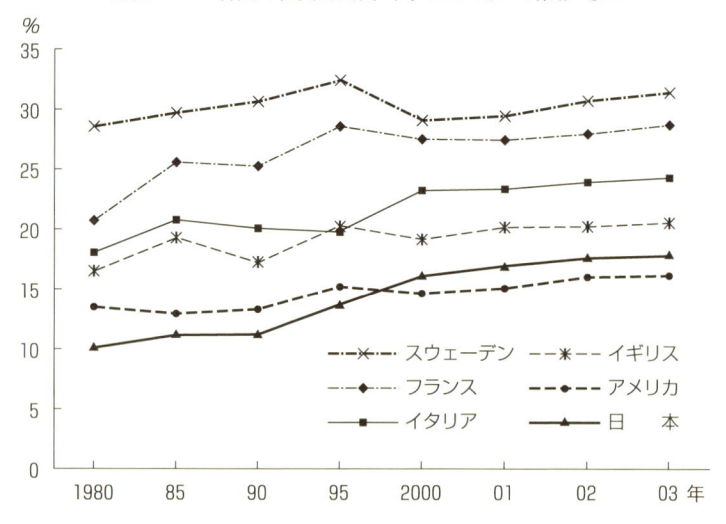

図表 12-3　各国の国民負担率と高齢化率
（1993ないし95年）㉝21

	国民負担率	高齢化率	社会保障支出に占める割合		
			医療	年金	福祉等
SW	70.4	17.6	18.7	37.6	43.6
仏	62.3	14.6	24.4	48.8	27.1
独	56.2	15.6	26.0	42.8	30.8
英	46.2	15.7	26.8	39.7	33.5
米	36.7	12.6	36.6	44.8	18.6
日	36.5	14.5	37.1	51.8	11.2

図表 12-4　各国 GDP に占める公共投資割合の推移　㊴77

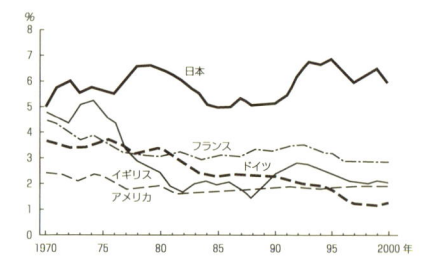

12 社会国家の類型

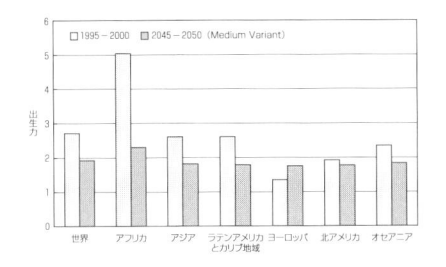

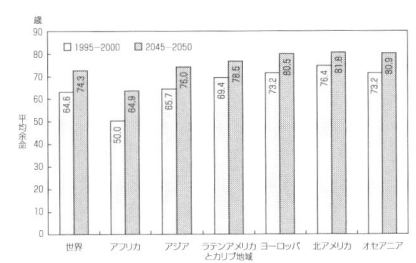

図表 12-5　現代世界の地域別出生力 (TFR)（左）と出生時平均余命の動向（右）㊻203, 218

図表 12-6　現代世界における60歳以上の人口割合の動向　⑥204

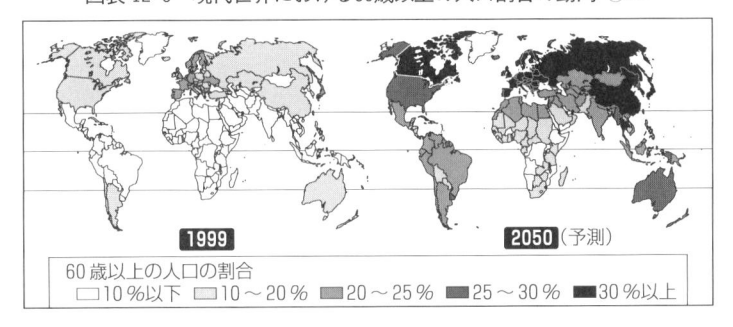

60歳以上の人口の割合
□ 10％以下　■ 10〜20％　■ 20〜25％　■ 25〜30％　■ 30％以上

図表 12-7　社会的孤立度（友人・同僚・家族等との接触頻度）の比較（％）⑤95

	友人との接触		仕事上の同僚との接触		社会団体のなかでの自分以外の人との接触		家族との接触		一人暮らしの回答者の比率
	ほとんどない	まったくない	ほとんどない	まったくない	ほとんどない	まったくない	ほとんどない	まったくない	
オーストリア	9.9	2.0	26.5	37.4	45.9	25.8	..	..	11.7
ベルギー	13.6	5.2	34.3	31.2	29.1	20.2	..	..	26.0
カナダ	8.1	1.8	28.2	30.3	46.0	24.4	17.5	4.2	10.0
チェコ	15.3	3.9	33.3	26.2	49.5	32.0	..	..	9.7
デンマーク	7.5	1.8	40.0	23.0	35.1	17.7	..	..	17.9
フィンランド	10.9	1.0	33.8	19.1	45.7	24.8	..	..	17.6
フランス	11.0	2.5	24.0	44.7	57.5	43.3	..	..	11.5
ドイツ	12.3	1.7	39.9	21.8	24.5	12.8	..	..	17.8
イギリス	5.2	2.1	26.8	30.4	46.1	32.2	..	..	12.0
ギリシャ	6.9	1.2	26.0	17.7	44.9	26.0	..	..	6.7
ハンガリー	22.0	11.8	..	..	..	..	..	..	8.9
アイスランド	10.1	0.5	44.7	15.7	54.8	27.0	..	..	..
アイルランド	5.2	1.6	20.4	27.1	28.1	16.7	..	..	7.5
イタリア	13.3	4.6	26.4	35.0	47.5	30.6	..	..	7.4
日本	30.1	3.7	32.3	21.3	62.2	45.0	26.7	1.5	6.8
韓国	18.1	3.7	18.6	17.8	51.1	30.3	23.3	2.2	..
ルクセンブルク	9.8	2.7	..	..	..	..	..	..	..
メキシコ	19.8	16.1	19.5	35.9	36.7	19.3	11.0	4.4	1.8
オランダ	6.7	1.3	35.7	18.9	30.8	20.0	..	..	16.2
ポーランド	22.9	9.9	..	..	..	..	..	..	3.8
ポルトガル	16.3	5.6	16.5	30.2	36.4	16.2	..	..	5.0
スロバキア	17.4	2.8	..	..	..	..	..	..	..
スペイン	9.7	4.1	15.9	37.5	50.6	30.9	8.7	3.3	4.1
スウェーデン	5.0	0.3	37.0	9.3	23.0	14.4	..	..	25.2
トルコ	4.2	4.0	5.4	40.0	..	0.1	13.5	4.4	6.3
アメリカ合衆国	6.3	1.5	26.6	19.5	30.0	13.8	15.9	1.9	10.2
OECD22カ国	11.2	3.2	27.8	26.8	41.7	23.8	..	..	..

トピック12

工業化の歴史経路と社会国家

　では19世紀における工業化の歴史経路と20世紀の社会国家の多様性は、具体的にはどのようなつながりをもっているのでしょうか。20世紀における社会国家の類型（これらの類型化は、あくまでも日本社会の特質を浮かび上がらせるための仮説的な区分です）から、ヨーロッパの福祉社会を取り上げて、この点を検証してみることにします。

　⑴**福祉社会の共通性**　19・20世紀のヨーロッパ経済社会を一括りにするのはかなり無理な話なのですが、ここではあえて以下の2点に着目します。すなわち第一に、ヨーロッパにおける工業化の歴史経路は、アメリカや社会主義諸国とは異なり、イギリス・モデルへのキャッチアップをはかるという点で共通性を有していること、そして第二に、国家が鍵となって税ないし社会保険料という社会的連帯をベースにした原資をもとに、広範かつ安定的な社会サービスを提供しているという点で共通性を有していることがそれです。ではそのなかで、イギリスとドイツにおける工業化の歴史経路の相違は、社会国家のどのような相違となって現れているのでしょうか。

　⑵**福祉社会・イギリス**　世界で最初の工業国イギリスは、その例外性ゆえに在来的要素（社会の身分制的特性）を強く残す形で工業化を進めざるをえませんでした（＝ジェントルマン資本主義）。その結果、イギリスにおける社会国家化の道にも、新たに規範化された自助の要素だけではなく伝統的な救貧と慈善という要素が強くまつわりつくこととなり、イギリスで普遍的な公助が制度化されるには、第二次世界大戦期の1942年に出されたベヴァリッジ報告を待たねばなりませんでした。

　⑶**福祉社会・ドイツ**　これに対しドイツでは、国家が重要な役割を担う形で急激な工業化とイギリスへのキャッチアップが進むとともに、ビスマルクのもとで社会保険にもとづく公助の仕組みがきわめて早い時期に作り上げられました。とはいっても、ドイツにおける工業化の道は、国家と自立した種々の団体（経営者団体、技術者団体、労働組合など）との間の調整と協調によって整備されたことを忘れてはなりません。ドイツにおける社会国家化も、工業化のこうした歴史経路に規定され、きわめて強い自立性を保った社会保険団体が軸となり、国家が全体の調整機能を果たすとともに、家族と地域に大きな自助／共助機能が期待されるという、フランスとも通じる独自の方向性（補完性原理と呼ばれます）をもつことになったのです。

13 社会国家とジェンダー秩序

　社会国家の共有する特質（社会国家性）は、1970年代以降、その基盤を揺るがす問題として顕在化し始めます。70年代にドルを基軸とした国際経済秩序が動揺し、石油危機によって大量生産・大量消費型社会のもろさが露呈した後、80年代には、イギリスのサッチャー政権、アメリカのレーガン政権、さらには日本の中曽根政権によって、タイプの違いを問わず国家の肥大化に歯止めをかける道が模索されました。また高度経済成長期の労働力不足を大量の外国人労働者の流入によって乗り切ったヨーロッパでは、雇用調整や帰国促進政策を介して、外国人労働者を社会国家の枠組みから排除する政策が強化されます。

　社会国家の基盤をさらに大きく掘り崩したのは、第二次の出生率低下（☞図表13-1）に象徴されるジェンダー秩序の揺らぎでした。第二次世界大戦後の男女平等化の動きのなかで育った世代が大量に大学に進学し、労働市場に参入してきた1960年代後半以降、ジェンダー秩序の揺れは婚姻関係の変化（☞図表13-2、13-3）として表面化します。ただその変化は、各国の間で一様ではありませんでした（☞図表13-1、13-2）。ヨーロッパと日本の違いに的を絞ると、ヨーロッパでは1965年から1985年にかけて婚姻率と出生率が大きく下がり、逆に離婚率とやや遅れて婚外子出生率（☞図表13-4）が大きく上昇した後、出生率が横ばいに推移するのに対し、日本では婚姻率はヨーロッパ同様下がるものの、離婚率や婚外子出生率はきわめて低水準にとどまる一方、出生率は持続的に低下を続けています。

　こうした違いが生じた理由は、女性労働をめぐる指標からも読み取ることが可能です（☞図表13-5）。すなわち、ヨーロッパでは国による程度の差はあれ、女性就業率と出生力（TFR）に正の相関が見られるなど、規範化されたジェンダー秩序の組み替えが進行しているのに対し、日本のイエ社会ではM字型の労働力曲線の残存（☞図表13-6）、男女の賃金格差の大きさ（☞図表13-7）、さらには男性の家事参加率の低さ（☞図表13-8）から浮き彫りになるように、近代家族的なジェンダー秩序が依然強い規範力を保っているのです。

第Ⅰ部 工業化社会の比較史

図表13-1 主要先進国における出生力（TFR）の推移 ㉔63

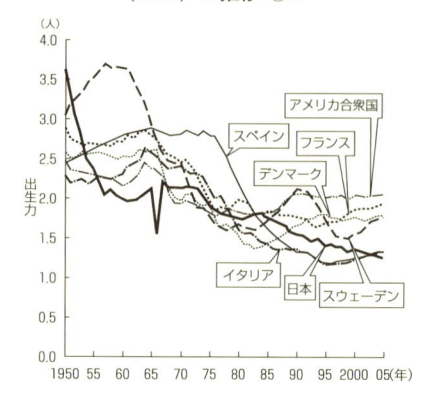

図表13-2 各国の普通婚姻率の推移(‰) ④13

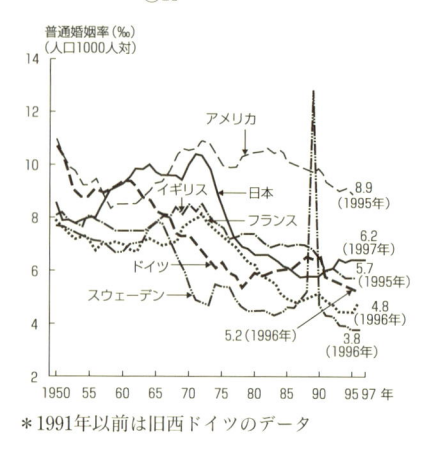

＊1991年以前は旧西ドイツのデータ

図表13-3 各国の普通離婚率の推移(‰) ④17

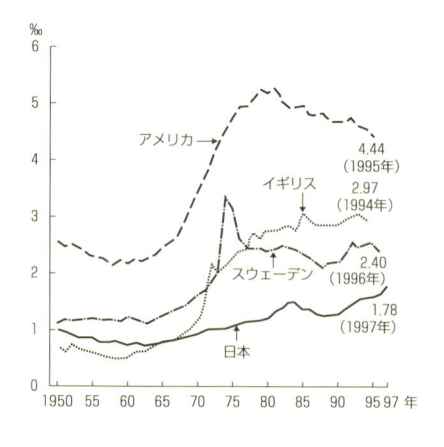

図表13-4 各国の婚外子出生率の推移(%) ④13

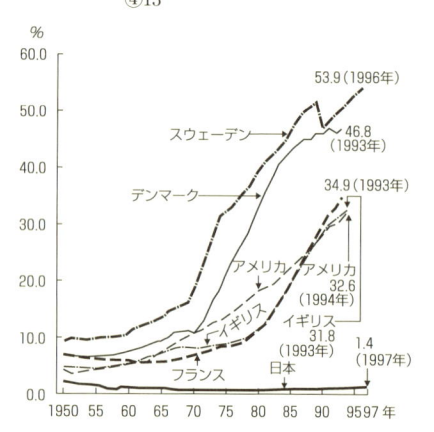

図表13-5 女性（25～34歳）の労働力率と出生力（TFR）（1997/99年）㊷115

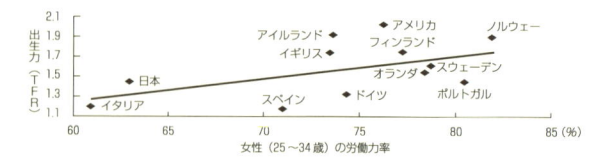

13 社会国家とジェンダー秩序

図表 13-6 女性の年齢別労働力率（1996/97年）④93

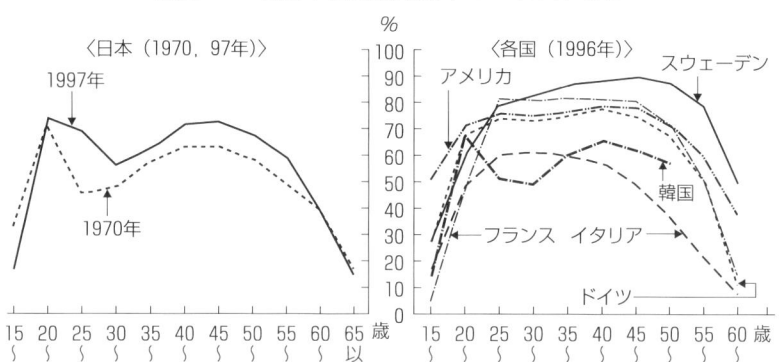

〈日本（1970, 97年）〉 〈各国（1996年）〉

図表 13-7 男女の賃金格差（非農林業部門、男性の現金給与額を100とした場合の女性の現金給与）④107

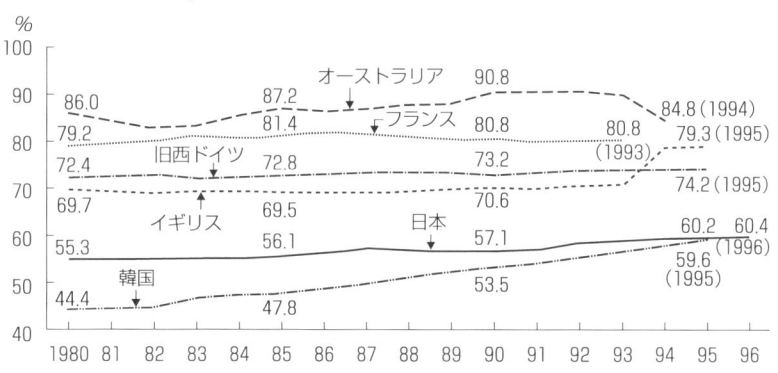

図表 13-8 男女の賃金格差と男性の家事参加度（1990年）㊷117

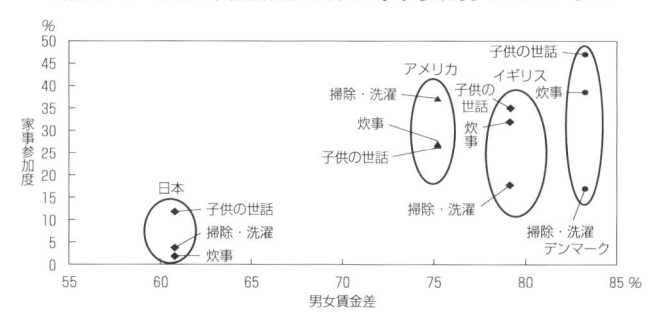

> トピック13

ベックの再帰的近代化論

　ドイツのウルリヒ・ベックという社会学者は、1970年代以降の社会国家の揺れを再帰的近代化という概念を用いて巧みに説明しています（☞文献㉟）。以下では、彼の議論を私たちの社会国家の歴史分析と重ね合わせることによって、黄金期以後の社会国家の行方を展望することにしましょう。

　(1)ベックの議論　ベックのいう再帰的近代化は、制度設計上「半分だけ近代的な社会」であった近代社会が、その構成要素たる「反近代性」を払拭する歴史的な過程を意味しています。彼の議論に従えば、近代社会の歴史は、資本 - 賃労働という身分的に固定された階級関係と、生まれによる男女の配属（不均等で固定的な性別役割）というジェンダー秩序が近代化され、近代が「剥き出し」になってゆく過程に他ならないのです。その近代性の「剥き出し」状態を、ベックは「リスク社会」と名付けます。

　(2)工業化と社会国家化　私たちがここまで追いかけてきた〈長い19世紀〉における工業化と〈長い20世紀〉における社会国家化の歴史を、ベックの概念を借りてまとめ直してみると、以下のようにいえると思います。

　まず工業化とは、16世紀以来の長いグローバル化の動きを制したイギリスで伝統社会との折り合いをつけつつ達成された産業革命というインパクトに、後発国がそれぞれの社会に固有の歴史経路と接合可能な形で対応する過程を意味しています。そのなかで労使関係は「身分制的な」な搾取関係の形をとり、家族は伝統的な要素を引きずったまま新たな都市的な生活・労働環境に放り込まれます。こうした労働、家族関係が変化し始める（再帰的近代化の動き）のが世紀転換期であり、そこでは社会国家がアクターとなって労使関係の調整がはかられ（国家によるセーフティネット整備）、男女の「生まれながら」の役割分業関係をベースに近代家族として再構築された家族がその基礎単位となります。

　こうして生成した社会国家の制度化の過程においても再帰的近代化の動きは継続し、1970年代以降、女性の社会的自立によって家族関係の個人化が進み、社会国家のセーフティネットがグローバル化の進行によって機能不全に陥っていくにともない、現代社会はここでも各国固有の歴史経路から派生する差異を内包しつつ、「リスク社会」状況に突入するのです。次回は、19世紀から現代に至るこうした工業化・社会国家化・リスク社会化の動きについて、日本を舞台に追体験してみることにしましょう。

14　長い20世紀と日本の経済社会

　日本は長い19世紀と長い20世紀の交錯する世紀転換期に、ヨーロッパ大陸諸国やアメリカに次いで、国家の強い主導性のもとで工業化の道を歩み出しました。この日本の工業化を推進する基本的な枠組みとなったのが、日本という大きなイエの家長に擬せられた天皇を頂点とし、男性戸主により支配された家父長的な家族を基礎単位とするイエ国家ともいうべき枠組みでした。ここを起点とした日本の経済社会の歴史は、次のように概観することができるでしょう。

　日本は工業化の始動と植民地獲得競争への参入が時期的に重なり合うという後発性に規定され、同じく国家の主導性の強い工業化の道をたどったドイツとは異なった道を進みます。ドイツでは世紀転換期における工業化の高度化や社会国家化を多様な中間団体の活発で自律的な活動が支えたのに対し、日本はイエ国家という19世紀的な枠組みに官僚制と財閥に代表される企業システムを組み入れることによって、20世紀前半のグローバルな国家間競争への参入をはかったのです。こうして生成する日本的な社会国家（＝イエ社会）は、日本がドイツとともに震源地となった第二次世界大戦期の総力戦体制のもとで強化され、さらに戦後、アメリカの占領下における調整（☞トピック14）および1950年代の急激な都市化（☞図表14-1）と出生率の低下（＝人口転換の完了、☞図表14-2）がもたらした急激な社会変動を経て、その基本的な構造を維持したまま、1960年代には高度経済成長を達成します。

　1970年代以降、アメリカを核とした戦後のブレトン・ウッズ体制の挫折、さらにはオイル・ショックやジェンダー秩序の揺れを契機に、大量生産・大量消費社会の展開とともに肥大化してきた欧米の社会国家は、機能不全の様相を見せ始めました。これに対し、先進諸国へのキャッチアップを旗印にイエという集団主義的な構成原理によって束ねられていた日本社会は相対的に安定性を保ち、ベックのいう「リスク社会」化の動きが表面化しないまま、日本は1980年代後半に先進諸国における「No.1」の地位を獲得するに至ります。

第Ⅰ部 工業化社会の比較史

図表 14-1 第一次産業従事者割合の変化 ㉝56

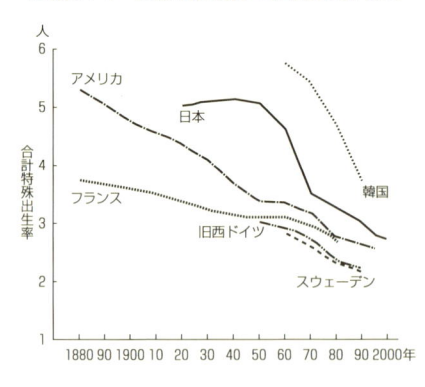

図表 14-2 日本における人口転換 ㉖47
〈(a) 普通出生率・死亡率〉
普通出生率
普通死亡率
〈(b) 合計特殊出生率〉
〈(c) 乳児死亡率〉

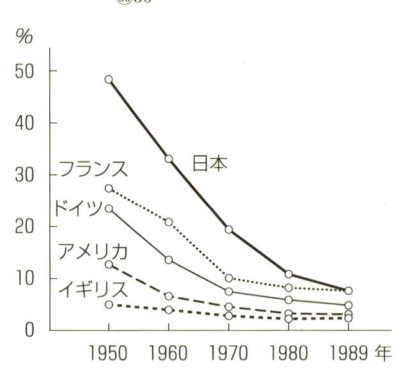

図表 14-3 世帯規模縮小の国際比較 ㊷15

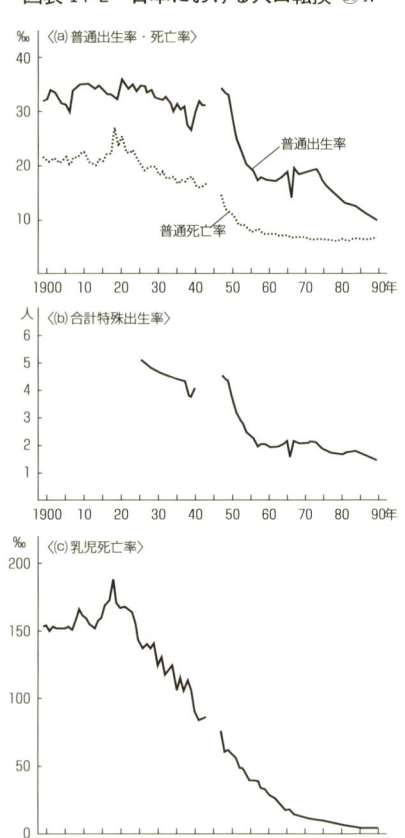

図表 14-4 日本における中絶件数 ㉒278

	1949	1950	1951	1952	1953	1954	1955	1956	1957	1958	1959	1960	1965
出生数(千)	2697	2338	2138	2005	1868	1770	1731	1665	1567	1653	1626	1606	1824
中絶届出件数(千)	246	489	638	806	1068	1143	1170	1159	1122	1128	1099	1063	843
対出生比(%)	9.1	20.9	29.9	40.2	57.2	64.6	67.6	69.6	71.6	68.2	67.6	66.2	46.2

14 長い20世紀と日本の経済社会

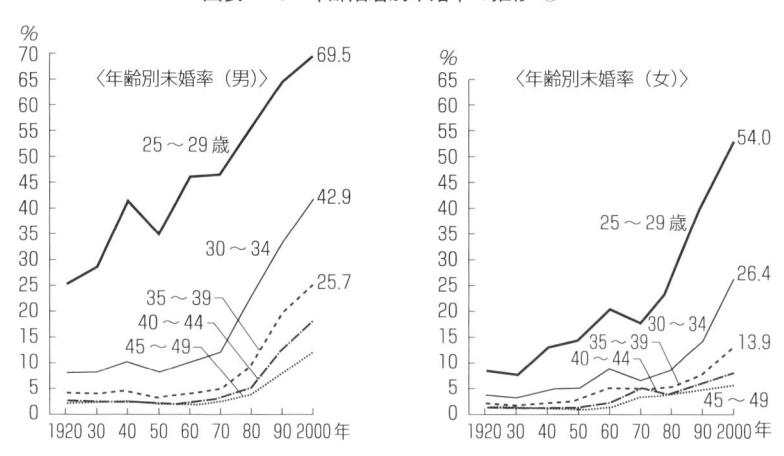

図表 14-5　年齢階層別未婚率の推移 ㊷103

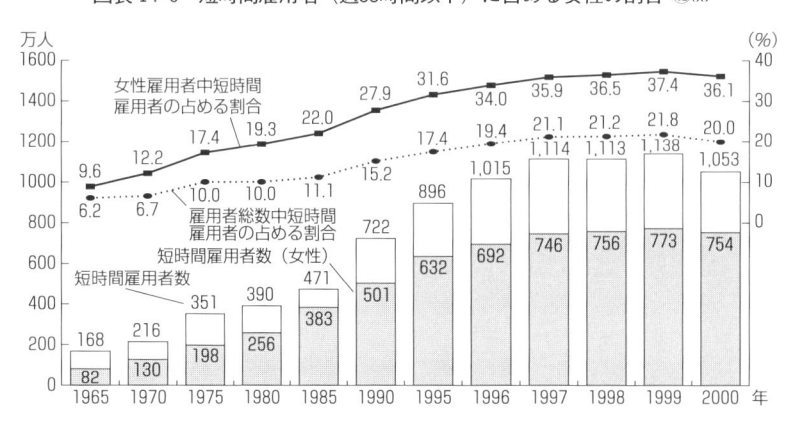

〈年齢別未婚率（男）〉
- 25～29歳: 69.5
- 30～34: 42.9
- 35～39: 25.7
- 40～44
- 45～49

〈年齢別未婚率（女）〉
- 25～29歳: 54.0
- 30～34: 26.4
- 35～39: 13.9
- 40～44
- 45～49

図表 14-6　短時間雇用者（週35時間以下）に占める女性の割合 ㊷65

女性雇用者中短時間雇用者の占める割合: 9.6, 12.2, 17.4, 19.3, 22.0, 27.9, 31.6, 34.0, 35.9, 36.5, 37.4, 36.1

雇用者総数中短時間雇用者の占める割合: 6.2, 6.7, 10.0, 10.0, 11.1, 15.2, 17.4, 19.4, 21.1, 21.2, 21.8, 20.0

短時間雇用者数: 168, 216, 351, 390, 471, 722, 896, 1,015, 1,114, 1,113, 1,138, 1,053

短時間雇用者数（女性）: 82, 130, 198, 256, 383, 501, 632, 692, 746, 756, 773, 754

年: 1965, 1970, 1975, 1980, 1985, 1990, 1995, 1996, 1997, 1998, 1999, 2000

図表 14-7　主要先進国における65歳以上人口の割合（％）㉔58

	1970	1980	1990	2005	2020
SW	13.7	16.3	18.1	17.2	21.4
仏	12.9	14.0	13.8	16.6	20.8
独	13.7	15.6	14.9	18.8	22.1
英	12.9	15.1	15.4	16.0	18.8
米	9.8	11.3	12.1	12.3	15.8
日	7.1	9.1	12.1	19.7	29.3

図表 14-8　要介護者と主たる介護者の関係（2000年、％）㊷175

	配偶者		子		子の配偶者		その他
	男	女	男	女	男	女	
要介護者	9.2	22.3	9.2	19.3	0.3	28.2	5.5
要支援者	8.2	10.6	8.7	17.1	0.3	25.3	10.1

---トピック14---

イエ社会の社会国家性

(1)**イエ社会のアメリカ化**　第二次世界大戦後、イエ社会はアメリカを中心とした世界秩序にフィットすべく制度の微調整をはかります。天皇の「人間宣言」を経て天皇制は新生日本の「象徴」へとイメージチェンジをはかり、官僚制は正当性の根拠を総力戦の勝利から経済競争の勝利へと切り替え、財閥解体後の大企業は新たな系列化の道を模索し、終戦直後のベビー・ブーム後急速に規模を縮小した家族も近代家族化してゆきます。

(2)**イエ社会の構成原理**　しかし、こうした制度調整はイエ社会の構成原理に大きな転換をもたらしはしませんでした。天皇制は、最近あらためて問題になったように「男系」による継承を維持し、官僚制も「護送船団」の舵取り役を担い続けます。さらに、企業は銀行を核に株の相互持ち合いなどを通じて同族的なまとまりを維持し、日本的経営といわれる経営家族主義（終身雇用・年功序列・企業内福祉）に立った再建をはかりました。そして出生数の半数以上に達する中絶（☞図表14-4）によって急激に核家族化した家族（☞図表14-3）にも、イエ的な意識は根強く残り続けます。戦後の日本社会は、第二次世界大戦下で構想された「国民皆保険」化を徐々に進めはしたものの、社会の集団主義的な構成原理を梃子に制度の相互補完性（政府による「小さな」福祉を企業と専業主婦が補完）を担保しつつ、「大きな」政府（官僚制）のもと、経済大国への道をひた走ったのです。

(3)**イエ社会のジェンダー秩序**　日本のイエ社会はこのように、〈政府の肥大化・固定的で不均等なジェンダー秩序・包摂と排除の国家による線引き〉という社会国家性を備えた、後発工業化の一つの成功モデルだといえます。しかし、1990年代以降になると、一挙に加速したグローバル化の動きによって政府と企業がイエ社会からの離脱を模索するなか、これまで表面化しなかった社会の個人化による「リスク社会」的な現象がジェンダー秩序をめぐり吹き出してきます（この点についてショッパ〔☞文献⑰〕は示唆に富んでいます）。晩婚化の進行（☞図表14-5）、雇用機会の均等がうたわれながら変化のない女性のパート労働の実態（☞図表14-6）、急速に進行する高齢化（☞図表14-7）のもとでの介護の社会化（介護保険制度）を支える「子の配偶者」の存在（☞図表14-8）などが、現下の日本社会が置かれた問題状況を物語っています。

　では現代社会のアクターである私たちにはどのような選択肢があるのでしょうか。次章では、これから21世紀を生きてゆく皆さんへ、私からのメッセージを発信したいと思います。

15　21世紀社会への道

　1990年代以降の日本の経済社会がたどった紆余曲折については、ここであらためて振り返るまでもないでしょう。現在の日本の経済社会に覆い被さっている不透明感は、20世紀的な社会国家の類型の一つであった日本のイエ社会がその目的を達成することによって実質的にその役割を終えて形骸化する一方で、イエ的な集団主義にかわって社会を束ねうる新たな理念が見いだせぬまま、グローバル化の波に即応した理念なき個人化（＝万人の万人に対する競争と格差化）が進行したことから派生しているのではないでしょうか（☞図表12-7）。

　ではこうした、20世紀的な社会の歴史経路とグローバル化および個人化という経済社会の新たな変動要因の交錯した「リスク社会」状況に直面する現代日本にあって、アクターとしての私たちにはどのような選択肢があるのでしょうか。最後にこの点について、トピックの項と合わせ、現時点での私の考えを提示することによって、第Ⅰ部を結ぶことにしたいと思います。

　ブレア首相をリーダーとするイギリスの社会改革（＝「第三の道」）の理論的支柱となったことで知られる社会学者ギデンズは、日本の社会学者との共著（☞文献⑪）において、「日本の新たな『第三の道』」の鍵を握るのは「市場主義改革と福祉改革の同時推進」だというメッセージを発信しています。その内容にここで立ち入ることはできませんが、問題の核心は、どのようにすればこの二つの「改革」を両立させ、かつそれを通じて日本のイエ社会にかわる新しい社会の方向性を指し示すことができるかという点にあります。その答えを私は、20世紀に強固に一体化した社会と国家の間をこじ開け、そこに19世紀が発見した「社会的なもの」を再発見することに求められないかと考えています。

　キーワードは、社会的連帯です。依然大きな南北間の経済格差と貧困の広がり（☞図表15-1）、地域ごとにテンポを異にしつつ展開する少子・高齢化（☞図表12-5、12-6）、エネルギー消費をめぐる格差（☞図表15-2）や地球環境をめぐる問題を解消するためのグローバルな連帯と、個人化した社会を束ねる、血縁によらないローカルな連帯をつなぐヒントは、アジアにあります。

第Ⅰ部　工業化社会の比較史

図表 15-1　人間開発度（国連／2005年）㉕28

	人間開発指数	期待寿命（歳）	成人識字率（％）	1人当たりGDP指数
先進国	0.916	78.3	100	100
発展途上国	0.691	66.1	76.7	18.1
LDC	0.488	54.5	53.9	5.1
中東欧・CIS	0.808	68.6	99	32.6

＊LDC＝最も開発の遅れた諸国

図表 15-2　世界のエネルギー消費（構成比／2004年）㉔38

	人口％	エネルギー消費％	1人当たり消費指数
北米	5.1	25.3	165.2
ヨーロッパ	11.2	20.5	60.1
アジア	57.1	29.9	17.3
（日本）	(2.0)	(5.2)	(87.8)
OECD 計	18.7	56.0	100
非OECD 計	81.3	44.0	17.9

図表 15-3　グラミン銀行の実績（『日本経済新聞』2009年5月2日付朝刊）

```
設立＝1983年
融資＝累計75億ドル
金利（無担保）＝20％（ほかに、8％の住宅ローン、0％のホームレスローン）
預金金利＝10％
借り手＝800万人（内97％が女性）
平均融資額＝200ドル
返済率＝98％
```

図表 15-4　引用：ユヌスのノーベル平和賞受賞記念講演より　㊸378-379

貧しい人々は「盆栽」のようなものです。最も成長した樹のよりすぐった種を植木鉢にまくと、最も高い木のレプリカが育つのですが、たった数センチの大きさにしかなりません。まいた種子が悪かったのではなく、ただ地面の広さが不十分だったからです。貧しい人々というのは、この「盆栽」のような人々なのです。彼らの「種子」に何か悪いところがあったわけではありません。ただ単に、社会は、彼らが育つ地面を与えなかっただけなのです。貧しい人々が貧困から脱出するために私たちが行なうべきなのは、彼らが成長できる環境を作り出すことだけです。貧しい人々が一度、エネルギーと創造性を解き放つことができるようにさえなれば、貧困はすぐに姿を消すはずです。

15　21世紀社会への道

図表15-5　グラミン関連企業一覧 ㊸141

会社名	設立年	目的の順
グラミン銀行	1983年	貧しい人々のための金融サービス
グラミン・トラスト	1989年	世界中のMFIへの訓練、技術支援、経済支援
グラミン・クリシ（農業）財団	1991年	農業技術と生産高の向上のための実験や訓練
グラミン・ウドーグ（企業）	1994年	手織り布「グラミンチェック」の輸出
グラミン・ファンド	1994年	起業家を支援するソーシャル・ベンチャー・キャピタル・ファンド
グラミン・モーショー・オー・パシューサムパッド（漁業と畜産）財団	1994年	魚の養殖、家畜の飼育プログラム
グラミン・テレコム	1995年	貧しい人々への通信サービス
グラミン・シャモグリー（製品）	1996年	グラミン・チェックの手織り布、手工芸品、他製品の国内販売
グラミン・サイバーネット	1996年	インターネットのプロバイダ
グラミン・シャクティ（エネルギー）	1996年	バングラデシュの地方のエネルギー資源の刷新
グラミン・フォン	1996年	携帯電話サービス
グラミン・カルヤン（福祉）	1996年	グラミン銀行のメンバーに対する、健康福祉サービス
グラミン・シッカ（教育）	1997年	貧しい家庭の学生たちに対する奨学金やその他のサービス
グラミン・コミュニケーションズ	1997年	インターネットのプロバイダ、およびデータ処理サービス
グラミン・ニットウェア	1997年	ニット製品の製造および輸出
グラミン・キャピタル・マネジメント	1998年	投資マネジメント
グラミン・ソリューション	1999年	ビジネスのためのITソリューションの開発
グラミンITパーク	2001年	ダッカにおけるハイテクオフィスビルの開発
グラミン・バイポサ・ビカーシュ（ビジネス・プロモーション）	2001年	少額のビジネスローン保証の引き当て
グラミン情報ハイウェイ会社	2001年	データ相互通信とインターネットプロバイダ
グラミン・スター・エデュケーション	2002年	情報テクノロジーのトレーニング
グラミン・ビテック	2002年	電気製品の製造
グラミン・ヘルスケア・トラスト	2006年	グラミン・ヘルスケア・サービスへの基金
グラミン・ヘルスケア・サービス	2006年	貧しい人々に対するヘルスケアサービス
グラミン・ダノン	2006年	貧しい人々が購入しやすい栄養食品

- トピック15 -

アジアに学ぶ

　続く第II部の舞台となるインド出身のノーベル経済学賞受賞者センは、日本の読者に向けた著書（☞文献⑲）のなかで、アジアの「発展の鍵」として、アジア社会に適合的な独自の「内発的な発展戦略」を挙げています。民主主義とならんで重要な鍵を握っているのは、彼によれば、経済開発から医療・教育・住宅などを重視した「社会開発」「人間開発」への転換であり、また女性の「自立と参加」に他なりません。

　⑴**ユヌスとグラミン銀行**　2006 年に、「文化や文明を超えて、最も貧しい人でも自らの手で発展をもたらすことができることを示した」としてノーベル平和賞を受賞したユヌスが、アジアの最貧国の一つバングラデシュで展開したグラミン銀行の活動は、こうしたセンの主張を裏付けるものといえるでしょう。グラミン銀行は 1983 年に、バングラデシュの農村に住む土地をもたない貧困者、とりわけ地域的な女性グループのメンバーに、連帯保証を条件にマイクロ・クレジット（少額無担保融資）を提供することによって彼らの社会的自立を支援することを目的として設立されました（☞文献㊸）。ユヌスが 2004 年に日経アジア賞を受賞した折りには、302 万人の借り手に対し総額 42 億ドルを融資し、借り手の 46％が貧困層から脱出したとの活動成果が報告されています（☞図表 15-3）。

　このマイクロ・クレジットの試みはその後アメリカを含む世界各地に広がり、現在では 1 億人以上がその恩恵を受けているとされています。しかしユヌスの活動はこれにとどまらず、彼はその先に多様なソーシャル・ビジネス（＝企業利益ではなく「社会的な目標を達成するために考えられた企業」）を展開しています（☞図表 15-5）。

　⑵**新たな連帯社会へ**　こうしたアジア発の試みは、国家を介さないグローバルな連帯とローカルな連帯をつなぐ「社会的なもの」が有する大きな可能性を示唆しています。グローバル化と個人化の大波にさらされている私たちの社会を再生させる道を切り開く「社会的な」活動は、すでに開発途上地域のみならず欧米でもまた日本でも、援助する側とされる側の垣根を取り払いつつ、NPO や NGO などさまざまな形をとって展開されています。21 世紀の社会の基盤となる新たな連帯は、そうした活動を担う文字通りグローカル（グローバルかつローカル）な自立したアクターによって編み上げられる、新しいネットワークから生成するのではないでしょうか。

第Ⅱ部
グローバル化の経済史
―インド亜大陸の800年―

16 インド亜大陸の800年
―グローバル化の経済史―

　20世紀の末葉に世界史的な大転換が起きたという認識から始めます。その大転換とは、第二次世界大戦後、長らく世界市場に背を向けてきた中国とインドが、再参入したという事実を指しています。20世紀末以降、情報通信技術の革新とも相まって、世界市場における競争構造が大きく転換しました。いわゆる「グローバル化」に起因する現象、例えば近年の日本における格差社会化も、世界的な競争構造の大転換が波及した帰結として理解できる側面もあるものと思われます。他方で、世界的な意味での所得分配において、「収斂」過程が生じているともいえます。中国やインドの「離陸」は、各国内部の不平等化の傾向を不問に付せば、世界的には確実に平等化への推進力となっています。

　アジアの二つの大国は、20世紀後半の長い期間、なぜ世界市場に背を向けてきたのでしょうか。その答えは、19世紀から20世紀前半にかけてのアジア史の展開過程にあります。18世紀末以降にイギリスが先導する資本主義が東漸し、南アジアを皮切りに東南アジア、続いて東アジアを経済的に包摂しました。これは、西欧列強がアジアの諸地域を政治的に統合する過程（植民地化）でもありました。20世紀前半は、かかる歴史過程への反作用の時代です。中国・インドなどアジア各地域で民族主義が台頭し、経済政策では保護主義的な傾向が現れました。それは、1930年代の世界大不況の時代に、市場経済に対する幻滅も加わり確固とした認識となったのです。第二次世界大戦後、政治体制の違いにもかかわらず、インド共和国（1947年に独立）と中華人民共和国（1949年に成立）が採用した経済政策は、世界市場に背を向けたものとなりました。

　さて、近年の中国・インドの経済的台頭は、世界市場への復帰をも意味します。本章では、長期の歴史的視野から、「インド亜大陸の800年」が「開放体系」として存在したことを論じるつもりです。こうした視点からするならば、20世紀の一時期を特徴づけた「閉じられた」状態こそが例外的な事態であったということになるでしょう。

第II部　グローバル化の経済史

図表16-1　インド亜大陸の800年

13世紀	1206	チンギス＝ハン、モンゴルを統一／奴隷王朝が成立
	1250	マムルーク朝成立
	1258	モンゴル、アッバース朝を滅ぼす
	1271	フビライ＝ハン、元を建てる
14世紀	1333	イブン・バットゥータ、デリー到着
	1336	南インドにヴィジャヤナガル王国成立
	1368	朱元璋、明を建てる
	1398	ティムール、デリー占領
15世紀	1405	鄭和の南海遠征開始（7回、1433年まで）
	1407	明、ヴェトナム占領（～27）
	1453	オスマン帝国、ビザンツ帝国を滅ぼす
	1492	コロンブス、サンサルバドル島に到着
	1498	ヴァスコ・ダ・ガマ、カリカットに到着
16世紀	1501	サファヴィー朝、タブリーズを都として建国
	1510	ポルトガル、ゴア進出
	1511	ポルトガル、マラッカ占領
	1517	オスマン帝国、マムルーク朝を滅ぼす
	1526	バーブル、デリー占領
	1529	オスマン帝国、ウィーン包囲（第一次）
	1545	スペイン、ポトシ銀山採掘開始
	1556	アクバル即位（～1605）
	1557	明、ポルトガル人のマカオ居住を許す
	1571	スペイン、マニラ建設
	1600	イギリス東インド会社の設立
17世紀	1602	オランダ、東インド会社設立
	1619	オランダ、バタヴィア建設
	1623	アンボイナ事件
	1632	タージ・マハル造営（～53）
	1639	イギリス、マドラス進出
	1648	清、北京に政権を建てる
	1658	アウラングゼーブ即位（～1707）
	1672	フランス、ポンディシェリ進出
	1674	マラーター王国成立
18世紀	1708	マラーター同盟成立
	1744	カーナティック戦争（～61）
	1757	プラッシーの戦い
	1765	イギリス、ベンガル地方の徴税権獲得
	1786	イギリス、ペナン島獲得

タージ・マハル
（17世紀前半）

16 インド亜大陸の800年

	1789	セリム三世、西洋化改革に着手
	1798	ナポレオンのエジプト侵入
19世紀	1802	阮福映、ヴェトナム統一し、越南国を建てる
	1805	ムハンマド＝アリーの改革
	1819	イギリス、シンガポールを買収
	1830	ジャワで強制栽培制度実施
	1838	オスマン・イギリス通商条約
	1840	アヘン戦争（〜42）
	1842	南京条約
	1856	アロー戦争（〜60）
	1857	インド大反乱（〜59）
	1858	天津条約
	1860	北京条約
	1868	日本、明治維新
	1869	スエズ運河開通
	1877	インド帝国成立
	1887	仏領インドシナ成立
	1896	英領マレー成立
20世紀	1904	オランダ領東インド成立
	1905	ベンガル分割令
	1906	ムスリム連盟成立
	1914	第一次世界大戦（〜18）
	1919	ローラット法／第一次非暴力・不服従運動（〜22）
	1930	第二次非暴力・不服従運動（〜34）／英印円卓会議（〜32）
	1939	第二次世界大戦（〜45）
	1947	インド連邦・パキスタン分離独立／ネルー、首相兼外相になる
	1948	マハートマー・ガンディー、暗殺される
	1951	第一次5カ年計画開始
	1952	第一回総選挙、会議派が圧勝／ネルー新内閣成立
	1955	会議派大会で、社会主義型社会の建設決議／アジア・アフリカ（バンドン）会議で、平和十原則採択
	1956	第二次5カ年計画開始
	1959	中印国境紛争
	1963	ヒンディー語とならんで英語が公用語となる
	1968	緑の革命開始
	1969	インディラ・ガンディー首相、14銀行の国有化
	1971	バングラデシュ独立
	1991	ナラシンハ・ラーオ首相下で、経済自由化政策開始
	1998	インド、パキスタン、それぞれ地下核実験実施
	2003	インドの外貨保有高、1000億ドルを突破

インフォシス-プネー（現代）

第II部　グローバル化の経済史

---トピック16---

『フラット化する世界』とインフォシス

　トマス・フリードマンの『フラット化する世界（*The World Is Flat*）』を読むと、彼がこの本を書いたきっかけが次のように記されています。フリードマンが、インドを代表するソフトウェア企業「インフォシス」のバンガロール・オフィスを訪問した際、CEOであるナンダン・ニレカニは言いました。「トム、競技場は均されているんだ」と（☞文献㉞上18）。

　20年ほど前には、世界中の誰もインドが現在のような勢いで経済成長の軌道を突っ走るとは予想していませんでした。しかし、1990年代以降、世界の競争構造は大きく転換しました。インターネットに代表される電子技術の急激な進歩によって、世界市場に参入できる条件が大きく変わったからです。ニレカニの先の発言は、インドのような場所からでも、やる気のある若い企業家が世界市場に躍り出ることができるのだ、ということを意味しています。

　しかし、インドが世界市場に参入できたのは、外的条件の変化だけではなかったのです。1990年代初頭に、インドは、過去の内向きで統制的な経済政策から、開放的な方向に大きく舵を切りました。いわゆる「経済自由化」政策の開始です。インドは、1947年の独立後、ネルーの指導のもとに、経済計画を基調にしつつ、重工業を優先して輸入代替工業化をめざす経済戦略を採用してきました。ネルーは、市場と企業家の役割にはきわめて懐疑的であり、独立後のインドの経済発展を可能にするのは、国家の指導的な役割しかないと確信していたのです。このようなネルーの確信は、彼のいかなる経験と思想から発しているのでしょうか。それは、後に示すようにインドの歴史に探るほかはないと思われます。

　しかしながら、インドの歴史を長期的な視野で探るならば、グローバル化した世界に対応できる遺伝子が深く埋め込まれていることに気づきます。また、企業家精神の系譜を長期の歴史のなかにさかのぼることができるようにも思われます。現在活躍するニレカニのような企業家は、決して突然変異的に現れた存在ではないのです。

17　13世紀世界システム

　「グローバル化の経済史」を考えるうえで、13世紀をその始まりと見ることも可能です。なぜならば、この世紀にユーラシア大陸の内陸交通とインド洋における海洋交通が有機的に結合し、「13世紀世界システム」とでも呼ぶべき状況が現れたからです。この表現は、アメリカの社会学者、J・L・アブー＝ルゴドの用語です。すなわち、Ⅰ西ヨーロッパ、Ⅱ東地中海、Ⅲ中央アジア内陸部、Ⅳペルシア湾沿岸、Ⅴエジプトと紅海沿岸、Ⅵアラビア海沿岸、Ⅶベンガル湾沿岸、Ⅷ東アジアの八つの交易圏を結びつけた事態を意味します（☞図表17-1）。八つの交易圏のうち、四つ（Ⅳペルシア湾沿岸、Ⅴエジプトと紅海沿岸、Ⅵアラビア海沿岸、Ⅶベンガル湾沿岸）が、インド洋世界に関わっています。

　「13世紀世界システム」がなぜ出現したのでしょうか。最大の要因は、13世紀におけるモンゴル帝国の出現にあります。モンゴル帝国は、中央アジアを起点にその東西周縁に広がる大帝国を構築し、ユーラシア大陸を東西に貫く安全な陸上交易ルートを生み出しました。これが、上述の八つの交易圏を結びつける原動力になったのです（☞文献①）。

　「13世紀世界システム」の存在を示す史実として、14世紀にユーラシア大陸各地で起こったペストの大流行が挙げられます。ペストは、中央アジアから、はじめに中国へ波及し、続いて黒海地域を経由してヨーロッパに波及しました。運搬された物資（とくに穀物）のなかに紛れ込んだネズミもしくはそれに寄生するノミの血液中にペスト菌が存在し、それが波及したと推定されます。

　このペスト流行は、ヨーロッパでは「黒死病」として長く記憶されました。ペストは、黒海沿岸の町カッファから、黒海さらに地中海の海上交易ルートを経由して、南フランスに上陸し、シャンパーニュ大市を経由して北フランスおよびフランドル地方に抜け、さらにブリテン島、および北海・バルト海経由で、北ヨーロッパへと広がりました（☞図表17-5）。かかる波及ルートは、交易ルートとほぼ一致し、ペスト流行と交易ルートとの関わりを示す証左となっています。

第Ⅱ部　グローバル化の経済史

図表 17-1　13世紀世界システム　①43

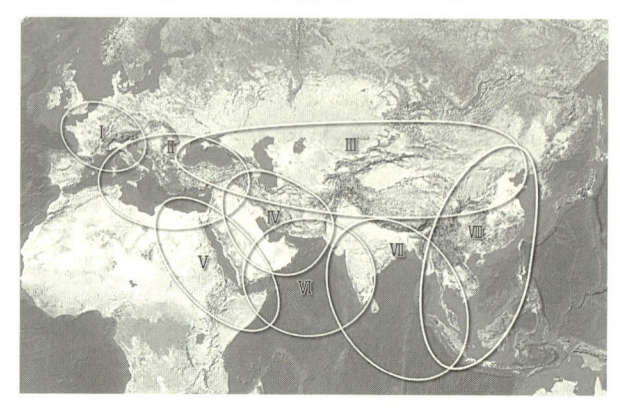

図表 17-2　14世紀インド洋世界の港市

＊花島誠人の援助を得て、筆者作成。

図表 17-3　引用：『東方見聞録』における中国・泉州の記述　㊳165

　五日目の終わりにザイトゥン〔泉州刺桐城〕というとてもりっぱな大都市に到着する。ここは海港都市で、奢侈商品・高価な宝石・すばらしく大粒の真珠などをどっさり積みこんだインド海船が続々とやってくる港である。またこの海港には、この地の周縁に展開しているマンジ各地からの商人たちも蝟集してくる。要するに、この海港で各種の商品・宝石・真珠が取り引きされる盛況は、何ともただ驚嘆する以外にないのである。この海港都市に集積した商品は、ここからマンジ全域に搬運され買販される。キリスト教諸国に売りさばこうとしてアレクサンドリアその他の港に胡椒を積んだ一隻の船が入港するとすれば、ここザイトゥン港にはまさにその百倍にあたる百隻の船が入港する。その貿易額からいって、ザイトゥン市は確実に世界最大を誇る二大海港の一であると断言してはばからない。

17　13世紀世界システム

図表 17-4　引用：イブン・バットゥータの『大旅行記』㉚第3巻132-134, 138

(1) イエメン地方のアデンにて
「次に私は、そこから大海の岸辺にあるイエメン地方の港、アデンの町に旅した。……そこは、酷い暑さのところである。そこはインド人たちの港であって、クンバーヤト（カンバーヤ）、ターナ、カウラム、カーリクート、ファンダラーヤナ、シャーリヤート、マンジャルール、ファーカヌール、ヒナウル、スィンダーブールなどから大型船がそこにやって来る。インド商人たちは、エジプト商人たちと同様にそこの居留民である。」

(2) 東アフリカのマクダシャウ（現在のモガディシュ）にて
「この町の住民の慣行の一つとして、以下のことがある。〔外国の〕船がそこの港に着くと、小型の艀舟であるスンブークが数艘、その船に近づく。各々のスンブークにはその町の若者たちの一団が乗り込み、彼らの各自は食べ物を盛った蓋付の皿を持って来る。そして、船に乗った商人たちの一人にその皿を差し出して「この御方は、私のお客様だ！」と言い、彼らのそれぞれの若者たちも同じように行う。すると、この地をたびたび訪れる馴染みの人（商人）は別として、船に乗っていた商人たちは必ずこうした若者たちの接待する家に客として滞在することになる。そうして一度、そこの家の人と知り合いになれば、その商人は好きなだけそこに滞在することが出来る。商人が接待された家に滞在している時、客をもてなす側の家の主人はその商人の持参したもの（商品）を売りさばいたり、また彼のために〔望むものを〕仕入れたりする。」

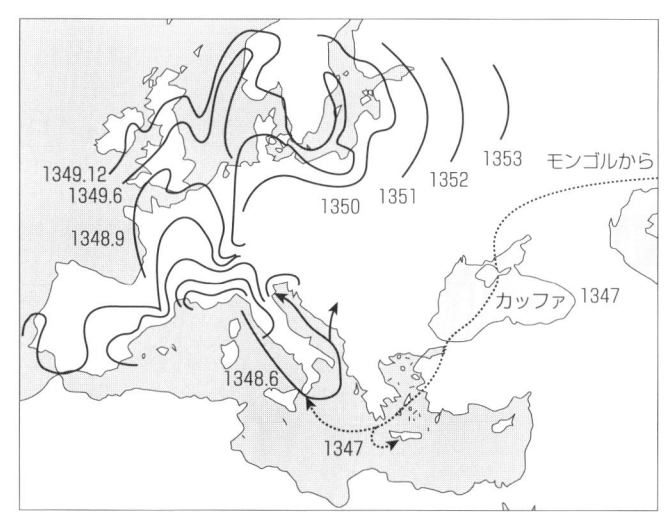

図表 17-5　黒死病　㉜38

---トピック17---

イブン・バットゥータの『大旅行記』

　13世紀のマルコ・ポーロによる『東方見聞録』（☞図表17-3、文献㊳）と14世紀のイブン・バットゥータによる『大旅行記』の存在は、「13世紀世界システム」の存在を示す歴史的証拠です。ここでは、イブン・バットゥータ『大旅行記』から、当時のインド洋における港市の実相を見ることにしましょう（☞図表17-2）。

　『大旅行記』のなかでインド洋海域世界が具体的に描かれているのは、紅海・アラビア半島から東アフリカ海岸にかけての海域の部分、そして南インドのマラバール海岸周辺の海域の部分です。図表17-4を見てください。資料として引用したのは、とくに前者の部分です。一つ目の引用は、アラビア半島のアデンでは、いかに多くのインド系商人がこの地に渡ってきていたかを示すために挙げました。また、二つ目の引用は、東アフリカのマクダシャウ（現在のモガディシュ）にかんして、当時盛んに行なわれていた交易がその土地に特有の取引慣行を作り上げていた点を示すために挙げました。

　ところで、南インド・マラバール海岸のカーリクート（カリカット）にかんする引用をしておきましょう。「そこは、ムライバール地方にある大港市の一つで、シナ、ジャーワ、スィーラーン〔スリランカ〕とマハル〔モルディヴ諸島〕の人びと、イエメンとファルース〔イラン〕の人びとがそこを目指し、町には遠方の各地から来た商人たちが集るので、その寄港地は、世界のなかでも最大の港の一つである」（☞文献㉚第6巻126-127。なお括弧内は、引用者が加筆）。家島彦一氏によると、インド洋交易世界は、東の部分（ベンガル湾と南シナ海）と西の部分（アラビア海、ペルシア湾、紅海）に分かれ、このマラバール海岸は、インド洋交易世界の二つの部分をつなぐ場所として、大いに繁栄したといいます。

　東から来る中国ジャンク船は、陶磁器、銅銭、高級絹織物、香木類、香辛料などを積み、西から来るダウ船は、象牙、犀角、皮革、金、乳香、馬、ナツメヤシなどを積んできました。他方、地元の物産として、胡椒、生姜、肉桂、ココヤシ（繊維、油）、米などがマラバール海岸から輸出されたのです。

18 デリー・スルターン朝と中央アジア世界

　さかのぼれば、インド亜大陸は、アーリア人が進出してきた紀元前1000年頃以来、外部の地域に開かれた「開放体系」であったといえます。しかし、ここでは「13世紀世界システム」の時代から始めることにしましょう。13世紀以降、数世紀にわたって中央アジアから主としてトルコ系（あるいはアフガン系）の遊牧民が、北インドに進出して継続的にイスラーム政権を形成しました。奴隷王朝（1206～90年）に始まり、ハルジー王朝（1290～1320年）、トゥグルク王朝（1320～1413年）、サイイド王朝（1414～51年）、ローディー王朝（1451～1526年）と、約3世紀にわたって彼らによる政権が作られました。これらは、デリー・スルターン朝と総称されています（☞図表18-2、文献㉑6-8章）。

　トルコ系の遊牧民は、この時期になぜ北インドの平原に進出してきたのでしょうか。基本的な背景として挙げられるのは、中央アジアにおけるモンゴル帝国の席巻です。中央アジアに広がっていたトルコ系の民族は、すでにイスラーム化していたのですが、モンゴル人によってインド亜大陸に押し出されてきたともいえます。これらのトルコ系の民族が、どのようにインドの土着政権を軍事的に打ち倒し、支配することができたのでしょうか。軍事的技術（騎兵術）、優秀な馬の供給などの点でモンゴル帝国の影響を受けつつ、トルコ系の遊牧民は北インドにおいて現地の勢力に対して軍事的な優勢を確保しえました。

　さて、デリー・スルターン朝の時代のインド亜大陸は、陸上交易ルートを通じて中央アジアと密接に結びついていました。また、インド南部はインド洋海域世界と結びついていました。イブン・バットゥータは、ロシア南部から中央アジアを経由して、インドにやってきた後、トゥグルク朝のムハンマド・ビン・トゥグルクに仕えてインドには約8年間滞在したのです。彼は、実現はしなかったのですが、使節団の一員としてマラバール海岸から中国に向かうことになりました。彼のエピソードが示すのは、インド亜大陸が、まさに「13世紀世界システム」に組み込まれていたという事実です（☞図表18-4、18-5）。

第II部　グローバル化の経済史

図表18-1　歴史における乾燥地帯の役割　③170

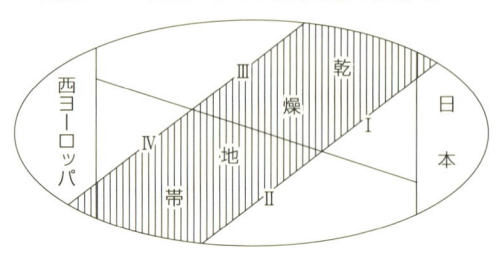

図表18-2　奴隷王朝の遺跡——クトゥブ・ミナール

＊写真＝Beautiful Free Pictures.com

図表18-3　アジアの動脈　㊴92

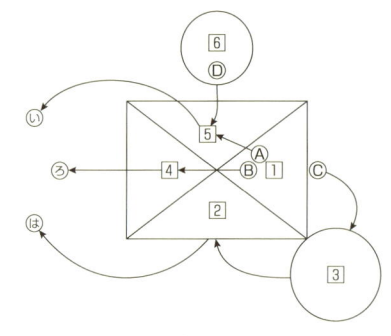

1　東アジア農耕生活圏
2　南アジア農耕生活圏
3　海洋生活圏
4　オアシス生活圏
5　遊牧生活圏
6　狩猟生活圏
Ⓐ　絹馬交易
Ⓑ　西域貿易
Ⓒ　南海貿易
Ⓓ　貂皮貿易
い　ステップの道
ろ　オアシスの道
は　海の道

＊松田壽男氏は、アジアを湿潤アジア、亜湿潤アジア、乾燥アジアの三つの風土帯に分けています。このうち、北アジア（シベリア）に相当する亜湿潤アジアを除外すると、アジアは大きく湿潤アジアと乾燥アジアに分かれます。図表18-3の「東アジア農耕世界」（中国に相当する）と「南アジア農耕世界」（インドに相当する）は湿潤アジアということになり、「オアシス世界」と「遊牧世界」は乾燥アジアということになります。さて、この図のポイントは、東西交渉の動脈となった「ステップの道」と「オアシスの道」はどちらも乾燥アジアを貫通しているという点にあります。松田氏は、梅棹氏とはまったく異なる観点から乾燥地帯の重要性を説いたといえます。

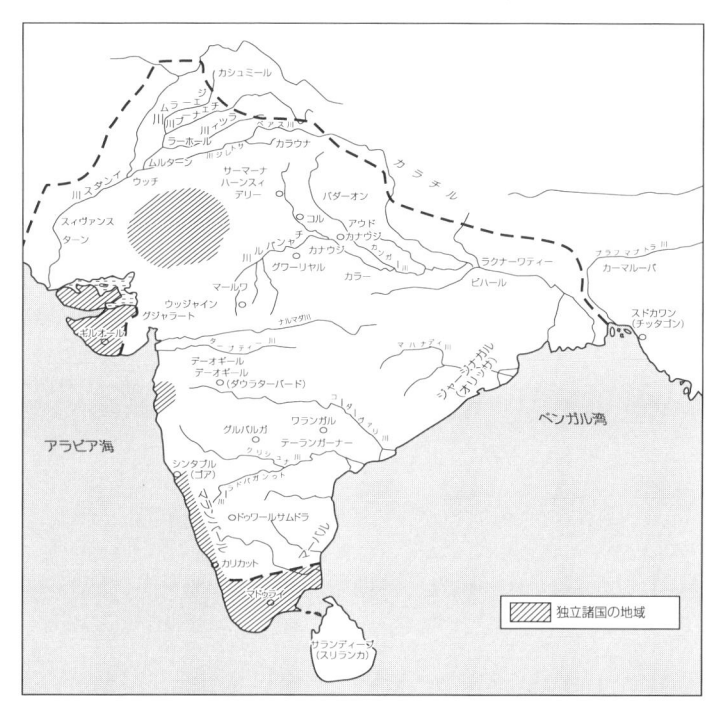

18 デリー・スルターン朝と中央アジア世界

図表18-4 ムハンマド・ビン・トゥグルクの支配領域（1335年）㉑111

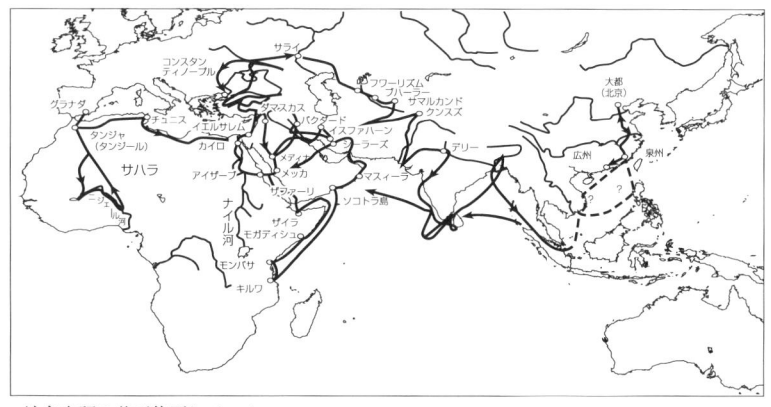

図表18-5 イブン・バットゥータの旅行経路 ㉙

＊地名表記は若干修正している。

第II部　グローバル化の経済史

トピック18

世界史における乾燥地帯の役割

　世界史における乾燥地帯の意義を教えてくれるのが、梅棹忠夫の『文明の生態史観』（☞文献③）です。梅棹氏は、ユーラシア大陸（「旧世界」）を大きく二つの地域に分けます（☞図表18-1）。第一地域は、ユーラシア大陸の東西両端に位置する西ヨーロッパと日本を指しています。第二地域は、このユーラシア大陸の内側に属する地域で中国世界（Ⅰ）・インド世界（Ⅱ）・ロシア世界（Ⅲ）・イスラム世界（Ⅳ）がそれに入ります。なぜ、このような二分割をするのでしょうか。この二つの地域では、歴史の発展パターンが根本的に異なるというのがその理由です。

　第一地域では、西ヨーロッパと日本の間にはその距離的懸隔にもかかわらず、歴史の発展において「平行進化」があったとされます。西ヨーロッパと日本を含む第一地域は、「塞外野蛮の民としてスタートし」ながら、「第二地域から文明を導入し、のちに、封建制、絶対主義、ブルジョア革命をへて、現代は資本主義による高度な近代文明をもつ地域である」ということになります。

　それに対して、第二地域では「巨大な専制帝国」という「平行進化」があったとされます。ここでは、第一地域のような封建制から資本主義へという歴史発展のパターンを踏むことはなく、「第二地域は、もともと古代文明はすべてこの地域に発生しながら、封建制を発展させることなく、その後巨大な専制帝国をつくり、その矛盾になやみ、おおくは第一地域の植民地ないしは半植民地となり、最近にいたってようやく、数段階の革命をへながら、あたらしい近代化の道をたどろうとしている地域である」ということになります。

　梅棹氏の議論で興味深いのは、第二地域における歴史発展のパターンが、ユーラシア大陸を東北から西南に斜めに横断する「乾燥地帯」の存在によって規定されているとしている点です。具体的にいえば、乾燥地帯から出来する遊牧民が、第二地域の歴史発展に大きな影響を与えてきたことを強調します。13世紀から18世紀までのインド亜大陸の歴史を考えると、このような視点は十分に妥当するのではないでしょうか。

19　大航海時代とインド洋世界

　15世紀末に始まる「大航海時代」は、ヨーロッパが他の地域の支配へと乗り出す嚆矢と位置づけられることがあります。この認識は、ヨーロッパとアメリカ大陸との関係を指す場合には妥当なのですが、アジアとの関係においては適切ではありません。このことを示す象徴的エピソードを挙げることにしましょう。ヴァスコ・ダ・ガマはいわゆるインドへの航路を「発見」したとされていますが、あくまでも「ヨーロッパ人にとって」ということに過ぎません。

　インド洋では、今日からさかのぼること4000年前からモンスーン（季節風）を使った遠洋航海が行われていたとされています（☞図表19-1）。私たちが現在参照しうる文字史料（『エリュトゥラー海案内記』）を手がかりにしても、紀元1世紀頃にはインド洋交易が盛んに行われていたことが明らかになります（☞文献㊶）。したがって、ヴァスコ・ダ・ガマ以前にインド洋交易は長い歴史的蓄積を有していたわけです。ガマの船隊が、大西洋の東側（アフリカ大陸西岸沖）を南下し、喜望峰を経由した後に東アフリカに到達するという偉業を成し遂げたことは確かですが、その東アフリカからは、インドから来た水先案内人の助けを借りてようやくインド洋を横断して、インド亜大陸西岸のマラバール海岸にたどり着くことができたのです。1498年4月24日に東アフリカのマリンディを出港し、5月22日にカリカットに到着していますが、このように迅速にインド洋を横切ることができたのは、モンスーンに関する情報を得られたからです（☞図表19-2、19-3）。

　ガマが到達したマラバール海岸のカリカットは、すでに述べたように、イブン・バットゥータによると、14世紀には中国・東南アジア・アラビア半島・ペルシア湾岸から来航する船で賑わう「世界のなかでも最大の港」でした。16世紀のポルトガル、17・18世紀のオランダ・イギリスといったヨーロッパの諸勢力はインド洋で活躍しますが、この海域への進出は、必ずしもヨーロッパによるアジア支配には直結しませんでした。イギリス東インド会社がインド洋交易の覇権を握ったのは、ようやく18世紀の後半のことです。

第II部　グローバル化の経済史

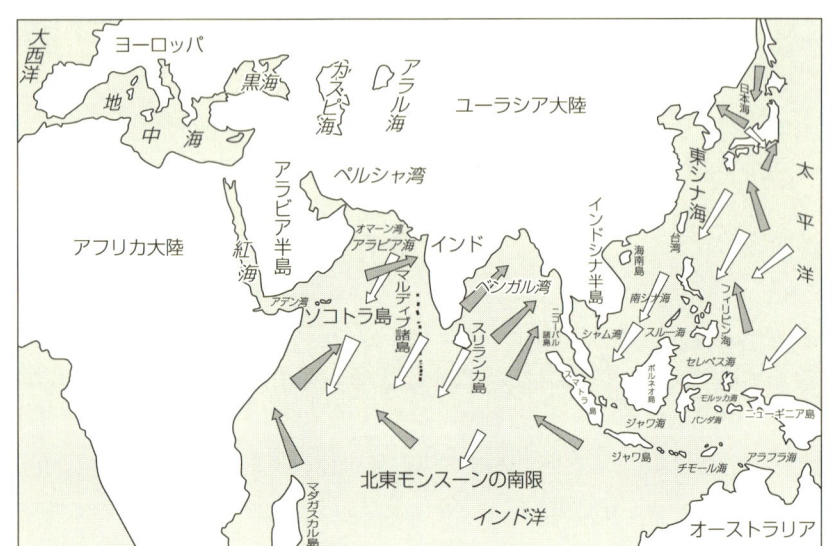

図表19-1　モンスーン（季節風）とインド洋 ⑭14

＊黒色の矢印は夏のモンスーンの方向を示し、白色の矢印は冬のモンスーンの方向を示す。

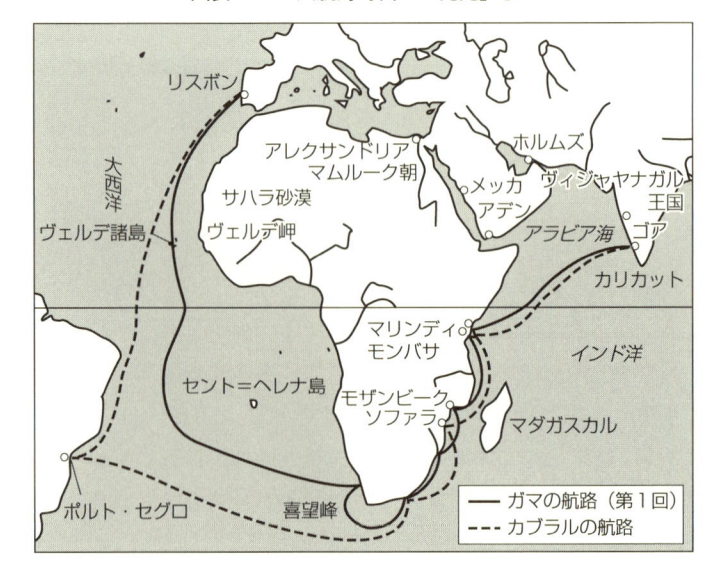

図表19-2　大航海時代の「発見」㉛41

19 大航海時代とインド洋世界

図表 19-3　引用：ヴァスコ・ダ・ガマの『インド航海記』⑪381-383

　四月二十四日、火曜日、われわれは王のくれた水先案内人と共に、王がそれについて情報を得ているカレクー〔カリカット〕の町に向けてこの町を出帆した。われわれはカレクーをたずねて東に向った。そのあたりの海岸は南北にのび、陸地は大きな入江と海峡をつくっている。きくところによれば、その入江〔アラビア海をさす〕にはキリスト教徒とイスラム教徒の町が数多くあって、その中にはクワンバヤという町がある。また六百の島があることも既に明らかにされた。紅海はこの入江の中にある。そしてまたメッカの神殿も。次の日曜日、久しぶりに北極星が見えた。五月十七日、金曜日、二十三日ぶりに高い陸地が見えた。ここのところ、たえず順風にめぐまれたので六百レグアは進んだ筈だ。陸地を見つけたとき、われわれの船から陸地までは八レグアほどあっただろう。われわれは側鉛を下し、水深を測った。四十五ブラサ〔約七十二メートル〕あった。その夜は海岸に近づかぬよう南南東に向った。翌日は陸に近づこうとしたが、われわれが航行していた海岸地帯の激しい雷雨のために水先案内人がそれがどこかはっきり分るほどは接近できなかった。日曜日〔五月二十日〕、カレクーの町を見下す、かつて見たこともないほど高い山の近くに来た。われわれがぐっと近づいたとき水先案内人はその山に見覚えがあるといい、それこそわれわれがいこうとしていた地だと告げた。

図表 19-4　引用：リンスホーテン『東方案内記』におけるマラッカの記述 ㊼188

　マラッカは、全インディエ、シナ、マルーコ〔モルッカ〕諸島その他周辺の島々の物資の集散地である。すなわちここでは、シナ、マルーコ諸島、バンダ、ジャヴァ諸島、サマートラ〔スマトラ〕および周辺のあらゆる島々、さらにはシアン、ペグー、ベンガーラ、コラマンデルおよびインディエ〔インディエ海岸〕から来たり往ったりする船々によって大きな取引きがおこなわれており、それら諸方から毎年おびただしい船が相次いで来航し、そこで荷物を積んだり降ろしたり、売ったり買ったり、また交換したりして、東方のあらゆる民族によって大規模な取引きがいとなまれているのである。そこには妻や家族を連れたポルトガル人も居住しているが、少数で、せいぜい百名くらいである。だが、旅商らがさかんに取引きにやって来るし、また、自分たちの船でシナ、モルーカ諸島その他の方面へ行こうとする者、それらの地方から来る者、みなここで生鮮食料を入手し、そうして、一つの場所から他の場所へと航海するためには、モンスーンすなわち季節風が吹いて来るまでそこに逗留しなければならない。

＊引用は、リンスホーテン著『東方案内記』のなかから、ポルトガルの支配下にあったマラッカの港の様子について書かれた部分です。リンスホーテンは、1562（1563？）年にオランダ北部の都市ハーレムで生まれました。彼は、1583年にリスボンを出発して、インドのゴア（ポルトガル領）に向かいました。彼は、ここで5年あまり過ごし、その後1592年にリスボンを経由して、故地オランダに帰国したのです。『東方案内記』（1593年に出版）は、帰国後に書かれたもので、自らの見聞のみならず、さまざまな情報源から得た知識をもとに、当時のインド・東南アジアに関する有益な情報（地誌、物産、港など）が書き込まれています。

トピック19

インド洋世界とは

歴史的なインド洋海域世界について、家島彦一氏などの研究によって、近年わが国において理解が深まってきました。家島氏によると、すでに14世紀ぐらいの時点で、「インド洋海域世界をめぐる交易構造は、インドの南西海岸の諸港を中軸として、西側のアラビア海・インド洋をわたってきたダウ船と、東側の南シナ海・ベンガル湾から来航する中国ジャンクとが相互に出会うことでアジア・アフリカにまたがる海域が一つの全体として機能していたのである」（☞文献㊸76-77）ということになります。このインド洋海域世界は、もともとこの海域を取り巻く諸地域（陸地）の生態系が多様であり、それにもとづく文化・文明圏がそれぞれ独自性をもっていたこと、加えてモンスーンによる風と吹送流（潮流）の存在によって航海が比較的容易であったという好条件にも恵まれて、交易が必然化しました（☞図表19-1）。上記の「インドの南西海岸」とは、ヴァスコ・ダ・ガマが訪れたマラバール海岸を指します。彼は、こういう世界にやってきたのです。

家島氏によると、この海域における交易を大きく促したのは、7世紀以後におけるイスラーム・ネットワークの拡大でありました。イスラームの影響は、「多くのアジア・アフリカの『陸域』でみられた聖戦による征服・拡大ではなく、交易活動と都市化の過程と深く関係」していたのであり、「イスラム以後のインド洋海域が決してイスラム教徒たちによって独占された『イスラムの海』ではなく、出身・宗教を異にする人々に共有された開放的な海」（☞文献㊸89-91）であったことが強調されているのです。ところで、ヴァスコ・ダ・ガマは、東アフリカ沿岸に寄航して以来、行く先々で、イスラーム教徒を敵対視して、さまざまなトラブルを引き起こしています。いうまでもなく、ガマの航海の主たる目的は、香辛料の入手にありましたが、そのほかに、プレステ・ジョアン（Preste João）——伝説的なキリスト教国の君主——を探すという目的もあったようです。これは、反イスラームを目的としていました。かつてイスラームに支配された経験があるポルトガルは、反イスラームの意識がとりわけ強い国でもありました（なお、インド洋については以下も参照☞文献㉖、(65)）。

20 ムガル帝国とその経済

　ムガル帝国（1526～40年、1555～1858年）は、デリー・スルターン朝と同様に中央アジアから来たトルコ系の遊牧民によって打ち立てられた征服王朝でありましたが、非常に「近世的」(early modern) だったといえます。

　以下のように、かつて、ムガル帝国は東洋的専制の典型のように考えられてきましたし、その時代の経済は停滞的なものと見られてきました。〈ムガル帝国の農民に対する苛斂誅求（かれんちゅうきゅう）は凄まじく、農民の窮乏は著しかった。17世紀後半以降になると、このような搾取に反抗する農民反乱が各地で頻発した。ムガル帝国の時代は、交易も市場も未発達であったし、都市化もあまり進展しなかった。さらに、ムガル帝国は海外交易にもあまり熱心でなかった〉と。

　しかし、近年ではそのようなムガル帝国像は否定されつつあります。例えば、現在では、ムガル帝国の地税額はそれほど過重なものではなかったと考えられています。また、経済に関する見方も大きく変わりました。ムガル帝国の時代に、貨幣経済化が大きく進んだと考えられています。地税の徴収が基本的には貨幣でなされたという事実や、全国的に統一した三貨制度（金貨・銀貨・銅貨）が採用され、とくに17世紀には銀貨（ルピー）が広汎に流通したとされています（☞文献㉑16章、⑦）。

　近年では、ムガル帝国の時代のインドがグローバルな文脈のなかで捉えられるようになってきました。16世紀後半以降、新大陸で生産された銀は、ヨーロッパを経由して、中国およびインドに大量に流れ込んだといわれています（☞文献㉟）。インドの場合は、とくに17世紀にはインドからもっぱら綿製品が、アジア内およびヨーロッパへ輸出され、大幅な出超によって、対価として銀が流入しました。流入した銀の大半は、銀貨として鋳造されたので、貨幣供給が増加しました。それにもかかわらず、この時代のインドはインフレーションが起こった形跡はあまり見られません。そのような点から考えても、この時代のインドで、貨幣経済化の進行、そして一定の経済成長（スミス型成長）が起こっていたと考えられるようになっています（☞図表20-1、20-3）。

第Ⅱ部　グローバル化の経済史

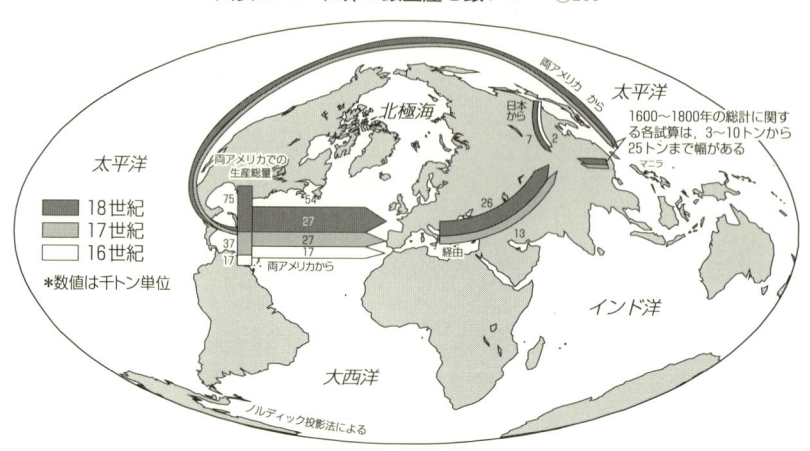

図表20-1　世界の銀生産と銀フロー ㉝266

図表20-2　ムガル帝国の社会構造 ㊿33

労働力の比率			税引き後の国民所得の比率
18	〈非農村経済〉		52
(1)	ムガル皇帝と宮廷 マンサブダール ジャギールダール 土着の王 任命されたザミーンダール 世襲のザミーンダール		(15)
(17)	商人・銀行家 伝統的な専門職 小商人・企業家 兵士・下級官僚 都市職人層・大工 召使い 清掃人 屎尿処理人		(37)
72	〈農村経済〉 支配カースト 耕作者・農村職人層 土地なし労働者 召使い 清掃人 屎尿処理人		45
10	〈部族民経済〉		3

＊これは、ムガル帝国の社会構造を示すためにマディソンによって作られた模式図です。この図に示されている比率の信憑性は問われざるをえませんが、ムガル帝国が社会的・経済的格差の大きい社会であったことを示す点で、一定の妥当性が認められます。

図表20-3 インド洋交易と物産 ㉝177

ルート	西行き	東行き
① インド－西アジア	綿織物・染料・藍・絹・絹織物・鉄・鋼鉄製品・家庭用品・木製品・ガラス製品・米・豆類・小麦・油・[香料・胡椒・陶磁器]・芳香材・お香・肩かけ・毛布・紙・ゴム紐・硝石	染料用木材・塩・真珠・鉱物・金属/金属製品・銅・木材・馬・じゅうたん・奢侈品・果物・ナツメ・武具・珊瑚・バラ水・銀
② グジャラート－湾岸地帯	①に同じ	ぶどう酒・アヘン・真珠・芳香材・お香・銀・金
③ マラバル－湾岸地帯	胡椒・米[香料]	金
④ マラバル－東アフリカ	米・タカラガイ	象牙・奴隷・魚・金
⑤ グジャラート/パンジャブ－中央アジア	(北行き) 綿織物・絹織物・豆類・米・小麦・藍・タバコ	(南行き) 馬・ラクダ・羊・綿
⑥ 西アジア－中央アジア－東アジア	絹・茶	馬
⑦ グジャラート－シンド－パンジャブ－西アジア	綿織物・小麦・藍	銀
⑧ グジャラート－東南アジア	香料[砂糖・絹・陶磁器]・金	綿織物・サンゴ・銅・ガラス[アデン・湾岸地方からの再輸出品]・銀
⑨ コロマンデル－東南アジア	錫・砂糖・金属・象[陶磁器・絹]・金	綿織物・奴隷・米・ダイヤモンド・銀
⑩ コロマンデル－ビルマ/シャム	錫・象・木・銀	綿織物
⑪ コロマンデル－ベンガル	絹・綿織物・米・砂糖	
⑫ セイロン－インド	象・肉桂・宝石・真珠	米

＊この表から明らかなことは、インド（グジャラート、コロマンデルも含む）からの輸出品の主力が綿製品であったことです。そのほかに、胡椒、米、豆類、植物油なども輸出されました。輸出先としては、西行きでは西アジア（ペルシア湾沿岸と紅海沿岸）、東行きではマラッカ、アチェなどの東南アジアへ向かいました。西アジアからの輸入品としては、金銀などの貴金属が中心でした。他方、東南アジアからは香料が中心でした。さらに、この表から明らかなことは、中央アジアとの交易において、インドは繊維品を輸出し、馬などを輸入していたことです。

第Ⅱ部　グローバル化の経済史

トピック20

「近代世界システム」とインド洋世界

　周知のように、E・ウォーラーステインの世界システム論は、ヨーロッパで始まった近代世界システム（modern world system）が、数世紀にもおよぶ長期の過程において、地球上の各地を順次飲み込んでいき、最終的には世界のすべての地域が飲み込まれるという歴史像になっています。ヨーロッパ以外の世界、すなわち非ヨーロッパ世界は、その近代世界システムへの「組み込み」(incorporation) がなされる時期に関して、それぞれの地域で違いがあるのです。

　いうまでもなく、最も早く組み込まれたのは、「近代世界システム」（「ヨーロッパ世界経済」）が成立した16世紀に、「辺境（周辺）」(periphery) として位置づけられた新大陸（「スペイン領新世界」）です。それに続く地域群は、それよりはるかに遅れて18世紀後半から19世紀前半にかけて、近代世界システムに組み込まれることになります。これらの地域として、インド亜大陸、オスマン帝国、ロシア帝国、西アフリカなどが挙げられます。さらに、19世紀中葉から後半に組み込まれることになる中国や日本のような東アジア地域も存在します。

　ウォーラーステインの枠組みでは、インド洋世界は、18世紀後半に至るまで、近代世界システムの外部にあるという位置づけになっています。この段階では、ヨーロッパとアジアとの間で本質的な意味での国際分業が成立していないと考えられています。彼の理解では、取引の対象となる商品が「必需品」の場合には国際分業が成立したことになり、「奢侈品」の場合には国際分業が成立していないということになります。しかしながら、16世紀以降、新大陸の銀がヨーロッパを経由して、インドおよび中国へ流れ込み、それとは反対方向にアジアの物産（香辛料や綿製品）がヨーロッパへ流れていたとするならば、ヨーロッパ・アジア・新大陸を含みこんだ、いわば一つの「グローバル経済」が成立したとしつつ、その中心はどちらかというとアジアの側にあったとするA・G・フランクの見解の方が、歴史像として妥当なのではないかと思われます（☞図表20-1、文献㉝、㊿）。

21 継承国家の時代

　半世紀にもおよぶ治世の後に、ムガル朝・皇帝アウラングゼーブが亡くなったのは1707年のことです。その後、ムガル帝国は、坂道を転げるように解体過程を突き進みます。いわゆる「継承国家」（ベンガル、ハイデラバード、マイソール、マラーターなど）が出現し、覇を競い合ったのがこの時代です。たしかに18世紀前半は政治的分裂の時代でありました。しかし、今日では、経済的な意味では必ずしも衰退過程ではなかったと考えられるようになっています。なぜならば、継承国家それぞれは軍事力を強化するために、税の増収を目的として、農業生産および商業の振興をはかったからです。また、継承国家は資金の融資のために商人や銀行家との提携を強めました。継承国家は、「軍事財政主義」という特徴をもっていたといえます。

　継承国家の一例として、ベンガルを取り上げてみましょう。ムガル帝国の一州であったベンガルは、18世紀初頭に太守（ナワーブ）のムルシド・クリ・カーンの独立政権が誕生します。この時代のベンガルでは地税総額が、大きく増加（1700年の1172万ルピー→1722年の1411万ルピー）しました。このことから、農業生産が増加したと推測されています。より重要なのは、オランダ東インド会社やイギリス東インド会社などが、ベンガルに貿易の拠点を置いて、盛んに貿易活動を行ったことです。そのために、ベンガルからの輸出額（綿織物・生糸・アヘンなどの商品）が大幅に増加したと考えられています。例えば、イギリス東インド会社が取り扱った商品では、ベンガルからヨーロッパへの輸出額は、1698～1700年の456万ポンドから1738～40年の766万ポンドに増加しました。ヨーロッパ系商社のみならず、インド系の商人が取り扱った貿易も盛んだったと考えられています（☞文献㊻）。

　実は、イギリス東インド会社は、このようなベンガルに惹きつけられて植民地支配に向かったともいえます。しかも、ベンガルになり変わり、自らが継承国家として、他の継承国家との角逐に乗り出していったのです。

第II部　グローバル化の経済史

図表21-1　アジアからヨーロッパへの輸出における商品構成(%)　⑭84

ポルトガル（王室の事業）		
（重量による割合）		
	1513～19	1608～10
胡椒	80.0	69.0
モルッカ諸島の香辛料	9.0	0.03
その他の香辛料	9.4	10.9
繊維品	0.2	7.8
インディゴ	0.0	7.7
その他	1.4	4.6

オランダ東インド会社		
（価格による割合）		
	1619～21	1778～81
胡椒	56.4	11.0
その他の香辛料	17.6	24.4
繊維品 & 生糸	16.1	32.7
コーヒーと茶	0.0	22.9
その他	9.9	9.0

イギリス東インド会社		
（価格による割合）		
	1668～70	1758～60
胡椒	25.3	4.4
繊維品	56.6	53.5
生糸	0.6	12.3
茶	0.03	25.3
その他	17.5	4.5

図表21-2　ヨーロッパ諸国からのアジア向け航海数　⑭63

	1500～99	1600～1700	1701～1800
ポルトガル	705	371	196
オランダ	65*	1770	2950
イギリス		811	1865
フランス		155	1300
その他		54	350
合計	770	3161	6661

＊*1590年代

図表21-3　イギリス東インド会社の船　㊺66

図表21-4　引用：東インド会社の力量（『イギリス帝国歴史地図』）　㊱54

　当時東インド会社は支配または統治をしようという願望も、ましてその能力ももっていなかった。ヨーロッパ人の商人はインドではインド人支配者の保護の下においてのみ生き延びることができた。海上ではイギリス人はかなり権力をふるうことができた。オランダ人の挑戦を受けるだけで、彼らは港を封鎖し、海路を閉鎖し、地域的な海運業に対して安全な行為をとるよう強制することができた。しかし陸上では彼らの地位は決して安泰ではなかった。

21 継承国家の時代

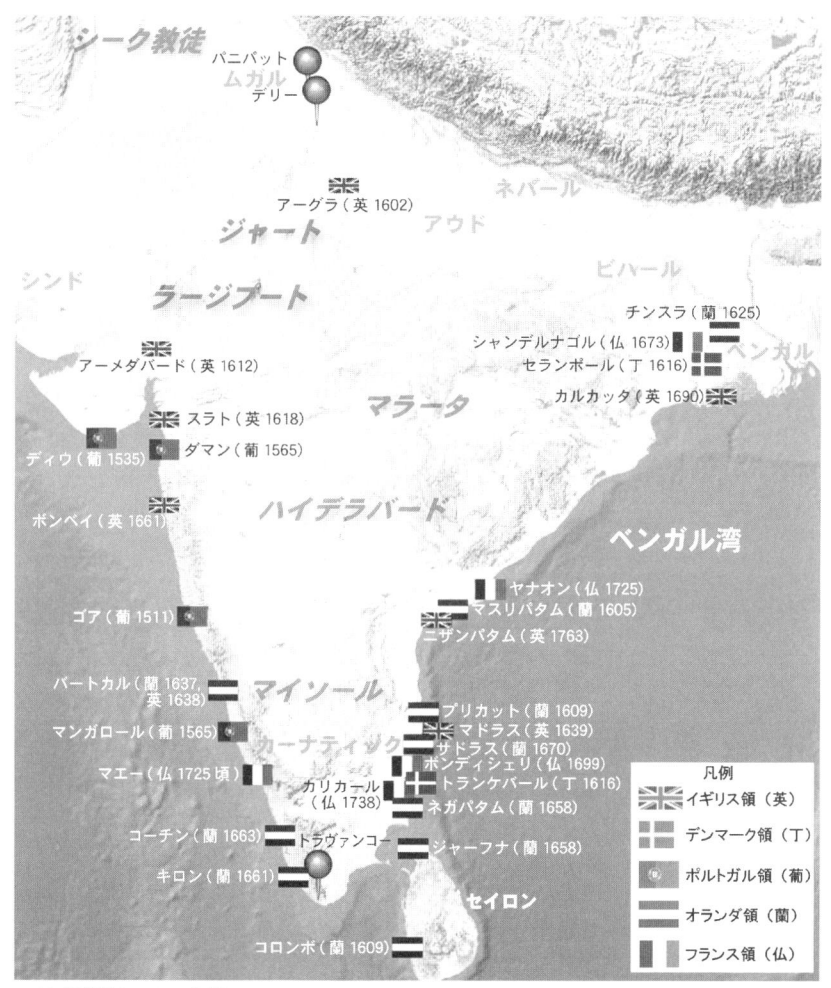

図表 21-5　ヨーロッパ系東インド会社の拠点 ㊱52

シーク教徒
パニパット
ムガル
デリー
ネパール
アーグラ（英 1602）
ジャート
アウド
シンド
ラージプート
ビハール
チンスラ（蘭 1625）
シャンデルナゴル（仏 1673）
ベンガル
アーメダバード（英 1612）
セランポール（丁 1616）
カルカッタ（英 1690）
スラト（英 1618）
マラータ
ディウ（葡 1535）
ダマン（葡 1565）
ボンベイ（英 1661）
ハイデラバード
ベンガル湾
ヤナオン（仏 1725）
マスリパタム（蘭 1605）
ゴア（葡 1511）
ニザンパタム（英 1763）
パートカル（蘭 1637、英 1638）
マイソール
プリカット（蘭 1609）
マンガロール（葡 1565）
マドラス（英 1639）
カーナティック
サドラス（蘭 1670）
マエー（仏 1725頃）
ポンディシェリ（仏 1699）
カリカール（仏 1738）
トランケバール（丁 1616）
ネガパタム（蘭 1658）
コーチン（蘭 1663）
トラヴァンコー
ジャーフナ（蘭 1658）
キロン（蘭 1661）
セイロン
コロンボ（蘭 1609）

凡例
- イギリス領（英）
- デンマーク領（丁）
- ポルトガル領（葡）
- オランダ領（蘭）
- フランス領（仏）

＊1）花島誠人による作図。

2）オランダ東インド会社やイギリス東インド会社を代表とするヨーロッパ系の諸東インド会社は、インド亜大陸の沿岸部のうち、グジャラート（スラトなど）、マラバール海岸（コチンなど）、コロマンデル海岸（マドラスなど）、ベンガル（カルカッタなど）の四つの部分に競って拠点（商館）を置きました。これらは、諸東インド会社がヨーロッパへの輸出のために必要となる主要物産（綿製品や胡椒）の生産地であり、また古くから交易の拠点として栄えてきた地域でありました。ちなみに、グジャラート、コロマンデル海岸、ベンガルは綿製品の生産地、マラバール海岸は胡椒の生産地でありました。

トピック21

ヨーロッパ系東インド会社

　ヴァスコ・ダ・ガマが、先鞭を付けたヨーロッパ人のアジア貿易は、16世紀にはもっぱらポルトガル人の活動が中心でした。彼らは、マラッカやホルムズといった海の要衝を獲得することで、インド洋における商業的な覇権を狙いましたが、その目的をとうてい果たせませんでした。例えば、インドのマラバール海岸で胡椒貿易の独占を試みようとしましたが、失敗に終わっています。

　17世紀になると、北西ヨーロッパの勢力がこの海域にやってきました。オランダ東インド会社（以下、VOCと略称）とイギリス東インド会社（以下、EICと略称）です。彼らは、王室直営というポルトガル人の商業活動に対して、「株式会社」という制度的革新によって、資金の集中、危険分散などの点で優れていたため、次第に優勢になりました。VOCは、モルッカ諸島周辺（現インドネシアの一部）における香辛料（丁子とナツメグ）貿易において独占的地位を確保し、ヨーロッパ・アジア貿易で莫大な利益をあげました。また、日本との貿易に成功して銀や銅を獲得したことによって、アジア内貿易でも大いに成功したのです。

　他方、EICは、もっぱらインド亜大陸周辺の海域での活動に集中しましたが、インドで綿製品という有力な商品を確保しえたことによって、大きな利益をあげることができました。強調しなければならないのは、EICは、18世紀前半までは、ムガル帝国もしくは地域の支配者の政治的保護を受けつつ、しばしば現地における商人・銀行家と提携することによって経済活動を行いえたという点であります（☞図表21-1〜21-5）。

　ところが、18世紀前半に、EICの活動は大きく変化していきました。すなわち、継承国家間の政治的紛争に介入し、政治的な権力を利用しつつ、経済的な利害を達成するという方向に変わっていったのです。こうした過程の帰結として、ベンガルにおいてEIC自らが、「継承国家」化したといえます（ヨーロッパ系東インド会社については☞文献㉛）。

22　インドの植民地化—ベンガル—

　「プラッシーの戦い」が、イギリスによるインド支配の端緒となった歴史的事件であったことは、よく知られています。しかし、この戦いの実態についてはあまり知られていません。1757年、ベンガル太守シラージュ・ウッダウラ率いる大軍に対して、クライブ率いるイギリス東インド会社（EIC）軍はそれほどの軍勢ではありませんでした。それにもかかわらず、この戦いはイギリス東インド会社側の圧勝をもって終わりました。その理由は、ベンガル太守側の勢力のなかで内訌（ないこう）があったからです。太守軍の主力部分を率いていたミール・ジャファールが裏切ったため、太守軍は総崩れとなったのです（☞図表22-2）。

　この話にはもう少し深い背景があります。実は、ベンガル太守を金融的に支えてきた有力商人のジャガット・セートがEIC側と結びつきつつ、このような成り行きを起こすべく陰謀をめぐらしていました。なぜ、ジャガット・セートはこのような行動に出たのでしょうか。EICは、ベンガルでの商業活動を行うために、ジャガット・セートをはじめとする現地の有力商人と結びついてきました。すでに両者の間には強い相互的利益の絆が存在したといえます。時のベンガル太守であったシラージュ・ウッダウラは、その奇行ゆえに両者の利害にとって攪乱要因であったので、取り除かれたとすらいえます。

　このエピソードに象徴されているように、イギリスによるインド支配の初期の段階では、現地の側からつねにEICへのいわゆる「協力者」（collaborator）が現れます。商人、軍人（EICの軍の有力部分は現地の傭兵でした）、書記的な人材（行政事務を担当する人びと）など、現地人の「協力者」の存在抜きには初期のイギリスによる植民地支配はありえなかったといえます（☞文献㊹、㊲）。

　このようにイギリスはベンガルを発端にして、次第に領土を拡大し、19世紀半ばまでに、面積でいうと今日のインド・パキスタン・バングラデッシュを合わせたものに相当する地域、当時（例えば、1857年）の人口でいうと自らの7〜8倍を包含する地域を支配するに至ったのです（☞図表22-1、22-4）。

89

第Ⅱ部　グローバル化の経済史

図表22-1　インドとイギリスのマクロ・パフォーマンス比較（1600～1947年）㉔112

	1600	1700	1757	1857	1947
〈1人当たりのGDP（単位：ドル）〉					
インド	550	550	540	520	618
イギリス	974	1250	1424	2717	6361
〈人口（単位：千人）〉					
インド	135000	165000	185000	227000	414000
イギリス	6170	8565	13180	28187	49519
〈GDP（単位：100万ドル）〉					
インド	74250	90750	99900	118040	255852
イギリス	6007	10709	18768	76584	314969

図表22-2　戦いの後のクライブとミール・ジャファール ㊺99

図表22-3　19世紀アジア三角貿易 ⑩303

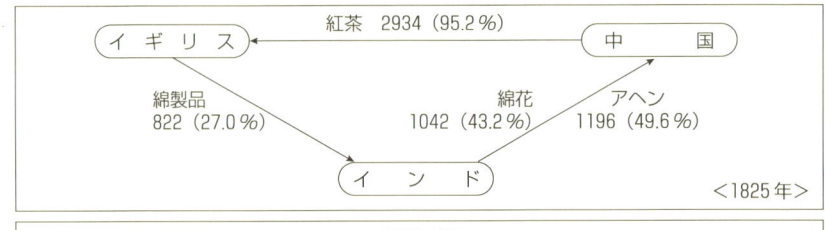

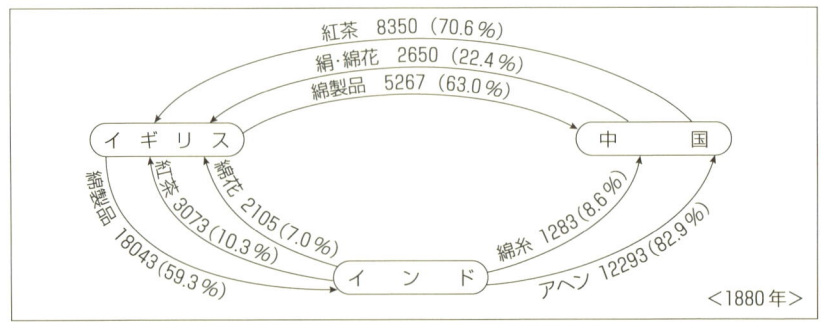

〈1825年〉
イギリス ← 紅茶 2934（95.2％） ― 中国
綿製品 822（27.0％）／綿花 1042（43.2％）／アヘン 1196（49.6％）
インド

〈1880年〉
紅茶 8350（70.6％）
絹・綿花 2650（22.4％）
綿製品 5267（63.0％）
イギリス ― 中国
綿製品 18043（59.3％）／紅茶 3073（10.3％）／綿花 2105（7.0％）／綿糸 1283（8.6％）／アヘン 12293（82.9％）
インド

＊1）数値の単位は英貨1000ポンド、（　）内は2国間の輸出総額に占める比率。
　2）「三角貿易」とは、貿易における多角的決済の最も単純な形態です。インドを植民地化したイギリスは、中国貿易も巻き込んで自国に有利な決済システムを構築することに成功しました。1825年の図と1880年の図を比較しますと、この期間に、関係する商品の数が増え、関連する貿易総額も大幅に増加したことがわかります。

22 インドの植民地化

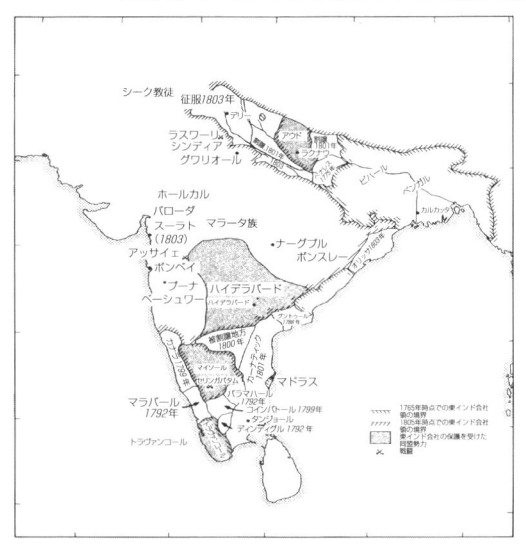

図表 22-4　インドにおけるイギリス勢力の拡大 （1765〜1805年）㊲56

＊図が示しているのは、1805年時点までにイギリスの領土が、ガンジス川上中流域にまで広がり、さらに南インドにもかなり広がっていることです。それに加えて、アウド、ハイデラバード、マイソール、トラヴァンコールのような、軍事的勝利あるいは軍事的圧力によって、保護国化した地域もまたイギリスの勢力圏にあったといえましょう。

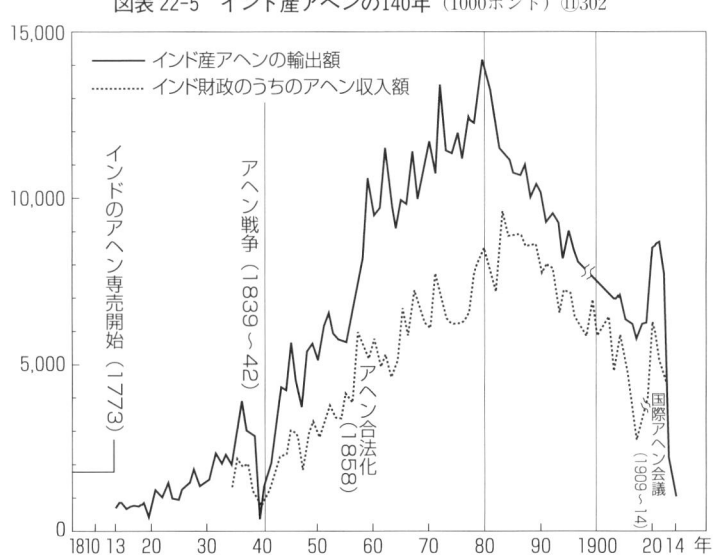

図表 22-5　インド産アヘンの140年 （1000ポンド）⑪302

- インド産アヘンの輸出額
- インド財政のうちのアヘン収入額

インドのアヘン専売開始（1773）
アヘン戦争（1839〜42）
アヘン合法化（1858）
国際アヘン会議（1909〜14）

91

- トピック22 -

アヘン貿易

　イギリスによるベンガルの支配は、イギリス・中国間の貿易における決済問題も解決しました。18世紀後半に、イギリス東インド会社（以下、EICと略称）は、中国からの茶の輸入を増加させましたが、それに応じて中国への銀の輸出も増加しました。この問題を解決したのが、ベンガルから広東へ輸出されたアヘンです。ベンガルを支配したEICは、ベンガルの後背地で生産されるアヘンを独占的に掌握し、その輸送をイギリス系の地方貿易商人（民間の商人）に担わせ、高い利益率を確保したのです。EICが貿易に手を付けなかったのは、アヘン輸入を禁止していた清朝中国では会社自らが公然と販売できなかったからです。それを担ったのが、スコットランド出身者を多く含むイギリス系の民間商人でした。他方、インド系商人はベンガルではアヘン貿易に関与できませんでした。イギリスは、アヘン貿易によって中国への銀流出をくい止め、さらに、インドでの領土支配を始めたEICは、地税収入に次ぐ財源をアヘン独占によって得ることもできたのです（☞**図表22-3、22-5**）。

　ところで、インドから中国へのアヘン貿易の出口は、ベンガルだけではありませんでした。インド西海岸のボンベイからは、マルワ・アヘンが中国へ向けて輸出されました。マルワ地方はボンベイの後背地域にあたりますが、もともとマラーター同盟の支配地域であり、19世紀前半までEICは十分に掌握できていない地域でした。そこで栽培されたアヘンは、インド系商人によって取引され、中国への海上輸送もパールシー、バグダッド系ユダヤ人などの現地商人によって担われました。したがって、ボンベイでは、ベンガルとは異なって、アヘン貿易の主流はインド系商人であり続けたのです。

　このように、インド西部ではインド系商人がアヘン貿易に関与しえた理由として、インド洋交易の長い歴史的伝統が考えられます。アヘン貿易で資本蓄積を果たした現地商人の一部が、19世紀の半ば以降、近代的な綿工業を起業する担い手になった経緯は、後に述べることにいたします（☞24）。

23　植民地経済の成立

　「プラッシーの戦い」という小さな一歩が、イギリスによるインド支配の確実なる一歩になりました。1765年の「バクソールの戦い」の後に、イギリス東インド会社は、ベンガルの徴税権（ディワーニー）を獲得します。これによって、イギリス東インド会社（EIC）は、ベンガルの領土支配を開始しました。EICによる徴税権の獲得によって、インドの貿易の様相に変化が起こります。すなわち、それまで銀の地金を持ち込んでいたEICは、これ以降、銀を持ち込むことなしに、税金として獲得した資金でもって綿製品を中心とした物産を買い付けて本国に輸出できるようになったからです。このことは、インドにとってどのような意味をもったでしょうか。第一に、銀の流入が停止したことは、貨幣供給の低下を招き、デフレ的な現象を招きました。第二は、本来ならば、インド内に投資されるべき資金が、イギリス本国に流出することになったので、国内需要を減退させることにつながりました。この側面は、後に「富の流出」（drain）と呼ばれ、植民地支配を批判する論拠となりました（☞図表23-3）。

　18世紀後半に始まる植民地化とともに、インドの貿易構造に変化が起きました。かつてインドは綿製品のような手工業品を主力輸出品としていましたが、18世紀末から、アヘン、綿花、インディゴなどの農産物を主力輸出品とするように変化しました（☞図表23-1）。19世紀の前半には、イギリスにおける産業革命の影響もあり、その結果、海外に輸出するような綿製品の生産地は、ほとんど壊滅的な影響を被りました。他方、イギリスからの綿糸・綿製品の輸入がなされるようになります。この過程にともなって、インドの手工業の雇用が部分的に減少しました。19世紀前半に、「非工業化」（deindustrialization）が起こったと指摘する歴史家も存在します（☞文献⑮40-43）。

　19世紀の第二四半世紀に、植民地経済の成立から帰結した事態として、①貨幣供給の低下、②地税による収奪、③非工業化、④非都市化などに起因する不況が深刻化しました。

図表 23-1　インドの輸出貿易総額に占める比率（%）(59)842

年	インディゴ	綿製品	生糸	綿花	アヘン	砂糖	6 商品の総計
1811〜12	18.5	33.0	8.3	4.9	23.8	1.5	90.0
1814〜15	20.0	14.3	13.3	8.0	N.A.	3.0	58.6
1828〜29	27.0	11.0	10.0	15.0	17.0	4.0	84.0
1834〜35	15.0	7.0	8.0	21.0	25.0	2.0	78.0
1839〜40	26.0	5.0	7.0	20.0	10.0	7.0	75.0
1850〜51	10.9	3.7	3.8	19.1	30.1	10.0	77.6

図表 23-2　引用：インド大反乱（『インドの歴史』）㊷146-147

1857年から58年前半にかけて北インド一帯で大反乱が勃発し、植民地体制を根底から大きく揺るがせた。植民地政府のインド人官僚だったサイイド・アフマド・ハーン（1817〜98年）は、この反乱が終息したあと、反乱の原因について次のように書いている。

私の考えでは、この反乱の主たる要因はただ一つであり、その他の要因は偶発的要因か派生的要因にすぎない。これは想像や憶測ではなく、賢明な先人の教えに基づいた考えであり、すべての政治学者が同意する考えである。……政治が効率的に行われ、国民に豊かさをもたらしつつ永続するためには、国民の政治参加が必要である。このことは、これまで普遍的に認められてきた原則である。……（しかるに）すべてのインド国民が、おそらく一人の例外もなく、政府当局によるインド人の地位と権威の剥奪と抑圧を非難している。……（イギリス人高級官僚は）その誇りと高慢さのゆえに、インド人を人間に値せぬ生き物と見なした。……政府当局は、最高位のインド人でさえ、常にイギリス人官僚たちの大いなる無礼と侮蔑に恐れおののいていることに気づかなかったのであろうか？

サイイド・アフマドはムガル王室に近い家系に生まれ、大反乱が起きた1857年には、イギリス東インド会社の20年勤続の職員であった。彼は大反乱の間じゅうイギリス側にきわだった忠誠心をしめし、当時勤務していたビジノールの町からイギリス人官僚たちを脱出させたばかりか、イギリス人の代理としてその地方をしばらく統治した。さきに抜粋した彼の論文はウルドゥー語で書かれたものだったが、その後英語に翻訳されイギリス人の注目を集めた。その内容は、反乱時と反乱後のイギリス側の希望的観測とは反対に、反乱は兵士たちの中の不満分子による単なる暴動ではないというものであった。

＊サイイド・アフマド・ハーンの言は、植民地支配の本質を鋭く衝いています。インド大反乱への反動として19世紀半ば以降のインド支配（東インド会社による支配が終焉し、イギリス政府による直接統治が始まった）は、それ以前と比べても、はるかに強く人種的・文化的な「差異化」の論理を押し出すものとなりました。

23 植民地経済の成立

図表 23-3　インドの対イギリス貿易と対中国貿易（100万ルピー）⑥⑦25

	対イギリス			
	イギリスへの輸出	イギリスからの輸入	イギリスへの貴金属輸出	貿易収支（1）
1829	60	30	8	＋38
1830	46	34	5	＋15
1831	35	30	17	＋22
1832	43	29	12	＋24
1833	39	26	5	＋18
1834	42	28	1	＋15
1835	52	31	—	＋21
1836	62	38	—	＋24
1837	47	32	1	＋16
1838	51	35	—	＋16
10年間の総計	477	313	50	209

	対中国				
	中国への輸出	中国からの輸入	中国からの貴金属輸入	貿易収支（2）	貿易収支（1＋2）
1829	30	8	14	＋8	＋46
1830	29	8	10	＋11	＋26
1831	40	5	6	＋29	＋51
1832	34	5	6	＋23	＋47
1833	47	5	13	＋29	＋47
1834	37	6	12	＋19	＋34
1835	56	5	14	＋37	＋58
1836	67	5	12	＋50	＋74
1837	45	4	17	＋24	＋40
1838	45	5	21	＋19	＋35
10年間の総計	430	56	125	＋249	＋458

＊本表のなかで注目していただきたいのは、対イギリス貿易の貿易収支（1）、対中国貿易の貿易収支（2）、そして両者を合計したもの（1＋2）がすべて貿易黒字になっている点です。この貿易黒字部分は、基本的にインドがいわゆる「富の流出」としてイギリス本国に所得移転をしている部分に相当します。

―― トピック33 ――

19世紀の第二四半世紀

　かつてインドの伝統社会のイメージとして、自己完結した村落共同体の集合、カーストに象徴されるような強固な身分制、そして上位権力としての専制的権力の存在といったように、「安定」しているが、「静的」な社会が考えられていました。こうした認識の原型は、19世紀にイギリスの植民地支配を正当化する言説として生まれたと考えられますが、植民地支配を批判するインドの民族主義者たちもある側面では共有した見方であるともいえます。すなわち、植民地支配を肯定するのか、あるいは否定するのかの違いはあれ、植民地支配こそがこのような「静的」なインド社会に変化をもたらしたとする点では、共通した認識を示していたからです。

　しかし、近年のインド史研究では、中近世のインド社会は、移動性に富んだ、より「動的」な社会と見なされるようになってきています。移動性に富んだ牧畜民や山岳民が多く存在し、農業社会には移動性のある農業労働者が存在したこと、さらには、とくに近世（ムガル期）のインド社会は、市場・貨幣経済が発展し、外国交易も盛んであったので、外部に開かれた「開放体系」であったと考えられるようになってきました。

　そうだとすると、18世紀後半に始まる植民地支配はインド社会にいかなる変化をもたらしたのでしょうか。現在、共通の理解となりつつあるのは、「移動性に富んだ」インド社会が、19世紀の第二四半世紀の時期を挟んで、「移動性の低い」社会へと変貌したとする認識です。具体的にいえば、「移動性に富んだ」牧畜民や山岳民は、定着化した農民へと変更を迫られ、ある種の「農民化」（peasantization）現象が起こったとさえ考えられるようになりました（☞文献㊂）。

　この19世紀第二四半世紀というのは、不況期だったのですが、インド社会の移動性が減じて、より固定化した社会への変貌を決定づけた時期ということになります。その意味で、植民地経済の成立とともに、むしろインド社会の「伝統化」が起こったという皮肉な話になります（植民地化がインド社会・文化にもたらした影響については☞文献⑲）。

24　綿工業とジュート工業

　19世紀半ば以降に、ボンベイ（現ムンバイ）を中心とするインド西部で近代的な綿工業が立ち上がりました。このような近代的綿工業は、基本的にインド系資本家によって起業されました。宗主国イギリスの綿工業との競争にさらされ、また輸入綿製品に関税もかけられないという不利な条件にもかかわらず、1870年代以降は創業ブームすら起こります。なぜならば、製品（綿糸）需要を国内市場に見いだすことができたからです。こうして、1883～84年の工場数79、雇用者数が約6万人という状況から、1913～14年の工場数271、雇用者数が約26万人にまで成長しました（☞図表24-1、文献�59576）。

　すでに述べましたように、綿紡績工場を立ち上げたのは、中国へのアヘン・綿花輸出で得た利潤によって資本蓄積を果たしたインド系の商人・企業家でありました。パールシー（ゾロアスター教徒）、ホジャおよびメモン（どちらもイスラーム教の一セクト）などのマイノリティが多いのですが、それゆえに彼らはアヘン貿易などの利潤機会を捉えることができ、それを工業化につなげたともいえます。それのみならず、この綿工業の成長には、近世以来の商人的・企業家的伝統が現れているともいえましょう。

　インド東部のカルカッタ（現コルカタ）では、19世紀後半にジュート工業が発展します。ジュート袋は、一次産品の貿易が盛んになった当時、梱包用として世界中で需要が伸びます。1870年代に創業ブームが起こり、1883～84年の工場数23、雇用者数が約4万8000人という状況から、1913～14年の工場数64、雇用者数が約21万人にまで発展したのです。ジュート工業は、綿工業とは対照的に、その所有はイギリス系資本によってほぼ占められていました。

　ボンベイとカルカッタは、英領期インドの工業化という点できわめて対照的な様相を示します。カルカッタを見ていると、インドの工業化の自生的な側面は見えませんが、ボンベイに目を向けると、植民地期の不利な状況のなかで、たくましく活動するインド系企業家の姿を確認することができます（☞図表24-2）。

第II部　グローバル化の経済史

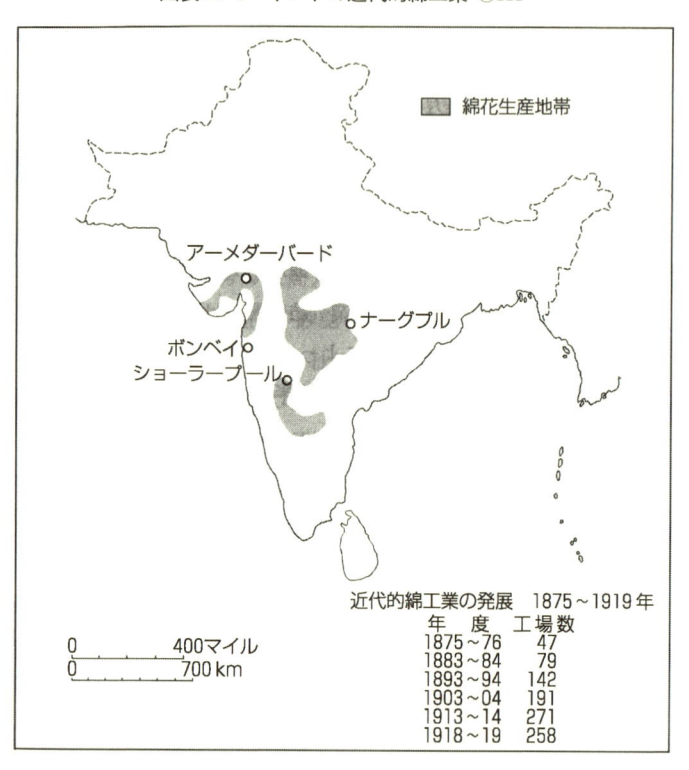

図表 24-1　インドの近代的綿工業　⑦111

綿花生産地帯

アーメダーバード
ナーグプル
ボンベイ
ショーラープール

近代的綿工業の発展　1875～1919年

年度	工場数
1875～76	47
1883～84	79
1893～94	142
1903～04	191
1913～14	271
1918～19	258

図表 24-2　製造業の成長率（1868～1979年）⑥19

製造業の成長率―付加価値（不変価格）	
	年率（％）
1868～1900	10.36
1900～13	6.00
1919～39	4.80
1956～65	6.90
1966～79	5.50

製造業雇用成長率	
	年率（％）
1902～13	4.43
1919～39	2.29
1959～65	3.60
1966～79	3.50

＊本表から読み取れるのは、製造業の成長率（付加価値）と雇用成長率の両者が第一次世界大戦時まで、かなり高かったという点です。ただし、1868～1900年の製造業成長率は、低い値から出発しているために成長率が高く現われることは考慮に入れなければなりませんが。

24 綿工業とジュート工業

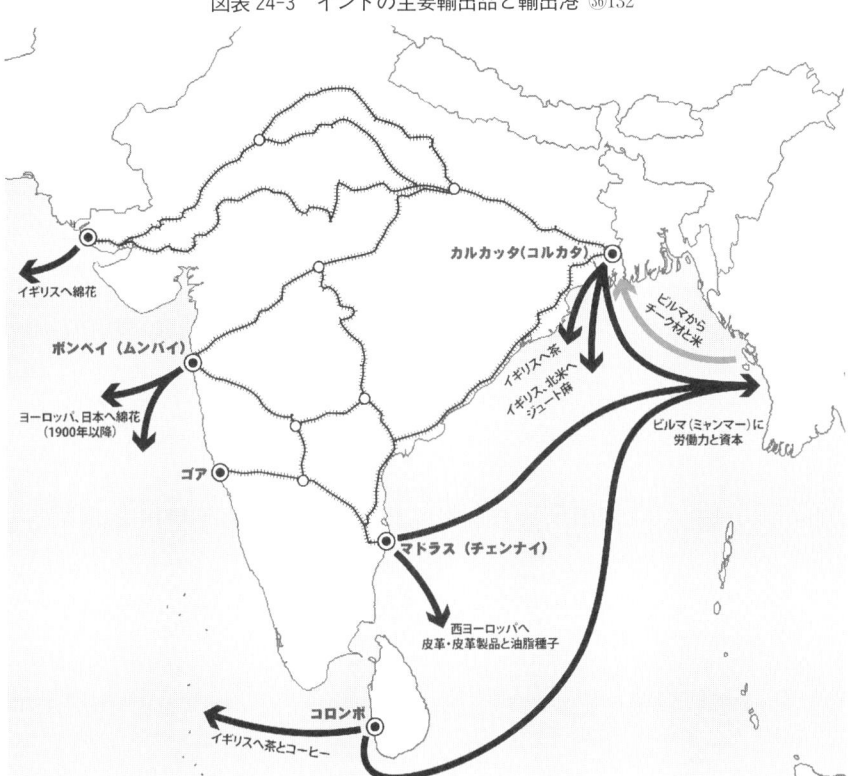

図表 24-3　インドの主要輸出品と輸出港 ㊱132

＊主要幹線は、カルカッタ、ボンベイ、マドラスなどの港湾都市を起点として内陸部に伸びており、インドの鉄道が、まさに世界市場直結型の鉄道であるという特徴を示しています。一方で第一次産品（農産物などの未加工の産品）の供給基地として、他方でイギリス工業製品の販売市場として、インドが位置づけられたのです。

　事実、インドの鉄道建設においてマンチェスターなどの綿業資本が果たした役割は、小さくありませんでした。とくに、南北戦争（1861〜65年）の際にアメリカ産綿花の確保が困難になると、彼らはインド内陸部の綿花地帯への路線建設に向けて積極的に動きました。

　料金体系もまた、インドの鉄道を世界市場に直結させるうえで大きな意味をもちました。それは、遠距離すなわち港湾都市向けの輸送に対しては割安に、近距離すなわち国内向けの輸送に対しては割高になっていたのです。

― トピック24 ―

在来綿織物業の帰趨

　19世紀にインドの手工業が衰退・縮小したという、いわゆる「非工業化」説が存在することはすでに述べましたが、たしかに19世紀前半に壊滅的な影響を受けた輸出向けの綿織物の産地の例には妥当します。しかし、国内需要向けの綿織物を生産していた部門が壊滅したという事実はありません。19世紀前半に、産業革命によって競争力を強めたイギリス綿工業の製品がインドに流入しましたが、これらは高級な薄地布の需要に食い込んだだけで、インドの大衆が需要した綿製品の市場には届きませんでした。なぜならば、インドの大衆が求めたのは、太糸を使用した粗布であり、これらを生産した在来の綿織物業は生き残ったのです。インドで原産する綿花がどちらかといえば「短繊維」であり、これを使用して作られる「太糸」、太糸を織って作られる「粗布」という品質連関が存在しました。それに対して、イギリスの製品の場合、アメリカ綿（「長繊維」）を使用した「細糸」、それを織った「薄地布」という品質連関があったのです。
　インドの大衆が需要する綿製品の品質連関は、東アジアの中国・日本の場合と共通し、広域のアジアに共通した現象といえるでしょう。したがって、いずれの事例においても、在来綿織物業が生き残る基盤が存在したといえます（ただし、インドの場合、輸出用の綿織物を生産していた部門のように、薄地布も生産していたので、一様に論じることはできませんが）。在来綿織物業は、低賃金の労働力によっても支えられていましたので、この点でも競争力を有していました（☞文献㊻）。
　ところで、インドの近代的綿紡績業が19世紀後半に飛躍・発展できたのは、この在来綿織物業という市場が存在したからです。この部門が使用する太糸となったのは、インドの綿糸であってイギリスの綿糸ではなかったのです。いわば綿糸市場における「棲み分け」現象が、インドの近代的綿紡績業の立ち上げを可能にしたといえます。インドの国内市場のみならず、インド綿糸は中国に輸出されて在来綿織物業で使用されました。

25　交通革命/農業の商業化/飢饉

　1850年代以降、インド経済は19世紀第二四半期の不況からの回復過程に入ります。その第一の理由は、鉄道建設の開始にあります。インドの鉄道投資は、植民地政府による元利保証という破格の優遇政策によって、イギリスの投資家にとって優良な投資対象になりました。イギリスからインドへ資本が流れるようになり、好況を導くことになるのです。鉄道の総延長距離は、1861年の1587マイル、1881年の9723マイル、1901年の2万4185マイルへと大きく増加しました。他方、1850年代後半以降、海上輸送ではインド洋においても蒸気船の就航が本格化していきました。加えて、1869年にスエズ運河が開通したので、運賃の削減と航行日数の削減をもたらすことになります。

　かかる「交通革命」と呼べる現象は、付加価値の小さい商品の遠距離貨物輸送を可能にします。こうして、インドから農産物の輸出が増加することになりました。綿花、小麦、油用種子、ジュート、茶、米といった商品がヨーロッパ・北米に輸出されるようになります。輸出が一定の「成長のエンジン」となって、1870年代から第一次世界大戦までの時期は、緩やかではありますがインド経済の成長が見られました。また、農産物輸出の増加もあって、この時期にインド農村においてこれまで以上に商品作物が生産されるようになりました（☞図表25-1）。

　しかしながら、皮肉なことに19世紀の第四四半世紀には、インドにおいていくつかの大規模な飢饉が起きています。これらの飢饉では、それぞれ数百万人の人命が失われています。緩やかな農業成長とともに、劣等地の土地利用が増え、農業生産の振幅は以前よりも大きくなり、不安定性が増したようです。また、インド農村の底辺に存在する土地なしの農業労働者や職人は、農業生産が「商業化」されるにつれて、食糧価格の乱高下の影響をより深刻に受けるようになりました。彼らは、飢饉の時には高価になった穀物を入手することができなかったのです。このように、19世紀後半のインド農業は、成長と不安定化という両義的な状況を経験しました。

第II部　グローバル化の経済史

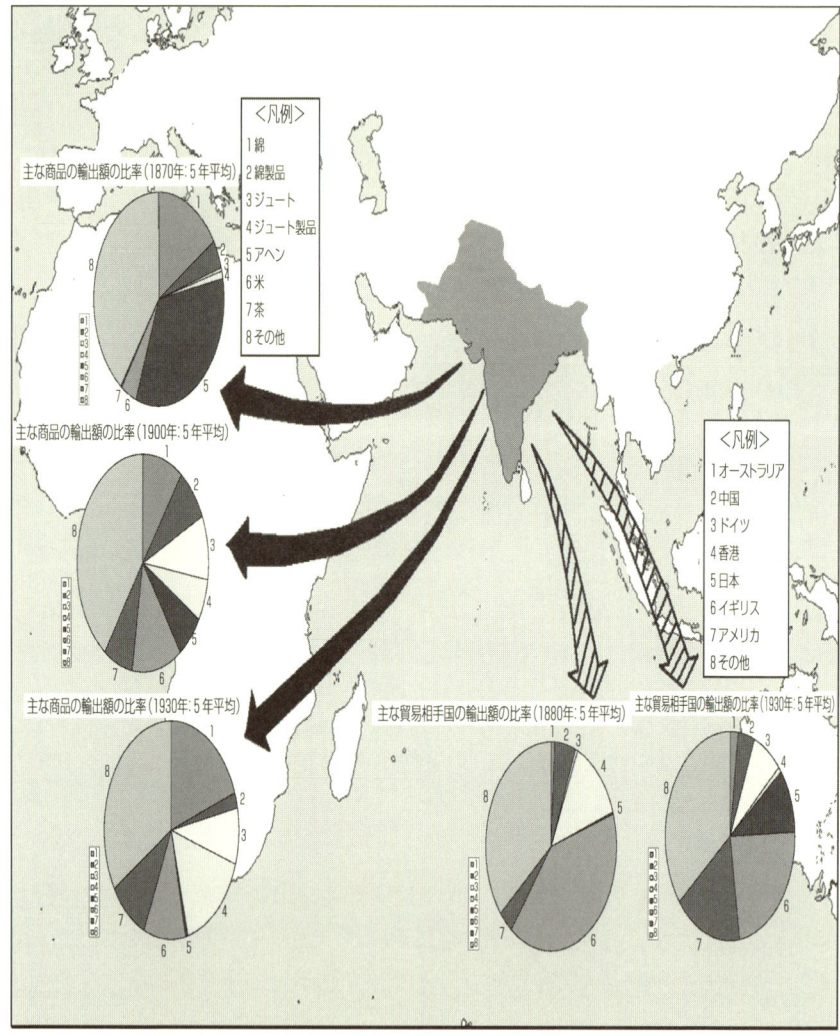

図表 25-1　インドの主要輸出品と主要輸出相手国 ⑩

主な商品の輸出額の比率（1870年：5年平均）

＜凡例＞
1 綿
2 綿製品
3 ジュート
4 ジュート製品
5 アヘン
6 米
7 茶
8 その他

主な商品の輸出額の比率（1900年：5年平均）

主な商品の輸出額の比率（1930年：5年平均）

＜凡例＞
1 オーストラリア
2 中国
3 ドイツ
4 香港
5 日本
6 イギリス
7 アメリカ
8 その他

主な貿易相手国の輸出額の比率（1880年：5年平均）　　主な貿易相手国の輸出額の比率（1930年：5年平均）

＊主要輸出品に関して、1870年においては、綿（花）やアヘンの占める比率が高かったですが、1900年にはジュート・米・茶といった一次産品の多様化が見られ、また綿製品（主に中国向け）・ジュート製品といった工業製品も現れています。さらに、1930年では綿（花）とジュート製品の二つが目を引きます。主な貿易相手国に関しては、1880年では総輸出額におけるイギリスの占める比率が圧倒的でしたが、1930年ではアメリカ、日本、ドイツの台頭が目立ち、イギリスの比率は小さくなっています。ただし、図表27-2で示すように、イギリスの比率は小さくなっていますが、多角的貿易決済システムが発展することによって、イギリスにとってインドの重要性は変わりませんでした。

25 交通革命/農業の商業化/飢饉

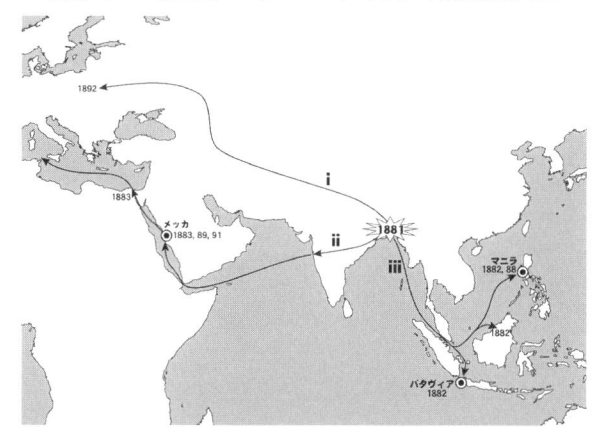

図表25-2　第五次コレラ・パンデミックの波及経路 ㊾78

図表25-3　コレラの「紅海ルート」(19世紀後半)

＊1）筆者作成。花島誠人による作図。
　2）国際衛生会議で危惧されたのは、インド亜大陸方面からメッカを訪れるイスラームの巡礼者たちが、コレラを紅海付近に持ち込むことでした。なぜならば、それが地中海を経由してヨーロッパにもたらされると考えられたからです。1869年のスエズ運河の開通は、その懸念をいっそう強めました。その結果、1882年には、ヨーロッパ諸国の圧力のもとに、オスマン・トルコ政府は、紅海の出口に近いカマラーン島に検疫待避所を作ることを余儀なくされ、インドから来る巡礼船に対して検疫停船措置を取るようになりました。これらは、インドのイスラーム教徒の不満の種となったのです。

103

トピック25

コレラ・パンデミックとインド洋世界

19世紀に、インドを発生源として六度のコレラのパンデミック（世界的流行）が起こりました。コレラは、揺籃の地であるインド・ベンガルからどのように広がったのでしょうか。実は、コレラのパンデミック化とインド洋貿易の構造変化には因果関連があるように思われます。18世紀後半に、インド系商人が活躍した西インド洋（アラビア海）の貿易が相対的な衰退過程に入り、対照的にイギリス東インド会社を中心にした東インド洋（ベンガル湾）の貿易が発展しました。19世紀前半になると、カルカッタ（現コルカタ）を拠点にしたイギリス系民間商人による貿易活動が大きく成長しました。インドから中国（広東）へのアヘン貿易の伸長が、この隆盛の核心部分をなしていました。このような経過が、コレラのパンデミック化に影響を与えていたと考えられます。

しかし、コレラの波及経路として、依然としてボンベイなどの西インドを基点として、ペルシア湾もしくは紅海へと波及するルートも一貫して重要であり続けます。19世紀後半になると、交通革命の影響も見られます。インド・紅海間およびインド・ペルシア湾間において、蒸気船の利用が本格化するのは1850年代以降のことです。さらに、1869年にはスエズ運河が開通しています。こうして、コレラが紅海を通じて地中海地域へと広がる可能性が一気に拡がりました。紅海ルートで特筆しておきたいのは、イスラーム教徒のメッカ巡礼（Haji）です。1860年代中葉以降、ヨーロッパ諸国を中心となった国際衛生会議において中心的議題となったのは、紅海付近におけるコレラ感染の脅威としてのイスラーム教徒であり、彼らを対象とした検疫措置の問題でした（☞図表25-2、25-3）。

もう一つのコレラ波及ルートとして注目したいのは、中央アジアもしくはイランを経由して、ロシア南部さらにはヨーロッパにおよぶ陸上ルートです。この例は、19世紀を通して繰り返し見られました。このことは、インド亜大陸と中央アジアとを結ぶ陸上交易が19世紀においてもなお盛んであったことを示すのではないでしょうか（☞図表25-2）。

26　「自由貿易」下のインド経済をどのように考えるか？

かつて、英領期インドの経済発展を考えるときに、少なくとも19世紀に関しては、植民地統治下での強いられた「レッセ・フェール（自由放任）」と「自由貿易」のもとで、自らの意志で関税もかけられないような状況によって、インドの工業化が大きく妨げられたと理解されたのは当然かもしれません。また、19世紀末には大規模な飢饉が続発し、さらには数多くの疫病（天然痘、コレラ、ペスト、マラリア、インフルエンザなど）の発生によって膨大な人口が失われたことも、まぎれもない事実ですから、インド経済は窮乏化したと考えられたのもやむをえないかもしれません（☞図表26-1）。さらに、インドからイギリスへの「富の流出」によって、インドが収奪されているという見方にも根拠があります。

たしかに、19世紀の前半、とくに第二四半世紀に、深刻な不況に陥っていましたので、植民地経済化のコストは大きなものでした。しかしながら、19世紀の後半においては、マクロ経済的には緩やかな成長がありました。工業化という側面でも一定の進展が見られたのです。このような緩やかな経済成長は、交通革命による農産物輸出の増加が牽引した農業生産の成長と、インド系企業家の自生的な活動によって生み出されたものです。

それにもかかわらず、19世紀の後半のインドにおいて、飢饉や疫病の発生がインドの大衆に塗炭の苦しみを与えたことは事実です。しかしながら、このような事態がイギリスによる植民地的収奪によって一義的にもたらされたという通説的な理解は、必ずしも妥当ではありません。むしろ、この時期のインドが直面した資源危機（土地の希少化→飢饉）と環境危機（疾病環境の悪化→疫病）の帰結として理解すべきであると考えます（☞図表26-4、文献(51)）。

その後この経験は、「開放体系」そのものがもたらした災厄として、半ばトラウマ（心的外傷）としての経験となったことは想像に難くないと思われます。第一次世界大戦以降の軌跡は、かかる経験によって大きく規定されます。

図表 26-1　死亡率と出生率の変化（1873～1948年）(51)62

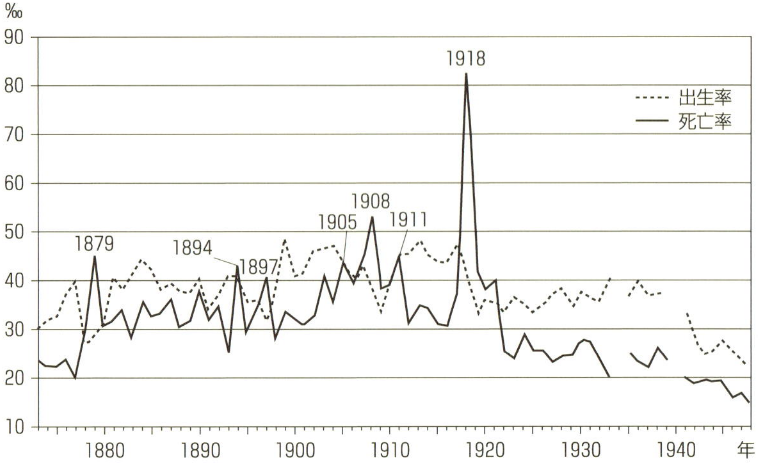

図表 26-2　インドからの総移民数推計（千人）㊾110

	移民数	帰国者数	純移民数
1866～70	976	778	197
1871～75	1,235	958	277
1876～80	1,505	1,233	272
1881～85	1,545	1,208	337
1886～90	1,461	1,204	256
1891～95	2,326	1,536	790
1896～1900	1,962	1,268	694
1901～05	1,428	957	471
1906～10	1,864	1,482	383
1911～15	2,483	1,868	615
計	16,785	12,492	4,292

図表 26-3　英領マラヤにおけるインド人の入国者数と出国者数 ㊾114

	入国者数	出国者数	差引
1905	39,539	19,754	19,785
1906	52,041	21,878	30,163
1907	60,542	30,522	30,020
1908	54,522	30,920	23,602
1909	49,817	31,374	18,443
1910	83,723	39,080	44,643
1911	108,471	48,103	60,368
1912	106,928	63,885	43,043
1913	118,583	70,090	48,493
計	674,166	355,606	318,560

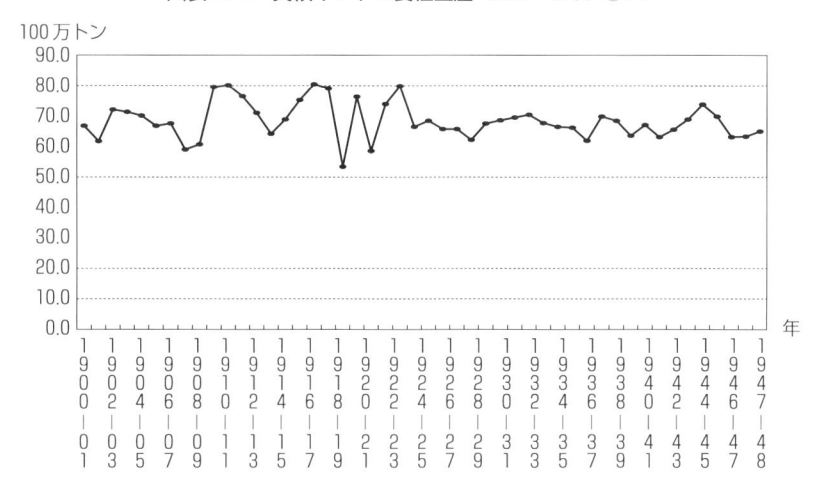

26 「自由貿易」下のインド経済をどのように考えるか？

図表 26-4　英領インドの食糧生産（1900〜48年）⑺2-3

図表 26-5　在外南アジア系居住民（1971年、人）⑺12

国名ないしは地名	インド系人口
アデン	2,000
アフガニスタン	20,000
オーストラリア	3,108
バーレーン	5,500
ビルマ	250,000
カナダ	52,000
エチオピア	4,520
フィージー	266,000
フランス	1,400
ガーナ	1,750
グレナダ	9,500
ガイアナ	357,000
香港	5,000
インドネシア	27,617
イラン	1,000
イラク	12,000
イスラエル	23,000
ジャマイカ	27,951

国名ないしは地名	インド系人口
日本	1,141
ケニア	139,593
クウェート	12,006
ラオス	1,800
マダガスカル	12,350
マラウィー	11,290
マレーシア	910,000
モーリシャス	575,123
マスカット	4,500
オランダ	1,500
ニュージーランド	6,700
ナイジェリア	1,600
フィリピン	2,516
カタール	2,000
ローデシア	10,000
サウジアラビア	1,035
シンガポール	150,000
ソマリア	1,360

国名ないしは地名	インド系人口
南アフリカ	620,436
スペイン	1,600
セント・ヴィンセント	3,703
スリランカ(セイロン)	1,224,784
スーダン	2,550
スリナム	101,715
タンザニア	85,000
タイ	18,014
トリニダード	360,000
トルーシャル・ステーシ	5,000
ウガンダ	50,000
イギリス	750,000
アメリカ	32,000
ヴェトナム	2,000
西ドイツ	4,681
ザイール	3,000
ザンビア	10,705

トピック26

英領期のインド系移民

　現在、インド系移民の数は約2000万人と推定されており、イギリス系移民、中国系移民の数に次いで世界で第三位の規模をほこっています。インド系移民の歴史は古く、古代にまでさかのぼることができますが、量的に顕在化するのはおそらく近世のことであると思われます。しかし、インド系移民の数が飛躍的に増加するのは、19世紀以降のことです（☞図表26-2、26-3、26-5）。

　英領期のインド系移民を大きく分けると、三つの流れが存在します。第一は、労働移民です。彼らは、プランテーション、建設現場、港湾における労働者として大量に渡航しました。イギリス帝国内へ移動したインド系移民のなかで最も数が多いのはこの移民です。当初は砂糖植民地に向かう年季契約移民（indentured migrant）が多かったのですが、後に自由移民としてセイロン（茶生産）やマレー（ゴム生産）に向かう労働者が多くなりました。量的には、自由移民の方が圧倒的に大きかったといえます。第二の移民の流れは下級公務員でした。事務職・警察官・徴税人・郵便局員・鉄道労働者などとして、アジア・アフリカの英領植民地のいたるところへ渡っていきました。彼らは、植民地統治者と現地住民との間に介在として、植民地行政を下から支えたといえます。

　第三の流れは、商業移民（商人）です。伝統的なインド洋交易の遺産とイギリス帝国の枠組みを基盤にして、商人あるいは金貸しとして各地へ移民しました。中近世の時代から、主としてインド洋の西方向に向かって、インド系の商人が海を渡っていきました。インド西部からアラビア半島および東アフリカに交易を目的として商人が渡航しました。こうした伝統は、19世紀になってインド洋海域がイギリス帝国の支配を受けるようになっても再編されつつ継続しました。19世紀後半から20世紀前半にかけて、南アフリカ、ケニア、モーリシャスなどの英領植民地へ商人たちは移民しました。彼らは、先に述べた労働移民の移動に随伴して彼らの生活を支える存在として機能したのです（☞文献⑥）。

27 輸入代替工業化の始まり
―第一次世界大戦―

　第一次世界大戦がインド経済に与えた影響は、短期的にも中長期的にも小さなものではありませんでした。植民地として参戦を強いられたインドは、多数のインド兵をヨーロッパと中東の戦線に派遣するとともに、大量の軍需物資の調達といった形で貢献を迫られました。そのために、植民地政府による赤字財政と相まって、激しいインフレーションを招きました。とくに打撃を受けたのは、農村の住民です。1918年に旱魃に襲われたこともあって、食糧穀物価格は高騰しました（☞図表27-1）。食糧不足も影響して、「スペイン風邪」（新型インフルエンザであったと考えられています）による被害は甚大なものとなりました。死者は、1000万人をはるかに超える規模であったと推定されています。

　大戦の影響として、このような短期的で衝撃的なもののみならず、中長期的かつ本質的なものもありました。大戦を契機として、インド経済が輸入代替工業化の方向へ踏み出したことが挙げられます。大戦によってイギリスからの工業製品輸入が途絶えたために、インドの工業部門は大戦景気に沸き立ちました。例えば、綿工業もジュート工業も大戦期にその生産量を倍増させました。また、これまで輸入に頼っていた工業製品の生産を開始しました（☞図表27-3）。

　かかる大戦景気の僥倖のみならず、大戦期に始まった関税政策の変更は、その後の保護主義の傾向を導きます。1917年に輸入綿製品の関税率は、3.5％から7.5％へと引き上げられます。加えて、第一次世界大戦後、1922年には植民地政府は、本国政府からの財政の自主権を獲得し、その後1920年代に二回の綿製品関税率の引き上げを行いました。

　こうした輸入代替化への傾向の開始とともに指摘したいのは、大戦期に始まる経済的民族主義の台頭です。ガンディーの登場は、大戦後、民族運動に大衆的な基盤をもたらしましたが、同時期にインド系資本家が民族運動と結びついたことによって、「国産品の使用（スワデシ）」といった保護主義的な要求が、よりいっそう広がりをもつようになったのです。

第II部　グローバル化の経済史

図表 27-1　食糧穀物価格（1900年を100とする指数）⑥⑦71

	1913	1915	1917	1919
米	149	144	125	208
小麦	100	129	116	193
ジョワール	91	97	93	211

図表 27-2　英領インドの輸入先（％）⑥⑨226

	1850〜51	1910〜11	1940〜41
イギリス	72.1	62.2	22.9
中国	8.6	1.8	1.8
日本	僅少	2.5	13.7
アメリカ	僅少	2.6	17.2

図表 27-3　製造業における各産業の比率（％）⑦④93

	綿花	ジュート	紙	セメント	毛織物	鉄鋼製品	マッチ	砂糖	その他の工業	純生産物総額（100万ルピー）
1913〜14	36.2	15.0	0.4	—	0.3	0.8	—	1.6	45.7	635
1938〜39	29.0	8.0	0.5	1.0	0.3	4.4	1.2	3.4	52.2	1,701
1946〜47	23.2	5.3	0.6	1.1	0.5	3.6	0.8	4.1	60.8	2,258

図表 27-4　シリアで戦うインド兵（第一次世界大戦）㊹381

図表 27-5　ガンディーの戯画 ㊹357

図表 27-6　ボンベイにおける非協力運動（1921年）㊹353

27 輸入代替工業化の始まり

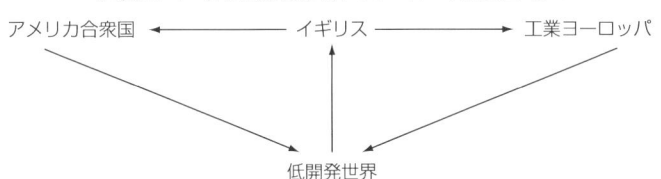

図表27-7　多角的貿易決済（1921年）の模式図 ④⑨66

```
アメリカ合衆国 ←──────── イギリス ────────→ 工業ヨーロッパ
            ↘           ↑           ↙
                    低開発世界
```

＊矢印（→）は決済のフローを示しています。この図は、第一次世界大戦の直前における、イギリスを中心とする多角的貿易決済の関係を簡略に示しています。①イギリスは、自由貿易政策を採っていたために、遅れて工業化した大陸ヨーロッパ（図中では「工業ヨーロッパ」となっている）やアメリカに対して大幅な貿易赤字を記録することになりました。②これら工業ヨーロッパとアメリカは、原料・食糧のためにインドを含む低開発世界に対して大幅な貿易赤字を背負い込んだのです。③低開発世界は、イギリスに対して工業製品輸入による大幅な貿易赤字を負っていました。図27-8は、この関係をより詳しく示したものです。

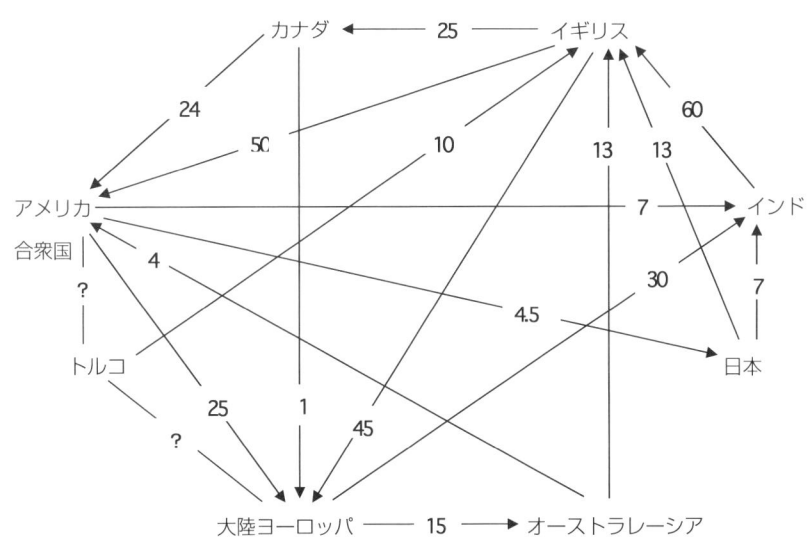

図表27-8　多角的貿易決済（1910年、100万ポンド）④⑨67

カナダ ←── 25 ── イギリス

（カナダ→アメリカ 24、カナダ→イギリス 25、アメリカ→イギリス 50、アメリカ→インド 60、イギリス→インド、10、13、13、イギリス→日本 30、アメリカ→日本 7、日本→インド 7、アメリカ→トルコ ?、トルコ→大陸ヨーロッパ ?、アメリカ→大陸ヨーロッパ 4、25、1、45、日本→大陸ヨーロッパ 4.5、大陸ヨーロッパ→オーストラレーシア 15）

＊矢印は決済のフローを示す。

トピック27

経済的民族主義

19世紀末に、インドの民族主義的知識人のなかで、イギリスによる植民地支配がインドにもたらした経済的な弊害を、非常に明晰な形で表現し、主張する者が現れました。その代表が、ダーダーバーイ・ナオロジーでありますが、彼が定式化した「富の流出」理論は、その後の植民地主義批判の範型ともなりました。富の流出とは、すでに明らかなように、植民地支配にともなう、植民地インドから本国イギリスへの財政的な所得移転を主として指しますが、財政的な所得移転だけではなく、イギリスからの鉄道投資などがもたらした果実である利子収入もまた、インドからイギリスへ向かう富の流出のなかに含められるのが一般的です。

このような富の流出は、国際収支の側面で見れば、インド側における貿易収支の黒字部分に相当しますが、インドはかかる黒字のいかなる対価も受け取っておらず、要するに、富の流出はインドにとっては収奪に他ならないので、インドの貧困をもたらした主要原因であるとするのが、この説のポイントです。

すでに見ましたように、19世紀の後半は、大飢饉の波がインドの農村をしばしば襲い、数百万人の規模で死者をもたらしました。また、数々の疫病が同じく多大の人的被害をもたらしました。かかる状況を背景に、「富の流出」理論は、民族主義の知識人にとって説得力のある議論と映りました。

民族主義の経済論のもう一つの型として、「自由放任（レッセ・フェール）」と「自由貿易」という植民地政府の政策への批判があります。M・G・ラナデーは、インドの貧困が、過度に農業に依存する産業構造に起因すると考えました。これは、植民地政府による「自由放任」と「自由貿易」の政策が、インドの工業化を妨げているからだと指摘しました。インドの工業化を推進するためには、「自由放任」ではなく、国家が積極的な役割を果たすべきだというのです。したがって、「自由貿易」から「保護主義」へと政策転換をはかるべきだと考えました。ラナデーの提唱した政策論は、独立後のインドの経済政策を先取りするものでしたが、すでに英領期の末期にも、一部は実現していったのです（☞文献(57)）。

28　大不況と第二次世界大戦

　保護主義的な傾向に拍車をかけたのは、1929年に始まる世界大不況の影響でした。農産物価格の暴落は、インドの農村にも波及し、小麦・米などの主要穀物の価格は半分以下に低落し、商品作物の輸出は半減したのです（☞**図表28-3、28-4**）。また、国際的な資金循環の停止は、カルカッタやボンベイなどの港湾都市の銀行の貸付の停止、ひいては地方都市の銀行の貸付停止、最終的には農村の商人や金貸しによる貸付の停止に帰結し、インドの農村は極度の資金不足に陥りました。

　世界大不況による壊滅的な影響は、工業部門には当てはまりません。1930年代の前半に植民地政府による保護主義的な政策――製鉄業、綿工業、小麦、製糖業への保護関税――が進行し、工業部門では国内市場を基盤にした成長が見られました。大不況の経験から、輸出に対する悲観論と、輸入代替工業化への期待という二つの教訓が引き出されるのです（☞**図表28-1、28-2**）。

　1939年に始まった第二次世界大戦が、インド経済に与えた影響はさまざまに論じることができますが、ここでは中長期的な意味で決定的であった影響を取り上げることにします。それは、経済政策における介入的・統制的な要素の導入です。戦時経済の必要性から、以前にもまして産業統制的な手法が導入されるようになりました。それと同時に、「経済計画」という理念が、独立をめざす民族主義の側と植民地政府の側の両者に浸透したことです。ここでは、民族主義の側の動きについて簡単にふれますと、大戦が始まる直前ですが、1938年に国民会議派がJ・ネルー（☞**図表28-6**）を委員長とする「国民計画委員会」を設置し、独立後の経済政策の枠組みとして「混合経済」を構想したことです。注目すべきは、ほぼ同様の構想が、有力な企業家・資本家によって作成された「ボンベイ・プラン」においても表明されていたことでした。

　戦間期に定着する保護主義の潮流、そして第二次世界大戦期に現れる産業統制と経済計画という要素、これら両者が、インド独立後の「混合経済」体制の基盤になったのです。

第Ⅱ部　グローバル化の経済史

図表 28-1　経済活動水準の変化（1928〜29年を100とする指数）㈼137

		1920〜21	1923〜24	1926〜27	1929〜30	1932〜33	1935〜36	1938〜39
卸売価格	カルカッタ	123	118	102	97	63	63	65
	ボンベイ	136	124	102	99	75	68	69
食糧小売価格		128	88	103	106	54	54	55
鉄道貨物量		80	88	99	98	75	93	101
1人当たり消費	綿製品	92	88	111	117	121	119	121
	灯油	78	98	97	115	94	86	91
	砂糖	n.a.	56	79	101	76	78	78
	茶	82	82	82	112	100	129	159

図表 28-2　製造業の各産業別生産高指数（1925〜30年までの平均を100とする指数）㈼140

	鉱業	綿工業	ジュート工業	製糖業	製紙業	セメント工業	毛織物工業	鉄鋼業	マッチ工業	製造業全体
1925〜30	100.0	100.0	100.0	100.0	100.0	100.0	100.0	100.0	100.0	100.0
1930〜31	100.8	110.0	77.5	113.4	138.8	122.6	72.1	120.1	128.4	101.0
1931〜32	92.6	121.2	72.6	151.2	138.8	124.5	87.2	124.3	118.3	106.0
1932〜33	85.0	133.6	76.7	205.8	138.8	126.4	80.5	117.3	128.4	115.0
1933〜34	86.2	117.8	76.7	231.0	145.8	137.9	78.8	145.6	123.4	109.0
1934〜35	97.3	124.9	78.3	247.8	115.0	166.6	82.2	166.1	111.9	123.0
1935〜36	106.0	139.4	75.9	268.9	162.0	191.5	88.9	180.1	164.9	133.0
1936〜37	107.8	134.7	100.1	394.9	162.0	212.6	97.3	185.0	163.5	143.0
1937〜38	123.5	141.7	109.0	344.5	194.4	250.9	109.0	183.5	147.0	155.0
1938〜39	119.4	166.4	109.8	243.6	203.7	323.7	95.6	194.7	143.4	175.0
1939〜40	123.5	157.6	96.9	453.7	266.2	371.6	95.6	211.5	149.2	181.0

図表 28-3　英領インドの米と小麦の価格 ⑥⑦97

1マウンド（＝37.5 kg）当たりのルピー
米　価　格：カルカッタ，2月および7月
小麦価格：カラーチー，4月および7月

図表 28-4　世界の一次産品生産と価格（1929年を100とする指数）㊽194

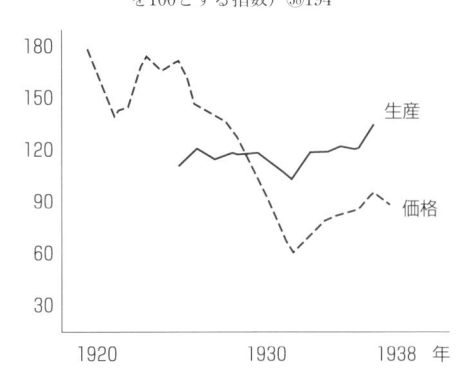

生産
価格

図表 28-5　英領インドの食糧穀物価格 ⑥⑦121

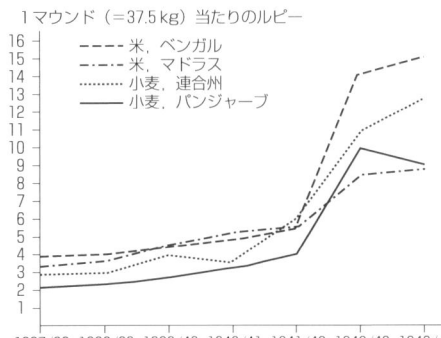

1マウンド（＝37.5 kg）当たりのルピー
米，ベンガル
米，マドラス
小麦，連合州
小麦，パンジャーブ

図表 28-6　ジャワハルラル・ネルー ㊺390

＊1943年から1944年にかけて、インド・ベンガルで大飢饉が起こりました。約300万人の死者が出たと推測されています。この飢饉は、自然災害に起因するものではなく、戦争景気による物価上昇という背景のなかで、日本軍のビルマ侵攻によるビルマ米の途絶、植民地政府による救済政策の不作為など、さまざまな要因が重なって大惨事に至ったのです。

第II部　グローバル化の経済史

┌─ トピック28 ─────────────────────────────────┐

大戦間期の関税政策

　19世紀を通じて、「自由貿易」の原則はほぼ貫徹されたといえます。一時的には、財源を確保する目的で関税が課せられた場合もありましたが、産業を保護するような関税はほとんど課せられることはありませんでした。しかしながら、すでに述べましたように、第一次世界大戦は、このような植民地インドの「自由貿易」主義に大きな転換をもたらしました。戦費調達の必要性から、1917年に輸入綿製品の関税がそれまでの3.5％から7.5％に引き上げられました。1922年には財政の自主権が与えられた植民地政府は、1920年代に二度にわたって関税率を引き上げました。1930年代に入ると、インドの綿業利害によりいっそう大きな譲歩をするようになり、1930年に綿製品の関税率は20％となりました。ただし、イギリス製品には15％の特恵関税が与えられています。その後、1932年には関税率は31％とさらに引き上げられましたが、イギリス製品には26％の特恵関税となりました。1932年に開催されたオタワ会議（帝国経済会議）においてうたわれた総合的な特恵関税の原則が、インドの場合にも適用されているともいえます（☞文献㊿104-107）。

　このような1930年代の関税政策を考えるとき、インド綿製品市場への日本製品の浸透という要因も考える必要があります。当時、インド市場におけるインド製品の占有率は増加し、イギリス製品の占有率は減少していましたが、他方で日本製品の台頭が著しかったのです。こうした日本製品の脅威を前に、このような特恵関税を通して、インド綿業とイギリス綿業が妥協した結果と考えることもできます。

　このように、植民地政府は、大戦間期に「自由貿易」から「保護主義」へと大きく舵を切っていたといえます。この転換は、この時期の不況とも相まって、インド産業における「内向き」の志向性を強める結果となりました。すなわち、インドの綿工業は、世界市場ではなく、国内市場を主たる対象にして発展するという傾向がこの時期に固まったからです。

└──┘

29　閉じられたインド
―独立後の混合経済体制―

　第II部の残された余白では、独立後のインド経済について、本格的に論じるだけの余裕はありません。ただし、これまでに論じられてきたことの関わりで重要であると考えられる幾つかの論点についてふれることにいたします。

　1947年のインド独立（パキスタンとの分離をも意味したので、「分離独立」とも呼称されます）の後、首相ネルーのイニシアチブのもとで、「混合経済」体制の枠組みがつくられます。1948年の産業政策決議では、基幹産業が国有部門によって主導的に担われることが決定し、1950年の計画委員会の発足によって、経済計画の実施が準備されました。さらに、1951年の産業（開発・規制）法の成立で、政府による産業規制の法的な基盤が確立したのです。

　ネルー時代の混合経済体制が決定づけられるのは、統計学者マハラノビスによって作成された経済モデルをもとに策定された「第二次5カ年計画」（1956～61年）の実施です。この計画では、投資配分が重工業（例えば、鉄鋼業）に優先的に向けられる戦略がとられました（☞図表29-1）。「混合経済」体制では、社会主義とは異なって市場経済は否定されなかったのですが、政府の介入によって、企業の経済活動は大きく制約を受け、さらに企業間の競争と資源配分の効率性をもたらす市場の機能そのものを減殺することになります。

　また、このような「混合経済」体制は、輸出悲観論にもとづく、国内市場中心の輸入代替工業化戦略でもありました。1950年代以降、インド経済は、世界市場から撤退し、「閉鎖体系」に移行したといっても誤りではないでしょう。インドの企業は、国際競争から保護されたと同時に、国際競争力を失っていくことになります。

　インド経済は、1970年代後半まで、「ヒンドゥー的成長」と自嘲的に呼ぶような水準の成長率に甘んじることになりますが、その基本的な原因は、市場の機能を半ば否定したこと、加えて世界市場へ背を向けるような、インド経済の「閉鎖体系」への移行にあったと考えられます。

図表29-1　5カ年計画における投資配分（10億ルピー）㉛178

	第一次5カ年計画 （1951〜56）		第二次5カ年計画 （1956〜61）		第三次5カ年計画 （1961〜66）		年次計画 （1966〜69）	
		%		%		%		%
農業	9.1	27	12.6	19	21.2	18	19.4	20
工鉱業	4.4	12	18.1	27	29.9	25	23.8	25
電力	2.7	8	4.8	7	12.9	11	12	12
運輸	5.9	18	14.1	21	23.5	20	14.6	15
その他	11.5	35	17.9	26	32	26	27.9	28
総投資	33.6	100	67.5	100	119.5	100	97.7	100

図表29-2　引用：ネルーの経済観（『インドの発見』）㉗558-559

　国全体としての目標は、できる限りの自給自足の達成であった。むろん国際貿易を排除するというわけではなかったけれども、われわれは経済帝国主義の渦中に引入れられることを何としても避けたかったのである。われわれは帝国主義勢力の犠牲になりたくはなかったし、またわれわれ自身かかる傾向を伸ばしたくなかった。国の生産の第一の任務は、食糧や原料や工業製品の国内の需要に応ずることである。余剰生産物は国外に投げ売りするのでなく、われわれが必要とするような物資との交換のために使われるべきであった。輸出市場にわれわれの国民経済の基礎をおくことは、他国との紛争を生じ、またそれらの市場が閉されると、突然の混乱を来すおそれがあった。……
　この計画の精髄は、広汎な統制と調節であった。かくて自由企業そのものは排斥されなかったが、その範囲は厳しく制限された。国防産業については、それを国有とし、国家によって管理されなければならないと決定された。他の基幹産業については、多数派意見は国有にすべしということであったが、かなりの数にのぼった少数派は、国家管理で十分だと考えた。しかしながら、そのような産業の管理は厳格でなければならなかった。公共事業は、国家機関―中央政府、州政府あるいは地方庁―の所有に帰すべしと決定された。ロンドン交通局に似た性格のものが、公益事業を管理したらよいということが提案された。他の重要産業に関しては、特別の規定は設けられなかったが、計画の性質上、多少の管理は、産業によって一様ではないにしても必要であることが明らかにされた。

29 閉じられたインド

図表 29-3　国内総生産の変化 ⑫104

*不変価格表示。1948〜49年の価格にもとづき計算。

図表 29-4　公務員の雇用数 ⑥141

年	総数（人）
1901	1,918,916
1911	1,712,958
1921	1,630,365
1931	1,448,336
1951	2,162,117
1960	5,498,000
1978	12,948,000

＊公共部門の雇用数が、1950年代以降、顕著に増加しています。

図表 29-5 インド財政（GDP に対する比率、%）⑥133

年	経常収入	経常支出				公共部間借入必要額
		計画支出	非計画支出	資本支出	計	
1960〜61	11.39	5.37	5.51	8.54	19.42	8.42
1970〜71	14.43	5.79	8.29	7.90	21.97	7.54
1980〜81	20.08	10.89	8.63	11.20	30.73	10.65
1981〜82	20.61	11.04	8.83	10.25	30.12	9.51
1982〜83	21.04	11.76	9.51	10.26	31.52	10.48
1983〜84	20.05	11.73	9.54	9.64	30.91	10.76
1984〜85	21.13	12.86	10.33	10.23	33.42	12.30
1985〜86	21.19	12.67	11.61	10.01	34.30	12.30

＊1970年代以降、「大きな政府」という傾向が強まっていったことが、この表から明らかです。

トピック29

ガンディーとネルーにとっての商人・企業家

　インドの民族運動をリードした傑出した二人の指導者にとって、商人あるいは企業家はいかなる存在であったのでしょうか。まずガンディーの場合ですが、彼自身がグジャラートの商人カーストの出身であったことを考えると、商人・企業家に対する偏見があったとは考えられません。事実、その晩年には、自らの運動の援助を大企業家に仰ぐというように、個人的には商人・企業家との距離は遠くなかったといえます。しかしながら、ガンディー自身の理念のレベルでいえば、彼が理想とした社会は、伝統的なインドの村であり、そこでは商人が活躍するような市場は、周縁的な存在であるべきだったと思われます。外国市場を含む、広域的な市場的関係は、むしろ村の平和な生活を乱す存在としか考えられていなかったのではないでしょうか。

　ガンディーは、インド独立後ほどなくして暗殺されたため、独立後のインドの経済体制には、直接的にはほとんど影響を残したとはいえません。他方、ネルーは、独立後の初代の首相となり、その後の経済戦略の構築という点においても、多大の足跡を残したといえます。端的にいって、ネルーの商人・企業家観は、否定的なものであったと思われます。ネルーが推進した混合経済体制は、必ずしも市場を否定したものではありません。しかし、ネルーは、国家という管制高地が、市場とそのなかで活動する商人や企業家の恣意的な活動を制御すべきであると考えていました（☞図表29-2、文献㉛36-8）。

　かかるネルーの経済観を、ブラーマン・カーストという彼の出自に帰す、かなり意地悪な認識も存在します。すなわち、古代以来、ブラーマンは商業や商人といった存在には軽蔑の眼差ししか向けなかったというのです。このような見方の妥当性はともあれ、ネルーが構築した経済体制のもと、統制と保護主義によって守られた一部の既成の大企業家は別として、創造的な新興の企業家にとって、インドのビジネス環境は著しく窮屈なものであったことは間違いないでしょう。

30　開かれたインド—経済自由化—

　1991年に、直接的には湾岸戦争の影響による国際収支危機と、中央政府の財政赤字が相まって、インドは、世界銀行やIMF（国際通貨基金）の勧告を受け入れて、経済自由化政策へと踏み切りました。貿易政策での自由化（関税引き下げ、輸入規制の緩和）、産業規制の撤廃、公企業の部分的民営化などの措置を行いました。

　このような経済自由化政策の背景として、1980年代末から1990年代初頭にかけて起こった冷戦体制の崩壊（ソ連・東欧における社会主義の消滅）、そして1980年代に顕著となった東アジア・東南アジア諸国の経済成長という現実が重要です。前者によって、インドの混合経済体制が根拠としてきた社会主義のイデオロギーにとどめが刺され、後者によって、インドがとってきた内向的な経済戦略とはまったく対照的な、輸出志向の外向的な経済戦略の正しさが実証されたからです。

　実は、1980年代に「親企業家的」（pro-business）な経済政策が始まっており、その効果もあって、1980年代以降のインド経済は、「高度成長」といってもよい実績をあげています（☞図表30-1）。これは、IT（ソフトウエア）やバックオフィスといったサービス業を得意分野とするインドが、1990年代末葉に急激に進んだグローバル化の流れに乗れたという僥倖によるところが大きかったですし、そもそも高等教育を受けた人的資本を、相対的には低廉に提供するという比較優位に依拠した特異な経済成長パターンであるともいえます。したがって、今日におけるインド経済の好調さを長続きはしないものとする皮肉な見方もあるでしょう（☞図表30-3～30-6）。

　しかしながら、経済自由化以後におけるインド経済の成功の根底には、新しく登場した企業家や新・中流階級の躍動する姿があります。混合経済体制のもとで抑制されてきた潜在的成長力が解き放たれたといっても過言ではないでしょう。

第II部　グローバル化の経済史

図表 30-1　経済成長率の変化（%）⑤125

	1950～60年度	1961～70年度	1971～80年度	1981～90年度	1991～2000年度	1992～2000年度
農業	3.1	2.5	1.8	3.6	2.7	3.2
工業	6.3	5.5	4.1	7.1	5.7	6.4
サービス業	4.3	4.8	4.4	6.7	7.5	7.8
GDP（要素価格）	3.9	3.7	3.2	5.6	5.6	6.1
1人当たりGDP	2.0	1.5	0.8	3.4	3.6	4.0

図表 30-2　貧困者比率の変化（1973～99年）⑤207

	貧困者比率（%）			貧困者数（100万人）		
	農村	都市	全国	農村	都市	全国
1973	56.4	49.0	54.9	261.3	60.0	321.3
1977	53.1	45.2	51.3	264.3	64.6	328.9
1983	45.7	40.8	44.5	252.0	70.9	322.9
1987	39.1	38.2	38.9	231.9	75.2	307.1
1993	37.3	32.4	36.0	244.0	76.3	320.3
1999	27.1	23.6	26.1	193.2	67.1	260.3

図表 30-3　産業構造の変化(1)、産業別 GDP ⑫104

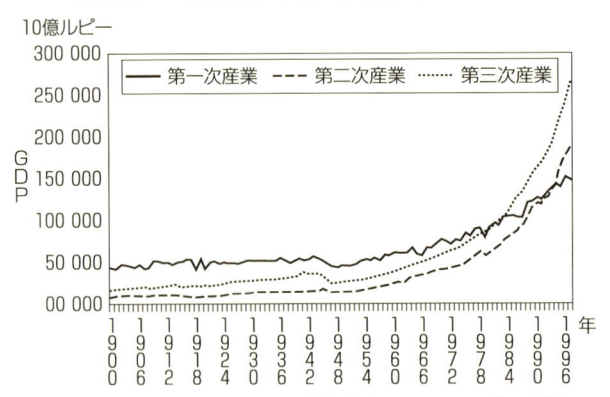

＊GDP の産業別の変化を示す。不変価格表示（1948～49年の価格にもとづき表示）。

30 開かれたインド

図表 30-4 産業構造の変化(2)、GDP の産業別構成 ⑫112

<1900年>
- 第一次産業 66.2%
- 第二次産業 10.8%
- 第三次産業 23.0%

<1946年>
- 第一次産業 53.4%
- 第二次産業 15.1%
- 第三次産業 31.5%

<1997年>
- 第一次産業 24.6%
- 第二次産業 31.4%
- 第三次産業 44.0%

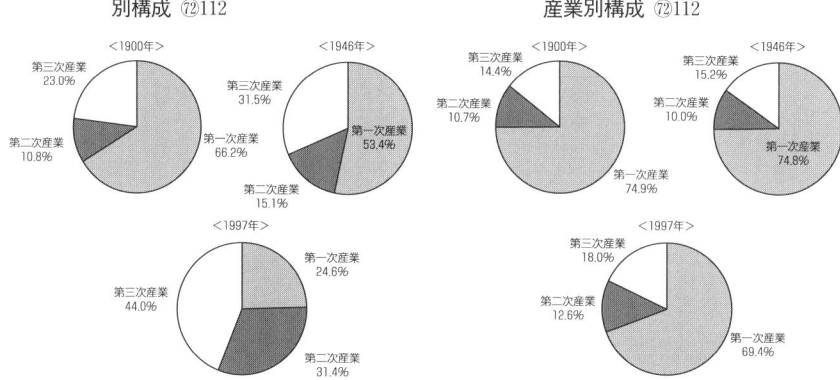

図表 30-5 産業構造の変化(3)、労働人口の産業別構成 ⑫112

<1900年>
- 第一次産業 74.9%
- 第二次産業 10.7%
- 第三次産業 14.4%

<1946年>
- 第一次産業 74.8%
- 第二次産業 10.0%
- 第三次産業 15.2%

<1997年>
- 第一次産業 69.4%
- 第二次産業 12.6%
- 第三次産業 18.0%

図表 30-6 IT 企業の分布（%）⑱110

- デリー 19
- アーメダバード 2
- コルカタ 3
- ムンバイ 19
- プネー 6
- ハイデラバード 10
- バンガロール 22
- チェンナイ 11

ソフトウェア生産のセンター
- 20%
- 10
- 5
- 1
- 0

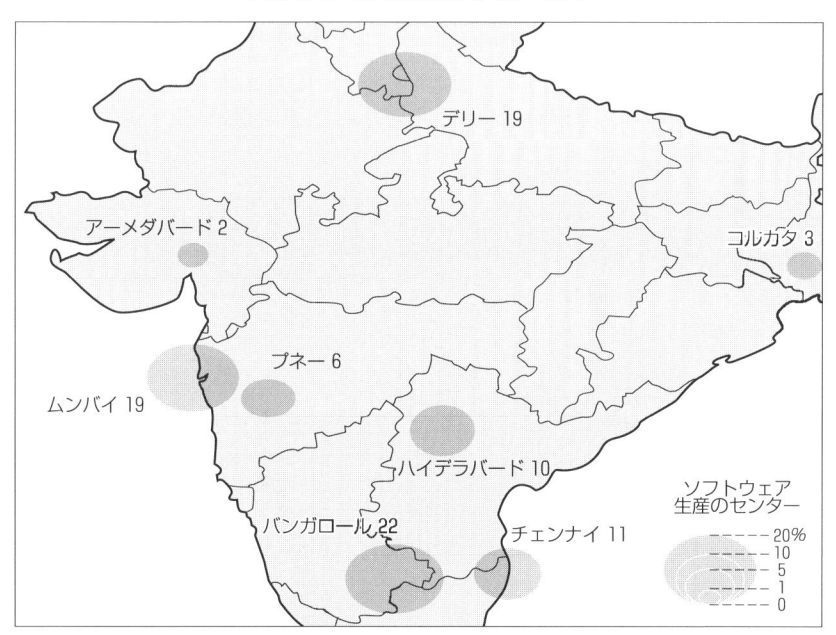

＊数値は全企業数に占めるパーセンテージ。

第II部　グローバル化の経済史

---　トピック30　---

経済史と政治史の間

　筆者は、20世紀の中葉をはさんで起こった「開かれたインド」から「閉じられたインド」へという転換を、もっぱら経済史の文脈でのみ取り扱ってきました。しかしながら、政治史の文脈で考えるならば、この転換の意味づけも異なってくるかもしれません。独立後のインドが、内向きで統制的な経済戦略をとった理由は、政治史的な文脈のなかでは十分に納得しうるものであるからです。すなわち、18世紀の後半から始まるイギリスによる植民地支配は、200年にわたって続き、この地域の歴史に消しがたい傷痕（トラウマ）を残したからです。この地域の貧困は、植民地支配による収奪（富の流出）によってもたらされたとし、インドの工業化が遅れたのは、植民地政府が採用したレッセ・フェールと自由貿易主義のせいであるとする見方は、インドの多くの人びとによって受けいれられました。これは、植民地支配の傷痕ということを抜きにしては理解できないことです。

　イギリスによる植民地支配の時代を経て、「開かれたインド」という歴史像はマイナスのイメージしか意味しなくなったともいえるでしょう。しかしながら、これまでにも見てきましたように、13世紀以来の800年の歴史を振り返ってみると、東西世界の交差点として常に外部から文物が流入し、また人びとも絶えず行き来したという、この地域の姿が浮かび上がってきます。インド亜大陸が、「多様性の世界」といわれるのは、このような歴史に負うところが大きいと思われます。ただし、20世紀の前半になると、ナショナリズムの影響のもとに、インドが「開かれること」に強い忌避感がともなうようになりました。また、社会主義の影響によって、市場経済への否定的な感覚も強まりました。市場経済＝資本主義は、世界の不平等をもたらす元凶として、植民地主義＝帝国主義とともに拒否されたのです。

　21世紀初頭のグローバル化の時代に、このような20世紀の歴史を再考してみる必要を強く感じます。

第Ⅲ部
生活環境と市場経済から見る日本の歴史

31　日本史の見方・考え方
―歩いて・見て・考える―

　日本史では明治維新が近代という新しい時代のはじまりとなっていますが、その明治維新が律令制への復帰を志向していたという点では、遠く飛鳥時代は大宝律令へ回帰（restoration）することもできます。その時点から今日までの約1300年間がここでの時代範囲になります。その間、数え切れないさまざまな歴史的事件や事象が発生しました。歴史研究とはまさしくこうした時間と空間に点在するたくさんの歴史的事象のひとつひとつを大切に扱う、つまり歴史の多様性を研究する学問に他なりません。わたしたちは、今まさにこの歴史の海原に船出をしようとしているわけです。

　そこで、その航海に必要な羅針盤を用意しましょう。現代人を悩ませ続けている市場経済と感染症という二つの方向に歴史を据えてみると、事象間にいろいろな関係性が見えてきます。市場経済の潤滑油である貨幣が古代史や中世史でも主役になり人びとの生活に影響を与えていたこと、また、それと当時の感染症（疫・疫病など）の伝播に関係がありそうなことなどがわかります。近世になると、幕府や藩という組織や制度が時代を作り、その変化の局面に影響を与えるようになります。そこには人間社会が市場経済・疾病・自然を閉じ込め利用しようとする意志を感じることもできます。近代になると、堰を切ったかのように、その人間の意志と市場経済・感染症・自然環境との激烈な闘いが始まります。人間どうしのいくつかの大きな戦争も経験しました。しかし、現代世界は新たな大きな困難に直面していることも事実です。そして、その困難自体も人間自らが作り出したものであることが歴史をよく見るとわかってきます。

　このように、歴史は過去と現在と未来をつなぐ役割を担っています。歴史のいろいろな事象を訪ね（歩く）、それらをよく観察し（見る）、そして理路整然とした流儀・論理（ディシプリン）で考えること、これが歴史研究の醍醐味であると思います。そうすると、歴史事象の多様性という大海原の波間に、大小さまざまな島が見えてきます。そこに座って潮目を待つのもまた一興です。

第Ⅲ部　生活環境と市場経済から見る日本の歴史

図表 31-1　関連年表

701	大宝律令施行
708	鋳銭司設置。和同開珎（銀銭・銅銭）鋳造。諸国に疫あり
730	施薬院設置
759	常平倉設置し、米価を調整。諸国に疫病流行する
821	検非違使設置　　　　　　諸国に疫病流行する（820年代、30年代）
894	遣唐使廃止　　　　　　　諸国に疫病流行する（890年代〜910年代）
927	延喜式完成
958	乾元大宝（最後の皇朝十二銭）発行。　諸国に疫病流行する（970年代〜1020年代）
1045	新立の荘園停止（寛徳の荘園整理令）　諸国に疱瘡・痘瘡流行する（1070年代〜）
1193	栄銭の通用停止　　　　　　　　　　　諸国に疱瘡流行する
1249	幕府、沽価法（物価の統制）を制定　　諸国に咳病・疱瘡流行する
1259	幕府、山野河海の領有法を制定
1478	幕府、明から銅銭5万枚贈られる
1479	全国大疫流行
1500	幕府、撰銭禁止令を出す（以降、繰り返す）　全国疫病流行
1505	幕府、撰銭令を出す（同上）
1512	唐瘡・琉球瘡（ともに黴毒）伝来（記録）
1539	大内義隆、勘合貿易を開始
1540	全国疫病流行
1582	羽柴秀吉、山城を検地。91年より諸国検地
1608	永楽銭1貫文＝鐚銭4貫文＝金1両と公定（永楽銭の通用停止）
1695	幕府、金銀貨を改鋳し古金銀貨との混用を布令。諸国鉱山の採掘を奨励
1700	金銀銭3貨の比価を金1両＝銀60匁＝銭4貫文とする
1718	幕府、清国船との密貿易を禁止
1721	諸国の戸口・田畝を調査（初の全国幕府人口調査、1726年より6年ごとに調査）
1727	大坂堂島米会所を設立
1763	長州藩、撫育方を設置（越荷方も設置、村田清風により天保改革で拡大）
1772	南鐐二朱銀を発行
1773	三浦梅園「価原」刊行
1783	天明の大飢饉始まる
1848	薩摩藩の調所広郷、琉球貿易（密貿易）の責任を問われ急死
1854	福澤諭吉、長崎へ遊学（55年長崎を出て、56年大坂へ、57年適塾塾頭になる）。
1855	長崎に海軍伝習所開設（第一次教官ベルス・ライケ第一期生に勝海舟ら、57年第2次教官としてカッテンディーケ来日、59年閉鎖）
1858	コレラ大流行（文政年間が最初か）
1869	大阪舎密局開校（教頭に蘭人ハラタマ）、後に大阪開成所、その後第三高等中学校（大阪市）となり、京都へ移転し第三高等学校（現京都大学）へ
1870	各府藩県に種痘実施を命令
1871	文部省設置

1872	人口調査実施、戸籍簿編成
1873	内務省設置
1875	同志社英学校創設（現同志社大学の起源）
1879	「琉球処分」により沖縄県成立
1886	国際赤十字条約に加入
1889	市制および町村制施行
1897	伝染病予防法公布（この頃、赤痢が大流行）
1900	産業組合法公布
1906	医師法・歯科医師法各公布
1908	戊申詔書発布（地方改良運動始まる）
1910	産業組合中央会創設
1916	工場法施行（11年公布）
1920	内務省に社会局設置
1925	治安維持法施行
1928	大阪商科大学設立（現大阪市立大学）
1930	大日本連合婦人会設立
1931	満州事変勃発、大阪帝国大学創立（現大阪大学）
1932	農山漁村経済更生計画助成規則施行
1936	理化学研究所のサイクロトロン完成（1934年湯川秀樹中間子論発表）
1939	国立人口問題研究所開設
1945	沖縄戦・沖縄占領の後に、広島・長崎に原爆投下
1946	自作農農地創設特別措置法と改正農地調整法の実施（農地改革）
1947	労働基準法制定
1948	優生保護法公布（人工妊娠中絶の合法化など）
1955〜73	「高度経済成長」期（1955年頃に戦前水準に復帰、1973年の第四次中東戦争によるオイルショックで終焉）
1955	イタイイタイ病発見（富山県）、以降56年水俣病（熊本県）など公害病発見あいつぐ
1972	沖縄県復活
1987	第四次全国総合開発計画策定
1989	1.57ショック（合計特殊出生率が戦後最低の1966年丙午の1.58人を下回る）
1999	感染症新法施行
2005	日本の総人口が減少開始
2009	少子化対策基本法成立

第Ⅲ部　生活環境と市場経済から見る日本の歴史

トピック31

江戸時代の「歩いて、見て、考える」

　時間空間情報の重要性は、昔も今も、デジタル時代もアナログ時代も変わりません。ここに近世後期の日本で、同時代を「歩いて、見て、考える」、そしてその意味を後世に的確に伝えようとした人物とその成果（『日本九峰修業日記』）を紹介しましょう。そのさえわたった記述情報の内容には驚かされます。修験者・僧侶であった野田泉光院成亮は故郷である日向国佐土原（現・宮崎県佐土原市）を文化9（1812）年9月3日に出発し、ほぼ全国を托鉢行脚し、文政元（1818）年11月7日に帰国しました。

文化9年9月29日　　薩摩藩の琉球貿易　　薩摩・山川
　「山川という薩摩一の大湊、琉球船この津へ入船のところなり、よって賑々し」

文化10年4月2日　　感染症への対応　　肥前・樺島
　「予が滞島の時分、男女多く入り込み明屋はもちろん人家にも多く入りおりたり（略）皆々天草の者どもなり、当時天草へ疱瘡渡り（略）千五百人ばかり死せり、よって皆々逃げ来れりという（略）」

文化10年4月22日　　長崎貿易の実態　　長崎市中
　「さて、長崎に他国になき珍しきこと十九ヶ条ほどあり。（略）一つ人々極位は入牢首餞＊とは知りながら、八幡＊すること」
　　＊首餞：打ち首　八幡：抜け荷（密貿易）

文化10年9月3日　　身分の売買　　筑前・津福村
　「珍しき話を聞く。久留米領内にて町人百姓のうち、銀子百貫目御用金を差上たる者は浪人と名を号し、終始役目御免にて、二字帯刀勝手に用いること」

文化11年4月10日　　鉱山労働の過酷さ　　石見・銀山
　「大いなる峠をこへ銀山へ下る。谷合に人家段々にあり、皆銀堀日雇の者どもなり。（略）銀山掘り日雇の者三十歳より以上長命の者はなし、それを知りながら掘りに出ることなり」

文化14年11月22日　　農村家内工業の繁栄　　美濃・槙谷
　「この所は諸国に名の触れたる美濃紙の産地なり。一見し托鉢せんとて入る。大川あり、川の両岸一里の間、紙漉ばかりなり。（略）この辺左右上下紙ハタス音の喧しく（略）」　　　　『日本九峰修行日記』（47-2巻）

32 生活水準の波動とその歴史的形成

　生活水準といえば、経済史では世帯支持者の実質賃金（名目賃金÷消費者物価）で語られることが多いのですが（☞図表32-1）、それについては多くの問題点も指摘されています。欧米や日本でのプロト工業化論を通じて、家族や世帯が生活単位として機能していたこと、家計は世帯支持者ひとりに支えられていたのではなく、家族員（配偶者や子どもなど）が就業して、その稼ぎを世帯にプールしてそれを維持していたことがわかりました。そうなると、世帯主（多くの場合は男性）の賃金を見るだけでは不十分で、むしろ世帯所得という概念を導入して、生活水準を考えた方がより現実に近いといえます。

　ところが、世帯所得にも落とし穴があります。それは世帯内での資源再配分時の、年齢やジェンダーによる格差の存在です。お金などの世帯内資源は、世帯主などの判断で世帯員に再配分されます（☞図表32-2）。その過程で年齢や性別による格差が存在すると、世帯の隅々まで「栄養」が行き渡りません。このことが、世帯に暮す各人の生活水準に大きく影響することになります。「栄養」が行き渡らないと、体格（身長や体重）が劣ったり、病気にかかりやすくなったりで、各人が世帯に貢献できる選択肢の幅（潜在能力 capability）は狭まります。やがて、世帯全体の体力も低下し、世帯がもつさまざまな資源へのアクセス権（entitlement）も保証されなくなります。実際に、産業革命期のロンドンでは、実質賃金では上昇局面にあるにもかかわらず、その頃そこで生まれ育った少年たちの身長は明らかに低下していたのです（☞図表32-3）。

　このように、生活（水準）とは、長い時間をかけ形成された慣習や規則を背景に、より幸せになるために積み重ねてきた日々の格闘の痕跡です。つまり、生活水準は歴史的文化的な構成体なのです。生活水準の議論では、その水準を計測するだけではなく、どのような経緯で（歴史経路の確定）、その状況に至ったのか（livelihoodと呼んでいます）を解明することがとても大切になります。

図表 32-1　18〜19世紀の建築熟練工の実質賃金（賃金÷物価、ロンドン）㊸117

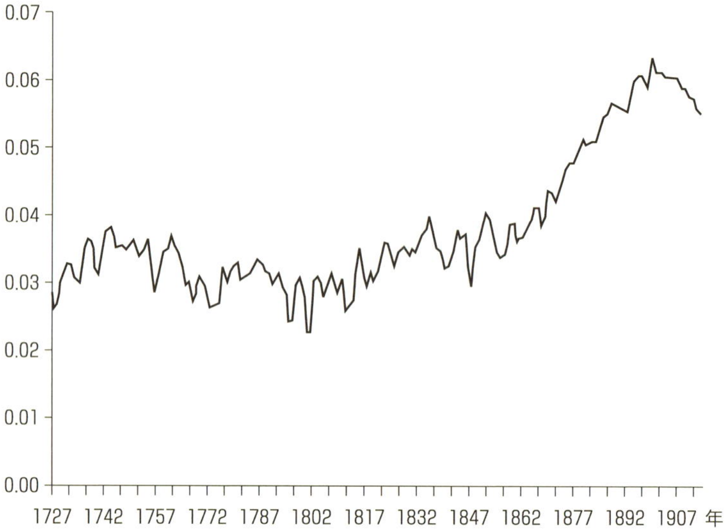

図表 32-2　世帯内資源配分と生活水準指標（直系家族世帯形成ルールをもつ日本農村の場合）㉙52

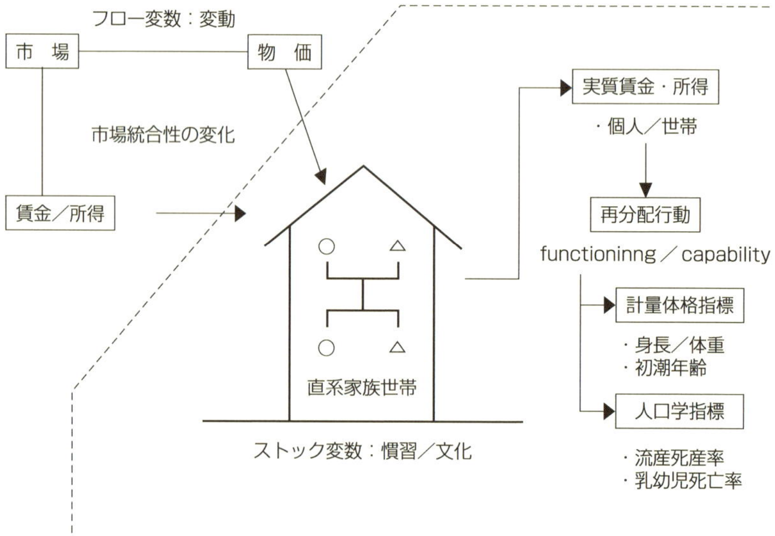

32 生活水準の波動とその歴史的形成

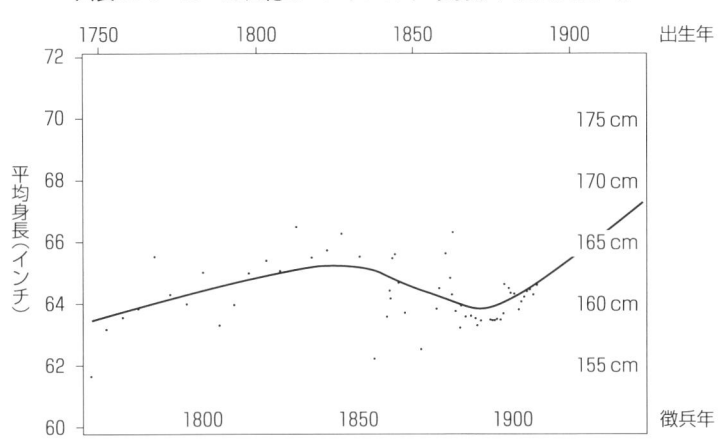

図表 32-3　18〜19世紀のロンドンの平均身長（18歳徴兵者）㉒38

図表 32-4　日本における平均推定身長・平均身長の時代的変化
㊸24-28

時代	年代	男性		女性	
		平均推定身長(mm)	サンプル	平均推定身長(mm)	サンプル
古墳時代	600年頃	1631	22	1515	9
鎌倉時代	1200年頃	1590	17	1449	5
室町時代	1500年頃	1568	26	1466	17
江戸時代(前期)	1700年頃	1551	51	1430	17
江戸時代(後期)	1800年頃	1565	60	1448	24
明治時代	n.d.	1547	62	1449	51
文部省調査（平均身長）	1900年	1609		1479	
	1910年	1615		1491	
	1920年	1624		1509	
	1930年	1625		1505	
	1939年	1645		1527	
	1950年	1637		1537	
	1960年	1664		1547	
	1970年	1668		1565	

＊「文部省調査」以外の平均推定身長は、関東地方からの出土人骨から推定した数値。

第Ⅲ部　生活環境と市場経済から見る日本の歴史

―― トピック32 ――

計量体格史と Livelihood アプローチ

　計量体格史（anthropometric history）は、生物学や人類学の知見にもとづき、ノルウェー兵士の身長にかんする時系列研究が報告された1930年代に始まりした。その後この研究領域に大きな影響力を与えることになるジェームス・タナーによって世界各国間での初潮年齢格差の研究が報告され、それを歴史研究の中心的なアジェンダに最初に据えたのが1960年代のフランス・アナール学派、とりわけエマニュエル・ル・ロワ・ラデュリであったといえます（☞文献㉖26、㊵）。

　そのフランス・アナール学派による徴兵検査データや初潮年齢データを用いた研究は、既存の社会経済史研究に新たな可能性を提示し、奇しくもアメリカ大陸で計量経済史（cliometrics）を旗揚げしていたロバート・フォーゲルらと出会うことになります。フォーゲルは、経済学による奴隷制の再解釈で有名ですが、同時に奴隷の体格や死亡パターンの研究も進めていました（ちなみに、1993年のノーベル経済学賞の授賞理由はこの二分野での貢献です）。そして、その影響を受けた「第二世代の研究者」──フラウド（英国）、コムロス（ドイツ）、ハインズ＆ステコー（米国）──らが、経済史研究のサブ領域として、計量体格史を確立することになりました（☞文献㉖）。

　そこでは、今日に至るまで、(1) 18世紀のウイーンを舞台としたマルサスの罠（Austrian model）：一極集中型の都市化が進んでいくと、そこでの1人当たり所得の低下が進み、体格の低下や死亡率の上昇が起きる、(2) 産業革命期（18世紀後半〜19世紀）のロンドンの少年たちの身長低下現象（☞32本文参照）、そして(3) 南北戦争（1861〜65年）前の30年間の米国を舞台とした身長低下・死亡率上昇現象（Antebellum puzzle）など、実に魅力的な社会経済史の課題が提示されてきました。これらのアジェンダは、「都市部の不利益（urban penalty）」として統合化され、健康転換（health transition）論の一部として、歴史研究のみならず、現代の発展途上国を含む世界規模の社会問題としてクローズアップされるようになりました（☞文献㊶）。

134

33　日本における市場経済と貨幣

　まず、日本の市場経済の歴史を見てみましょう。ご存知のように、貨幣は市場経済の価値尺度財であることから、貨幣と市場は密接不可分の関係にあります。奈良時代には日本でも貨幣（皇朝十二銭）が価値尺度財として機能するようになります。しかし、同時に、皇朝十二銭の歴史は贋金作りの歴史でもありました。8世紀を通じて、私鋳銭（贋金）製造の罪への大赦が、なんと26回も出されています（☞図表33-1）。これだけでも、当時の奈良に暮らす人びとの贋金作りへの情熱のほどがわかります。そこで、この贋金作りがどのように当時の奈良の市場経済に影響を与えたのかを見てみましょう。

　天平宝字4（760）年に万年通宝が鋳造されます。これは贋金作りをやめさせるために前の通貨と比べてその品位（価値）を10倍にした良貨でした。マクロ経済学的には、商品の価格は、ほどなく10倍になると予想されますが、当時の奈良の物価の変動を見ると、そこにタイムラグがありました（☞図表33-3）。米価はほぼ10年をかけて、着実に10倍に到達していることがわかります。物価はつねに市中に流通する貨幣で評価されることを考えると、贋貨作りは続き、新貨1枚と旧貨10枚を交換し、その旧貨を再度新貨に似せた贋貨として、それを10枚作って市中に流通させると、ほぼ10年かかって貨幣量は10倍となり物価も10倍になりました。価値尺度財なる貨幣の質はこの時代ではさして重要ではなく、むしろ市中の購買者による財貨への価値基準が、10年間揺るがず安定していたことが大切です。こうした市場経済への姿勢・心性が天平期の奈良の市場経済を支えていたことになります。

　日本は皇朝十二銭の最後の銭貨「乾元大宝」を958年に発行して以降、江戸時代の直前までの約600年間にわたり、国家大権である貨幣鋳造権を放棄します（☞図表33-2）。その間、現物と銭貨——古銭・私鋳銭（贋金）・輸入銭（宋銭や明銭）——の双方を価値尺度財とする市場経済へ移行します。中世期の田畑取引の支払い手段の変遷を見ると、その混成の様子がうかがえます。

第Ⅲ部　生活環境と市場経済から見る日本の歴史

図表33-1　古代日本の贋金鋳造

期間 (年)	私鋳銭の処罰 禁令の回数	私鋳銭への 大赦の回数	皇朝十二銭（発行年）
701～725	3	5	和同開珎(708)
726～750	0	12	
751～775	0	6	万年通宝(760)*，神功開宝(765)
776～800	0	3	隆平永宝(796)*

参考文献：8世紀中までは⑰64
＊*旧銭の10倍通用の新貨、㊻参照。

図表33-2　皇朝十二銭とその発行年代　㊸

名　称	発行年
①和同開珎	708年
②万年通宝*	760年
③神功開宝	765年
④隆平永宝*	796年
⑤富寿神宝*	818年
⑥承和昌宝*	835年
⑦長年大宝*	848年
⑧饒益神宝*	859年
⑨貞観永宝*	870年
⑩寛平大宝	890年
⑪延喜通宝*	907年
⑫乾元大宝	958年

＊*旧銭の10倍通用の新貨

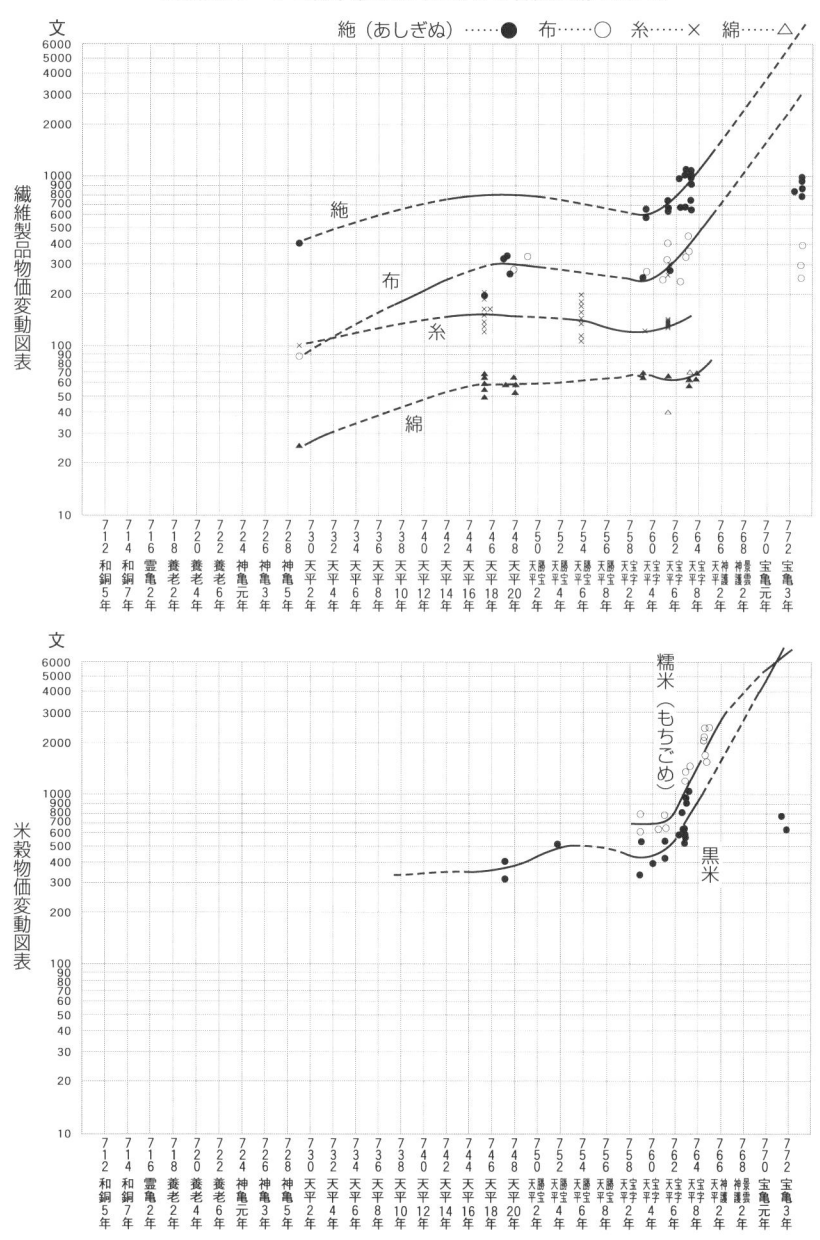

33 日本における市場経済と貨幣

図表33-3　8世紀中葉の畿内における物価変動　⑳11-12

トピック33

貨幣の歴史

　このように、古代日本の市場経済は、貨幣鋳造と私鋳銭（偽造貨、贋貨）製造の繰り返しでした。貨幣鋳造権を放棄した中世の日本では、市場経済は拡大しましたが、価値尺度財としての貨幣自体は悪化の一途をたどりました。結果は、撰銭（鐚銭を受け取らない行為）の行使や撰銭令（年貢における鐚銭の割合を決めるという実質的な撰銭公認）の発令という混乱そのものでした。

　では、貨幣鋳造権を再度行使した江戸時代はどうかというと、状況が大きく改善されたとはいえません。依然として、幕府は改鋳益金（貨幣発行益Seignorage）の獲得を目的とした悪鋳（低品位改鋳）を繰り返していました。その際、元禄時代の勘定吟味役であった荻原重秀の言葉とされる「たとえ瓦礫のごとくものなりとも、これに官符の捺印を施し民間に通用せしめなば、すなわち貨幣となるは当然なり。紙なおしかり」（☞文献㊺30）のように、まさに現代紙幣に通用する理屈がすでに登場していたのは驚きです。

　先ほどの皇朝十二銭も、江戸幕府同様に律令政府がその改鋳益金を目的として、10倍の交換価値をもつ貨幣が連続的に鋳造されたものです。とくに、承和昌宝以降は、貨幣の軽少化（銅の含有率の低下）が著しく進展しました（☞文献②）。つまり、760年以降848年までの間でも5回の10倍価値貨幣の鋳造が行われたわけですから、単純に計算しても万年通宝（760年）は1万枚（＝10^4）の長年大宝（848年）と交換されなければならないわけです。しかし、そのような凄まじいインフレーションは現実には起きませんでした。

　さて、江戸幕府の改鋳益金の獲得方法は、鋳造それ自体にともなう益金だけでなく堂島の米市場（帳合米＝先物ではなく正米取引）とも巧妙に結びついていました。例えば、文政の改鋳では、正式な改鋳発令前後に手持ちの米を売却して、改鋳前の良貨を獲得し、それを改鋳後の貨幣に交換して、改鋳益金を得るというメカニズムです（☞文献㉛11章）。おそらく、その後米価が低下しているうちに、再度、正米を購入していたのだと思われます。幕末になると、貨幣改鋳での貨幣の品位は低下して、経済はインフレーションの様相を呈するようになりますが、これにより実物経済の成長も同時に起ったこと（インフレ的成長）が、近代経済成長へとつながることになります。

34　開発・生活環境の変化と感染症

　開発とは、端的にいえば人口増加と自然環境の格闘の痕跡です。その場合、気候変動、人口増加、そして感染症の発生が開発の主要な変数となります。まず、気候変動に注目すると、日本社会では、9世紀から11世紀半ばまでは温暖化、それ以降寒冷化したと考えられます。海進・海退を繰り返すなかで、自ずと汽水域の形成と低湿地（湿田）が生まれました。そこに増加した人口集団が生活を始めると、温暖・低湿地・汽水を好むとされるマラリア（三日熱マラリアと呼ばれる温帯性マラリアで熱帯熱マラリアではない）が、この時期に発生したことは十分に考えられます（☞文献㉚6章ほか）。これが原因かどうかはわかりませんが、中世後期の開発（利水による小規模なもの）は、低湿地からではなく、山地中腹から行われたこともわかってきています（☞文献④）。

　日本の感染症のなかで、歴史的に人間に最も大きな影響力をもたらしたものは天然痘です。この古くから知られる感染症の特徴は、8～10世紀には約20年と推測される流行間隔が、11～13世紀には13年ほどに短縮し、続く13～17世紀には5～10年へとさらに大幅に短縮したことです（☞文献㉚6章、8章）。古代には生産年齢人口を直撃して当時の社会に甚大な影響を与えた天然痘は、中世末にはその罹患年齢の幼年化を通じて、社会へのダメージも比較的緩やかになり、人間社会と安定化した関係を取り結ぶようになりました。

　さて、天然痘が一段落するなかで、かわって日本社会を席捲した感染症が、梅毒（黴毒）です。16世紀初期に日本へやってきた梅毒は、その後江戸時代を通じて日本社会に蔓延した様子が川柳からもうかがい知れます（☞文献⑦1章）。その背後に、近世初期の城下町建設、中期以降の都市化による高い人口移動と農村工業町や市場町の形成、さらに主要な街道沿いの公娼街・私娼街の形成が指摘できます。そして、梅毒の最大の脅威は、死産率や乳児死亡率を高め、出生率を低下させるというように、世代を経てその影響が伝播されることにあります（☞文献⑦1章）。

第Ⅲ部　生活環境と市場経済から見る日本の歴史

図表34-1　疫病・飢饉・旱害の発生回数（年回）と頻度　㉛5章, 7章

	550〜700年	701〜900年	901〜1200年	1201〜1400年	1401〜1600年
疫病	5	58	88	49	39
発生頻度(%)	3.3	29	29.3	24.5	19.5
飢饉・旱害	3	42	6	3	8
発生頻度(%)	2	21	2	1.5	4

＊年回が単位となっているので、同じ年に複数回発生していてもその年の発生頻度は1である。頻度（%）＝（発生回数／年数）×100

図表34-2　中世・近世・近代日本における耕地（水田）面積の変遷　⑨28, ㊵21

史料年代	年号	耕地（水田）面積（千町歩）	指数	典拠
930年頃	平安中期	862	100	『倭名類聚抄』
1087〜94年頃	平安後期	946	110	『峯相記』
11世紀末頃	平安後期	889	103	『掌中歴』ほか
11〜12世紀頃	平安後期	864	100	『海東諸国紀』ほか
1450年頃	室町中期	946	110	『拾芥抄』
1720年頃	江戸中期	1643	190	『町歩下組帳』
1881年	明治14年	2591	300	『第1回統計表』

図表34-3　近世前期(1649年)・近代初頭(1886年)の田畑面積推計　⑬10-12

	田	畑
〈近世前期〉		
石高（石）	489500	401800
推計面積Ⅰ（町歩）	37600	44600
推計面積Ⅱ（町歩）	44500	57400
〈近代初期〉		
面積（町歩）	2639000	1874000

＊推計Ⅰでは、すべての水田・畑を中田・中畑として石盛して、推計Ⅱでは、下田・下畑として算出した。

表34-4　用水土木工事年代別分布表　⑨25

年代	期間(年)	件数	頻度(件/年)
781年	n.d.	8	n.d.
782〜1191年	410	8	0.02
1192〜1466年	275	7	0.03
1467〜1595年	129	14	0.11
1596〜1651年	56	33	0.59

＊ n.d.＝no data

34 開発・生活環境の変化と感染症

図表 34-5　近世国別田畠比較表
⑩25

地域	国名	田／畠	中世田／近世田(%)
畿内	山城	1.88	69
	大和	2.2	63
	河内	2.44	61
	和泉	2.29	45
	摂津	2.46	39
関東	甲斐	0.53	56
	伊豆	1.63	49
	相模	0.45	76
	武蔵	0.47	70
	安房	1.23	74
	上総	1.1	84
	下総	0.87	75
	常陸	0.73	76
	上野	0.36	108
	下野	0.48	68
東北	陸奥	1.19	n.d.
	出羽	2.3	41
全国		1.25	51

＊中世田面積は『拾芥抄』の田面積、近世田面積は「町歩下組帳」より、詳細は出典参照。

図表 34-6　村落景観別の水田・下田率の変遷

年次(年)	村名	水田率(%)	下田率(%)
A 山麓湧水型（常陸国・上野国）			
1607	長岡村	52	36
1627	下田中村	66	28
1650	伊佐々村	51	24
1651	田村	50	23
B 沖積低地湧水型（下野国）			
1613	卒島村	79	59
1664	卒島村	77	46
C 洪積台地湧水・深い谷田型（下総国）			
1591	野之下村	83	98
1602	結縁寺村	73	80
D 洪積台地湧水・浅い谷田型（下総・常陸国）			
1598	茂呂村	44	77
1609	磯辺村	44	36
1687	宮山村	41	20
E 洪積台地無湧水・低台地型（下総国猿島郡）			
1590	志鳥村	6	22
1625	蛇池村	23	32
1660	山村	22	32
F 沖積低地湧水・湿田低地型（武蔵国・下総国）			
1591	道場村	59	84
1605	平須賀村	22	52
1615	権現堂村	31	44
1632	平須賀村	47	66
G 沖積低地湧水・人工堤防型（下総国下河辺荘高野郷）			
1695	上高野村	55	59
1697	下野村	69	94
1697	下高野村	54	89

＊出典＝A：⑩74　B：⑩79　C：⑩87　D：⑩97　E：⑩108　F：⑩120　G：⑩127

トピック34

マラリア（中世）・黴毒（近世）・湿田（近代）

①中世のマラリア

　民俗学者の柳田國男は、「一目小僧その他」のなかで、鎮西源八郎為朝（1139〜70年）の建立とされる名古屋市の闇之森八幡社に伝わる話として、その神社の大きな森のなかに池があり、その池に片目の鮒がおり、瘧（マラリア）を病む者が呪禁にそれを貰い受けたと報告しています。こうした民俗学的知見も、中世日本の池＝低湿地とマラリアの関係を解き明かすうえで重要な示唆を与えるものと考えられます（☞文献㊾249）。

②近世の黴毒

- 安遊び父母はただ病を憂ふ（天明年間）
- 寝道具の無いのを買ふと横根なり（安永年間）
- 鳥屋に付く女郎は客をかへす也（文化年間）
- 鼻声で湯治の供を願出し（明和年間）
- 後家を手に入れて子孫のほねがらみ（安永年間）

③湿田

　湿田での田植え風景を見てください（☞図表38-2）。潅漑による水の管理ができない田地を湿田と呼びます（☞文献⑫）。中世以降日本の農地で湿田の占める比率は、たいへん高かったのですが、そこに大きな変化が訪れるのは、明治政府が行った明治農法（水田の乾田化と牛馬耕と犂耕の導入、選種の精緻化、さらに多収量品種の改良などの技術体系）の導入です。その結果、乾田化が進んだと考えられますが、その全国統計はなく、明治期の湿田の全国的な状況は現時点でも判明しておりません。ちなみに、明治42（1909）年8月の農商務省農務局の報告でも、「排水ノ極メテ不良地ノ面積」（湿田の一部）は、全田面積の14％となっています（『田ノ潅漑排水ニ関スル状況調査』）。

　このことは、図表38-2の写真にもあるように深い湿田で農作業をする農家の婦人にとって、相当苛酷な労働環境となります。結果的には、妊娠初期の農婦の場合、自然流産率を高めたり、慢性的な労働過多による早老現象をもたらすことにもなります。

35 農村における世帯形成と市場経済

　高度成長期直前まで日本農村にふつうに見られた直系家族の農家はいつ誕生したのでしょうか。中世のどこかの時点で、当時の貨幣経済の混乱から取引費用を最小化するために、在地領主や名主（みょうしゅ）の管理から出された下人が家族とともに世帯を形成したのが、その始まりと考えられます（☞文献㉚7章）。その意味では、家族世帯と市場経済は元来性格を異にしていたといえます。太閤検地の頃になると、少なくとも先進地域の畿内周辺農村では、その世帯形成も板につき始め、その後の約1世紀の間に、屋敷をもつ農民の比率は、格段に高くなります（☞図表35-1）。その独立した屋敷に農民の家族が暮らすことになります。その家族構成ですが、17世紀前半の肥後藩（熊本県）の様子をみると、世帯規模の平均値が2人を超えていますので、基本的には夫婦2人に子どもか親が同居するという直系家族志向の世帯であるといってよいでしょう（☞図表35-3）。つまり、世帯のライフサイクルにより、核家族から直系家族、そして再び核家族へという循環をたどることになります。

　18世紀末頃になると、各藩の特産奨励政策により各地で農村家内工業が盛んになります。また、都市化による流通網の整備もあって、農家にはさまざまな就業機会が提供され、多世代を含む直系農家は婦女子の新たな就業や労働の長時間化により、それらに柔軟に対応してきたことがわかっています（☞文献㉘1章）。図表35-5〜35-7にありますように、近世後期以降、労働市場に対する直系家族農家の対応としては、家族労働力が十分にあるときは、農業への配分の後に、余剰の労働力を他の労働市場へ投入するでしょうし、逆に、家族労働力が不足する場合には、他の農家から労働力の提供を受けることになります。こうした農家間での労働力調整もさることながら、農家が実際に耕作する土地の規模についても、世帯のライフサイクルによる過不足を小作制度を通じて調整していたこともわかってきました（☞文献㉘2章、3章）。このように、市場経済の発達は直系家族形成にとって不可欠な要件になってきました。

第Ⅲ部　生活環境と市場経済から見る日本の歴史

図表 35-1　先進地域における無屋敷登録人率の変遷 ㉘33

	1600年周辺	17世紀中盤
平均値(%)	62.48	27.25
標準偏差(%)	14.42	11.41
最大値(%)	91.90	43.30
最小値(%)	43.00	11.00
村数	15	11

図表 35-2　検地帳登録人と屋敷地登録率（天正11〔1583〕年～元和9〔1623〕年）㉘32

	登録人持高(石)	屋敷地登録率(%)	N
近畿地方	5.12 (3.19)	48 (18)	21
それ以外	7.22 (5.76)	44 (19)	15
全　国	6.07 (4.58)	47 (19)	36

＊1）括弧内数値は標準偏差
　2）近畿地方＝近江・摂津・大和・播磨
　　それ以外＝若狭・越前・但馬・周防・常陸・武蔵・相模・肥後

図表 35-3　子「本屋」所持比率と「本屋」1軒当たり居住名子人数の分布（『肥後藩人畜改帳』）㉘36

	名子「本屋」所持比率(%)	名子総戸数(戸)	名子「本屋」1軒当たり名子人数			
			平均(人)	標準偏差(人)	中央値(人)	N(戸)
A.　全　体	39.72	1659	2.45	1.27	2	659
B.　合志郡	45.27	1407	2.44	1.25	2	637
竹迫町	72.00	53	2.29	0.88	2.3	36
原口村	68.18	22	2.94	2.02	3	15
久米村	32.56	43	2.52	0.91	2.2	14
C.　玉名郡	9.86	223	2.50	1.34	2.5	22

35　農村における世帯形成と市場経済

図表35-4　近世初頭の族縁（屋敷地）共同体における「下人」の居住状況概念図（肥後国合志郡和田村、寛永10〔1633〕年）㉘35

屋敷地948.2坪、持高159.98石、男女22人
主　屋
　本家（12.5：戸主夫婦＋子供2人＋父親）＋かま屋（8）＋牛馬屋（3.6）＋はい屋（1.8）
　＋かうもの（6）＋御蔵（6）＋へ屋（8）

名子⑴
　本家（8：夫婦＋子供）＋かま屋（2.7）
　＋牛馬屋（2.7）

名子⑵
　本家（8：夫婦＋子供）＋かま屋（2.7）
　＋牛馬屋（2.7）

名子⑶
　本家（8：夫婦＋子供）＋かま屋（2.7）
　＋牛馬屋（2.7）

名子⑷
　本家（8：夫婦＋子供）＋かま屋（2.7）
　＋牛馬屋（2.7）

名子⑸　空家

＊資料＝『肥後国人畜改帳』
図中の（　）内数値は坪数を表す。5軒目の名子本屋は空家である。

図表35-5　農家主体近均衡（農家が農業生産だけに従事する場合）

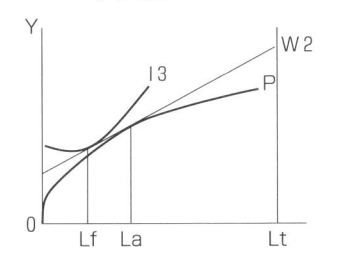

図表35-6　農家が世帯総効用の増加を目標にするときに労働市場を利用する場合

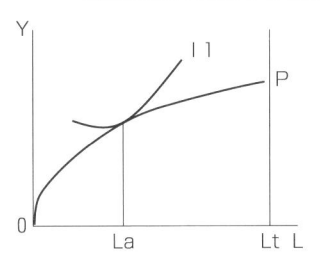

図表35-7　農家が農業労働力を常雇用する場合

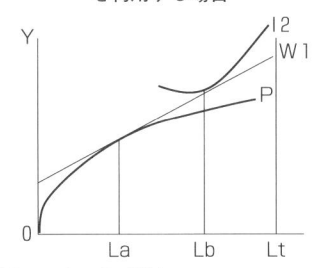

＊図表35-5〜35-7の記号
W_1：賃金率（農外労働市場 or 家族内部賃金率）
W_2：賃金率（農業労働市場）
Y：農業生産量
P：農業生産曲線（凹型）
L：労働投入量
L_a：農業労働投入量
L_t：最大労働投入量
L_f：家族労働供給量
L_b-L_a：非農業労働投入量
$I_{1,2,3}$：無差別曲線（農家）

トピック35

日本の直系家族とそのライフサイクル

　農村社会学の泰斗である有賀喜左衛門は、日本農村の直系家族は全体給付の源泉であり、市場といえどもその役割を代行することはできないと考えました。今日のように家族が多様化しているなかで、もう一度このメッセージの内容を吟味する必要があります（☞文献㊳1章）。

　さて、その直系家族ですが、有賀の定義によると、嫡系親族と傍系親族から構成され、家を継承できるのは嫡系親族だけであり、その継承の後に傍系親族はその家から輩出される運命を負うとなっています。また、同じく農村社会学の碩学鈴木栄太郎は、そのことを「総領の十五は貧乏の峠、末子の十五は栄華の峠」と表現しました（☞文献㉘1章）。いま、末子が15歳を迎えるモデル直系家族の家族構成を見ますと、以下のようになります。

〈末子15歳の場合〉
[家族構成]（単位：歳）

第1世代	父　(59)	母　(57)
第2世代	長男　(34)	嫁　(32)
	次男　(26)	奉公出／分家傍系親族
	長女　(30)	奉公出／婚出の排出
	次女　(22)	奉公出／婚出
	三男　(18)	三女　(15)
第3世代	長男の子ども (9, 5, 2)　計3人	

[労働消費バランス]（単位：人）

	耕　作
労働力 (W)	6
消費力 (C)	9
バランス (C/W)	1.5

＊(1)結婚年齢は男子22歳、女子20歳、(2)結婚後の出産間隔はいずれも4年とする。また、耕作労働力年齢は15歳以上60歳以下とする。消費力は世帯員数に等しい。

　この時点での世帯の潜在能力は、労働力6人と大規模であることがわかります。これに見合うような耕作地があるか、あるいは、全員が就業できるような労働市場があれば、その経済力（収入など）はたいへん大きくなります。長子が15歳のときには、これと反対の状況であったわけです。

36　農村工業の展開と地域経済の成長

　江戸時代と明治時代という二つの時代を含む19世紀の日本は、中期の波動で見れば、都市化（都市人口比率の上昇）と農村中心型の工業化の時代といってよいでしょう（☞文献⑲1章）。そして、その双方の舞台の主役が、前に説明した直系家族により主体均衡をはかる農家でした（☞文献㉘2章）。世帯の傍系親族（次三男や女子）を輩出しながらも、耕作規模や副業就業の展開をはかった農家が、都市への人口流入の源泉であり、副業として発達した農村家内工業の出発点でもありました。この都市化と農村工業化が一定の地理的・政治経済的範囲内で調和した姿が、江戸時代に始まり明治時代に殖産興業政策のもとに完成の域に達した地域経済の成長の軌跡でした。つまり、江戸時代の領国（比較的大きな藩）を単位に成長した地域経済の集合が、明治中期（19世紀後期）以降に開花した日本の"近代経済成長"を支えていました。

　ここで、明治維新の立役者である萩（長州）藩（現在の山口県）を事例に、農村家内工業化と地域経済の成長の関係を振り返ってみましょう。図表36-3を見ますと、18世紀半ばの藩の財政収支には、すでに紙（紙漉）や蠟（櫨蠟）が見られ、すでに家内工業が定着している様子がわかります。その後、この藩は撫育方という役所を作り、さらに積極的に家内工業化を推し進め、やがて、"防長五白"（米・蠟・塩・紙・木綿）と呼ばれる全国に冠たる地域ブランドを成長させます。19世紀中頃の経済表（☞図表36-1）を見ますと、藩内総生産の40％以上がこうした家内工業に支えられた特産品（主に農産加工品）生産でした。そして、この産業構成は明治になっても維持され、同時代の山梨県でも確認することができます（☞図表36-4、36-5）。

　こうした地場産業の成長基調は、前田正名に農村中心型の工業化をめざす『興業意見』を建白させましたが、明治政府は西欧型の工場制工業化による経済成長を選択しました。やがて日清・日露戦争を経て、戊申詔書を契機に地方改良運動が推進されましたが、農村部での江戸時代の遺産と明治以降の産業政策が実際の農村経済や生活の場面でどのように交錯したのか興味は尽きません。

第Ⅲ部　生活環境と市場経済から見る日本の歴史

図表 36-1　長州藩経済表（1840年代の平常年）㉞97

（単位：札銀千貫）

from \ to		A	M	C_H	C_D	C_W	E	U	T
中間	A	2	5	44	2	3	8	0	64
投入	M	4	10	16	3	3	13	9	58
付加価値	V_H	28	36	(4)					68
	V_P	30	1						31
輸入	F		6	13					19
剰余	R			8	2	1			11
計	T	64	58	68	20	11	21	9	

*1) A：農業部門　M：非農業部門　C_H：家計消費　C_D：藩消費　C_W：藩士消費　V_H：家計付加価値　V_P：年貢
2) $(M, T) \div \{(A, T)+(M, T)\} = 58 \div (64+58) = 0.475\cdots$ が、家内工業に支えられた特産品の、藩内総生産に対する割合を表します。

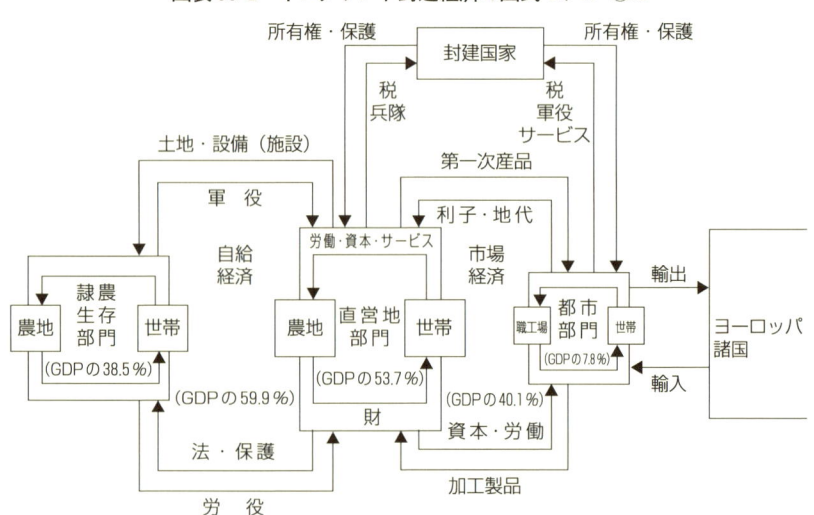

図表 36-2　イングランド封建経済の図式モデル ㉔42

（図：隷農生存部門（農地・世帯、GDPの38.5％）、自給経済、直営地部門（農地・世帯、GDPの53.7％）、市場経済、都市部門（職工場・世帯、GDPの7.8％）、封建国家、ヨーロッパ諸国の関係図。所有権・保護、税・兵隊、税・軍役・サービス、第一次産品、利子・地代、労働・資本・サービス、法・保護、労役、加工製品、資本・労働、輸出、輸入などの矢印で結ばれている。GDPの59.9％、GDPの40.1％の表示あり。）

36 農村工業の展開と地域経済の成長

図表36-3　1754年長州藩財政収支 ㉞90

米　方		（単位：石）	
年貢米	148226	切米浮米	89688
馳走米	98854	諸郡払米	31800
｛家中分	74119｝	大坂売払米	40258
｛地下分	24735｝	借米返済	64281
計	247080	その他	56185
不足米	35132	計	282212
銀　方		（貫）	
大坂売払	1611	江戸仕送	2393
紙売払代	1788	京坂入費	897
生蠟売払代	847	京坂負債利子	9865
札座引替他	555	国許入費	4355
年貢銀	1706		
計	6507	計	17510
不足銀	11003		

図表36-4　近代経済成長：山口県のプロト工業化 ㉟185

	1840年代	1874年
農産高	64000貫 （64%）	7671千円 （64%）
非農産高	36000貫 （36%）	4360千円 （36%）
計	100000貫 8,500千円 （米価法換算）	12031千円
総人口 表示単位	523000人 札銀	840000人 円[新貨条例]
史料	防長風土注進案	明治7年物産表

図表36-5　近代経済成長：山梨県のプロト工業化（1879年）㊱91

	生産額（万円）	工産内訳（%）	工産比率（%）
生　糸	151.9	41.4	15.0
在来生産	83.2	22.6	8.2
近代生産	68.7	18.7	6.8
織　物	129.0	35.2	12.8
絹織物	124.1	33.8	12.3
綿織物	5.0	1.4	0.5
清　酒	62.4	17.0	6.2
その他の工産	23.4	6.4	2.3
工産計	366.7	100.0	36.2
	生産額（万円）	農産比率（%）	
農産計	645.0	63.8	
普通農産	431.5	42.7	
特有農産	213.5	21.1	
農工産計	1011.7	100.0	

第Ⅲ部　生活環境と市場経済から見る日本の歴史

┌─ トピック36 ─────────────────────────┐

前工業化期社会における市場経済：比較史から

　ここでは、前工業化期社会における市場経済の役割を比較史から展望してみましょう。題材は、11世紀初頭のイングランド荘園社会です。そこでは『ドウムズデイ・ブック』（*Domesday Book*）という素晴らしい史料が作られました。これはウィリアム1世が1085年にイングランド全域にわたる多目的調査を行うことを決め、調査団を各地へ派遣し、各州の陪審団に質問をして、それに答えさせ、数名の国王書記が表記の統一とデータの徹底した圧縮と整理を行ったすえに、その調査結果をまとめさせたものです。そこでは、「荘園を直接国王から保有しているのは誰であるのか」、「荘園住民の身分構成はどうなっているのか」、「領主の家来、村人、小屋住み農、奴隷、自由人や土地保有者(ソウクマン)が何人いるのか」、「荘園内のハイド数（一家を支える土地の数）はどの程度あるのか」、そのほかに森の広さ、放牧地と牧草地の広さ、水車の数、漁場の数などが質問されました。いわば、日本でいう「地誌(トポグラフィー)」に近いものと想像できます。

　この類いまれな史料を使って、1086年時点の「イングランド」一国に関する国民所得の推計、厳密にいえば「国内」総生産の推計を行った貴重な研究があります（☞文献㉔）。その推計結果をまとめてみると、まず、「直営地部門」（領主や自由農民にその「余剰」をもたらす機構(メカニズム)）の占める割合が53.7％、「隷農生存部門」（「隷農身分の不自由な労働者」を養う）は38.5％、そして「都市経済部門」が7.8％であったことがわかりました（☞図表36-2）。そして、各経済部門内および部門間での、労働・地代・利子・生産物、あるいは所有権・税金・軍役などのさまざまな財や権利の移動を通じて成立する「市場経済」の比率が、イングランド経済全体の40.1％にものぼることが明らかになりました。結果的に、「非市場経済」部門は約60％を占めていたことになりますが、そのなかでは「不自由労働」、つまり「隷農」の生活保障のために費やされる割合が最も高く、その約40％にも及んでいたこともわかりました。「隷農」となるかぎりにおいて領主がその生活・生存を保障する必要があるという領主と隷農の関係がその数値によく示されています。

　11世紀のイングランド荘園と19世紀の長州藩を直接比較することはできませんが、ともに封建的な政治制度をもった社会においても、市場経済の占める割合が想像以上に高かったことは印象的です。

└─────────────────────────────────┘

37 人口成長と都市化

　19世紀の日本はおそらく人口成長の時代であったと予想できます。幕末維新を挟む四半世紀の人口の様子は史料の問題から明らかではありませんが、その後の世紀後半の人口成長には眼を見張るものがあります。その背後で、「西高東低」型から「東高西低」型へと出生力の地域パターンが大きく変化したこともわかっています（☞図表37-1）。出生力を"世帯の潜在能力"と考えると、江戸時代ではその基軸が西日本にあったものが、明治時代になると東日本へ移動したということでしょう。死亡率については、明治前期の感染症の伝播や戦乱による社会資本の未整備などにより、世紀の変わり目までにわずかに上昇した可能性を否定できません。しかし、20世紀に入ると死亡率は全般的に低下を開始します。1920年代以降の乳児死亡率の劇的な低下はその象徴でしょう（☞図表40-3）。

　19世紀の都市化は、三都（江戸・京都・大坂）と地方都市（工業町や市場町を含む）の関係を軸に二つの構造変化をもたらしました。第一の変化（18世紀後半以降）は、三都の人口減少と地方都市の勃興です。第二の変化（1850～80年代）は、三都による地方都市の再統合化、すなわち三都の巻き返しです。この二つの変化を通じて、近代国家における地域中心地と行政中心地による地域市場階層の統合化が行われたと考えられます。

　また、この時期の都市化の人口学的特徴として、都市は農村に比べて死亡率が高い（アーバン・ペナルティー／都市墓場説）という状況がありますが、日本についてはそれほど明確ではありませんでした（☞図表37-4）。幕末以降の度重なる急性感染症の襲来に対して内務省衛生局を中心とした防疫体制の整備が進められ、「伝染病予防法」（1898年制定）の前後には、都市の社会資本を下支えとして、その死亡率は改善されようとしていました。しかし、その後の都市化は、農村から都市へのさらなる人口移動と滞留をもたらし、都市部の人口密度は上昇し、結果的に結核の蔓延という新たな慢性感染症との闘いを余儀なくさせたのです。

図表37-1 出生力の地域パターンの変化：近世日本と近代日本 ㉕201

	東日本		西日本
	M		M
近世日本(18〜19世紀)	0.69	<	0.79
近代日本(1925年)	0.83	>	0.76

＊Mは、Coale-Turssel 指標のうちで、出生力ポテンシャルを示す指標。内容の詳細は文献㉕を参照せよ。

図表37-2 近世日本の地域別婚姻出生力 ㉕201

	TMFR	N（村数）
全　国	5.81	32
北関東・東北	4.27	5
中　部	6.64	24
西日本	6.16	3

＊TMFR（合計特殊婚姻出生力；20〜50歳までの既婚女性が産むであろう合計出生数）

図表37-3 都市墓場説・Sharlin 仮説・雑業者化仮説 ㉓82

	結婚性向	出生率	死亡率	人口増減
A. 都市墓場説				
都市	低	低	高	−
農村	高	高	低	＋
B. Sharlin 仮説				
定住層	高	高	低	＋
流動層	低	低	高	−
C. 雑業者化仮説				
大坂（手代・番頭）	低	低	?	?
江戸（雑業化効果）				
渡世	両者に有意な		?	?
雑業	差はない		?	?

図表37-4 近世日本都市・農村における出生率と死亡率 ㉓96

	観察年代(年)	普通出生率(‰)	普通死亡率(‰)
A. 都　市			
長崎桶屋町　（肥前）	1742〜1851	21.9〜30.4	13.3〜31.3
高山弐之町　（飛騨）	1773〜1871	26.2	25.5
奈良東向北町（大和）	1793〜1872	17〜37	12〜51
B. 農　村			
横内村　　　（信濃）	1751〜1871	21.0〜27.5	17.1〜20.8
神戸新田村　（尾張）	1778〜1871	32.6	22.2

図表 37-5　近世日本都市における結婚年齢 ㉓100

	男子（歳）	女子（歳）
長崎桶屋町(1742〜1851年)		
家　持	24.8	19.4
借　屋（家代含）	28.7	23.0
奈良東向北町(1793〜1872年)	26.4	22.8
高山弐之町(1773〜1871年)		
市内出生者		20.6
流入者		25.3
秩父大宮郷(1764〜1848年)		
市内出生者（夫婦共）	25.3	20.6
日本橋本石町弐丁目・神田松田町		
(1870〜71年)		
渡　世	28.7	21.7
職　人	27.2	22.1
雑　業	30.0	24.0

図表 37-6　江戸町人の出生・行動分析 ⑮60-61

説明変数(X) 世帯	被説明変数(Y)＝夫婦1組当たりの未婚子ども数					
	男子結婚年齢	結婚年齢差	職業階層	定　数	R^2	N
渡世世帯	−0.080	＋0.068	−0.124	3.792	0.095	129
	(3.417)	(2.745)	(0.543)	(6.240)		
職人世帯	−0.080	＋0.066	＋0.012	3.722	0.093	129
	(3.337)	(2.697)	(0.049)	(6.016)		
雑業世帯	−0.083	＋0.068	＋0.190	3.753	0.096	129
	(3.466)	(2.750)	(0.643)	(6.263)		

＊1）職業階層はダミー変数である。たとえば、渡世：渡世＝1、それ以外＝0である。他も同様。
　2）カッコ内数値は、t値である。

図表 37-7　都市と農村の階層別未婚子ども数・出生数（人）⑮61

	上層	中層	下層
都　市（未婚子ども数）			
東京(1869/70)	1.82	1.90	1.88
大阪(1872)	1.43	1.72	1.83
農　村（出生数）			
(1690s〜1860s)	5.89	3.86	3.70

第Ⅲ部　生活環境と市場経済から見る日本の歴史

---　トピック37　---

都市化の歴史人口学

　都市人口史の古典的な仮説に都市墓場説（Urban Graveyard Effect）があります。農村はその自然増加による過剰な人口を都市へ送り続け、農村と比べて人びとが死亡しやすい環境にある都市（urban penalty）は、その送られた人口を淘汰するという内容です。近代化過程にある都市と農村の人口学的特徴とその変化を語ったたいへん興味深い仮説ですが、近世日本の事例を見ると、たしかに危機的死亡率は都市の方が高いのですが、平時の死亡率はそれほど差がありません。その他の議論をふまえると、**図表37-3**のようにまとめることができます。

　図表37-3のパネルAは「都市墓場説」での結婚性向（結婚年齢・有配偶率）・出生率・死亡率の方向性を示しています。パネルBは、提唱者のアラン・シャーリンの名前をとって「Sharlin仮説」と呼ばれ、都市住民の階層により人口学的方向性が異なっています。「都市墓場説」が対象とする都市住民とは、パネルBでいう「流動層」にあたることになります。彼らは自らの世帯形成もままならず、都市はまさに「墓場」と呼ぶにふさわしい場所であったことでしょう。しかし、都市の「定住／定着層」の暮らしぶりは堅実で、世帯形成も着実に行われていたようです。

　さて、近世日本の都市の人口史研究を見ると、ここに雑業者化仮説が登場します。パネルCにあるように、大坂大店のマネジメント層である"手代や番頭"は「子飼」システムにより一般的にその結婚も遅く、出生力も低くなる傾向がありました。反対に、江戸では労働市場の「雑業者化」が進み、都市下層の人びとに対して広く就業機会を提供することになり、大坂で見られたような結婚や出生行動での階層間格差は見られなかったと推測されます。

　まず、この雑業者化仮説を幕末から明治初年の江戸町人の結婚・出生行動から詳しく見ましょう。江戸（東京）の渡世・職人層と雑業層では、たしかに未婚子ども数（出生数の代理変数）と結婚年齢に有意な差は見られません（☞**図表37-6**）。また、男子の結婚年齢が高くなると子ども数は減りますが、それを補うかのように若い配偶者を選択して、子ども数を維持しようとする行動がどの階層にも見られます。大坂や農村の場合と大きく異なります。

　次に、近世都市全体の結婚年齢を見ると、やはり都市での安定的な暮らしを確保している層では、結婚年齢が低くなっています。

38　近代化と婦女子の労働環境

　近世後期から近代に至る日本の農村社会では、直系家族の仕組みのもとで、結果的に婦女子への労働負担は増加しました。家計補助的なさまざまな副業就業を実現させたのは、ほかでもない世帯内婦女子による追加的労働があったからです。さらに老人の就業も加えて、戦前期の農家の就業の様子が「全員就業」（＝家族労働の完全燃焼）といわれるゆえんです。

　さて、その婦女子の労働環境ですが、標準的な女性の一生を人口学的に追ってみると、たいへん重い負担になっていたことがわかります（☞図表38-1）。まず、乳幼児期の苛酷さは明らかです。江戸時代から1920年代までの日本の乳児死亡率は高かったのですが、とくに母胎の影響を受ける新生児死亡率（生後1ヵ月）と死流産率は同時代の先進諸国に比べて相当高い水準にありました。その原因ですが、おそらく強度の湿田での田植え（☞図表38-2）や乾田での除草作業は、農家の婦人、とくに妊婦へ過重な労働を背負わせ、高い周産期死亡につながったと考えられます。また、結婚適齢期に至っても、家族労働力や出産能力の見極めを兼ねた「足入れ婚」（婚姻の成立と嫁の婚家への移動の間に年月がある）が広く行われ、婦女子の労働負担はあまり変わりませんでした。

　しかし、結果として、直系家族という小農家族経営において、そうした婦女子労働をきちんと管理しなければならない家長の責任も明確になりました。北関東農村を舞台にした長塚節の小説『土』には、そうした責任の重さにうろたえる小作農家の家長の心理がよく描かれています。たとえば、家長が労働の特性を見抜き、婦女子に農作業のかわりに副業就業させることで労働負担が軽減され、その幸福水準が上昇することもあります（☞図表38-4、38-5）。20世紀の日本の初潮年齢の時間的変化を見ると、昭和恐慌の頃にも初潮年齢は着実に低下していました（☞図表38-6）。家長による世帯内での食糧の再配分がきちんと行われていなければ、初潮年齢の低下は考えられません。近代化とともに、家長の世帯管理能力がいっそう求められたことは否定できません（☞文献㉚107-112）。

第Ⅲ部　生活環境と市場経済から見る日本の歴史

図表 38-1　婦女子・乳幼児・胎児の人口学的生涯（徳川後期〜戦前の日本農村）㉙53

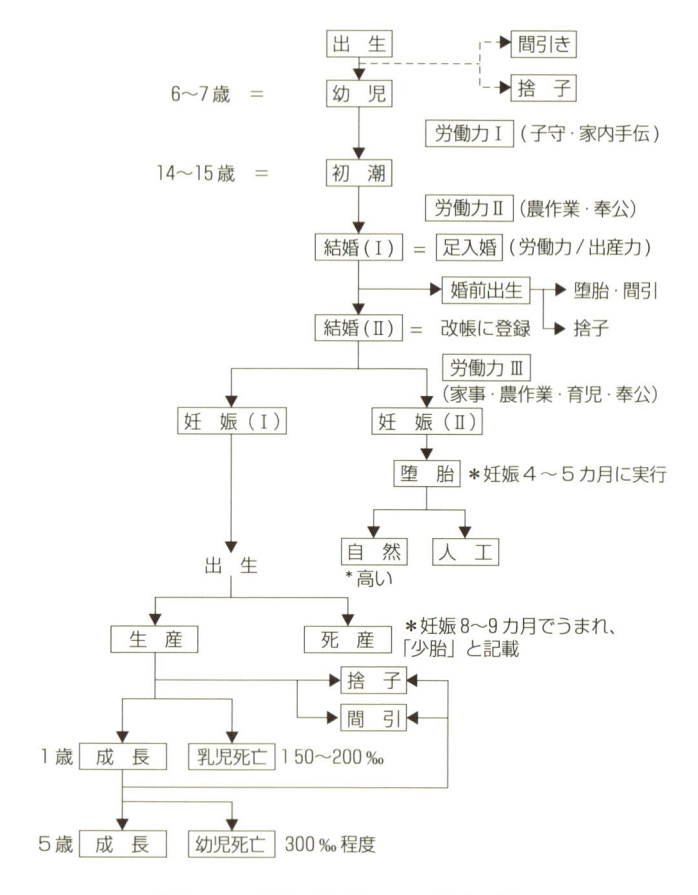

```
                    出 生  ┬--→ 間引き
                      ↓    └--→ 捨 子
  6〜7歳 ＝        幼 児
                    労働力Ⅰ（子守・家内手伝）

 14〜15歳 ＝       初 潮
                    労働力Ⅱ（農作業・奉公）

                  結婚（Ⅰ）＝ 足入婚（労働力/出産力）
                      ↓
                      └→ 婚前出生 →堕胎・間引
                  結婚（Ⅱ）＝ 改帳に登録 →捨子
                      ↓
                    労働力Ⅲ
                    （家事・農作業・育児・奉公）

          妊娠（Ⅰ）       妊娠（Ⅱ）
                              ↓
                            堕 胎　＊妊娠4〜5カ月に実行
                          ┌──┴──┐
                         自 然   人 工
                         ＊高い

            出 生                        ＊妊娠8〜9カ月でうまれ、
          ┌──┴──┐                      「少胎」と記載
         生 産      死 産
                     │
                  ┌──┤
                  │  └→ 捨 子
                  │   → 間 引
  1歳  成 長    乳児死亡　150〜200‰

  5歳  成 長    幼児死亡　300‰程度
```

図表 38-2　湿田の田植え（右は蒔田）⑱26, 67

図表38-3　比較史のなかの出生順位別平均出生間隔
㉕204　　　　　　　　　　　　　　　　　単位：月

	出生順位					
	0-1	1-2	2-3	3-4	4-5	5+
近世日本	32.6	48.2	48.8	47.0	48.1	42.7
イングランド (1740〜90)	16.1	29.2	29.2	n.d.	n.d.	38.7
フランス (1740〜90)	14.3	22.5	24.5	n.d.	29.8	37.6
ドイツ (1740〜90)	14.0	23.0	23.5	n.d.	28.7	37.3

図表38-4　家内工業生産・労働強度が乳児死亡へ与える影響の分析結果（青森県、1913〜1917年）㉚注40

被説明変数＝乳児死亡率

説明変数	式(1)	式(2)	式(3)
X1：世帯労働強度	3.65*** (4.50)		
X2：1戸当たり家内工業生産		−0.40** (2.11)	
X3：標準化世帯労働強度			0.49*** (3.75)
X4：標準化1戸当たり家内工業生産			−0.38*** (2.86)
定数項	169.73*** (18.18)	203.60*** (21.31)	
決定係数	0.38	0.08	0.32
N	32	40	40

＊分析単位は青森県内の郡
世帯労働強度＝米作面積÷農家世帯数；家内工業生産＝家内工業生産額÷農家世帯数；カッコ内数値はt値；＊＊＊：1％有意水準；＊＊：5％有意水準。

図表38-5　家内工業生産・農業生産性が乳児死亡へ与える影響の分析結果（青森県、1913〜1917年）㉚注40

被説明変数＝乳児死亡率

説明変数	式(1)	式(2)
X1：農業生産性	−0.03* (1.87)	
X2：1戸当たり家内工業生産		−0.09** (2.46)
定数項	140.31*** (16.32)	141.58*** (28.92)
決定係数	0.05	0.10
N	50	49

＊分析単位は青森県内の郡
農業生産性＝農業生産額÷農家世帯数；家内工業生産＝家内工業生産額÷農家世帯数；カッコ内数値はt値；＊＊＊：1％有意水準；＊＊：5％有意水準；＊：10％有意水準。

ここでは乳児死亡率がその世帯の生活水準の代理指標であると考えます。図表38-4では、世帯の労働強度が高くなると乳児死亡は高まり（生活水準は低くなり）、家内工業（非農業）生産が大きくなると、乳児死亡は低下しました。図表38-5も同様ですが、農業生産性（物価上昇による効果も含む）が高まると、所得も上昇して、乳児死亡が低下（生活水準が上昇）していました。

図38-6　日本における加重平均初潮年齢の変遷（1870年代〜1980年代）㉙61

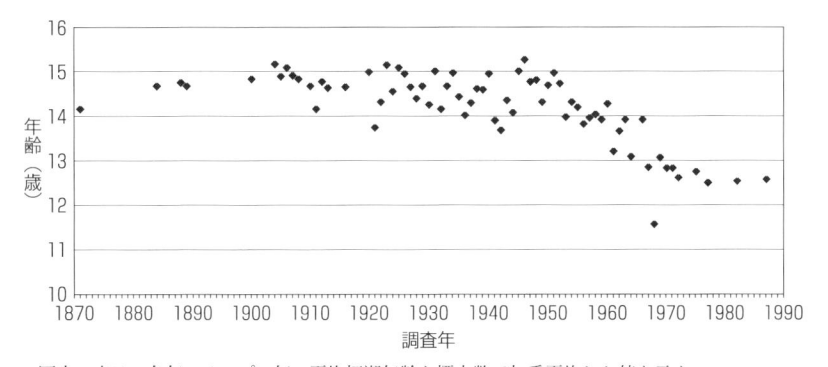

＊図中の点は、各年のサンプル毎の平均初潮年齢を標本数で加重平均した値を示す。

第Ⅲ部　生活環境と市場経済から見る日本の歴史

――トピック38――

長塚節『土』にみる妊産婦

　名作『土』（文献㉜）は、明治43年6月から11月まで151回にわたって『東京朝日新聞』に連載されました。主人公の勘次一家は、茨城県岡田郡国生村（現在の常総市国生）の豪農であった長塚家（節の実家）の小作人長塚嘉吉がモデルとなっています。当時の農村の様子をかなり忠実に再現しているといってよいでしょう。単行本の巻頭にある夏目漱石の案内には、次のように紹介されています。

> 「『土』の中に出て来る人物は、最も貧しい百姓である。……彼等の獣類に近き、恐るべき困憊を極めた生活状態を、一から十まで誠実にこの『土』の中に収め尽くしたのである。」（㉜7）

　さて、小説は家長である勘次が農作業のかたわら、近隣の利根川の開鑿工事の人夫として働き、妻のお品は行商の蒟蒻を作りながら、子どもであるおつぎ（女子）と与吉（男子）の世話をする場面から始まります。しかし、朝から具合のさえなかったお品の容態が夜半に急変し、介護の甲斐なく、痙攣を繰り返しながら息絶えてしまったのです。そして、次の衝撃的な場面を迎えることになります。

> 「勘次はその朝〔葬式の朝〕、……草刈鎌でそくそくと土をつつくようにして掘った。襤褸の包が出た。そこに小さな一肉塊を発見した。……悪事でも恐れるような容子で彼は周囲を見回した……さらに古い油紙で包んで……〔棺おけの〕お品の懐に抱かせた……」（㉜32-56、〔　〕内は筆者補筆）

　このお品の遺体にそっと添えられた油紙に包まれたものとは、何だったのでしょうか。その悲しい答えは、お品の出産履歴を追うと、想像できます。

　　19歳　おつぎ（女子）出産
　　20歳　妊娠するが、堕胎（7月目、勘次の死亡した母による）
　　　　　その後、妊娠しなかった
　　32歳　与吉（男子）出産
　　35歳　おつぎ（15歳）を奉公へ出す決心。再度、妊娠する。
　　　　　堕胎（男子4月目）を行う。

　堕胎の手段は、酸漿の根で卵膜を破ることでした。それにより土中の黴菌が粘膜から侵入して、とうとうお品を土に返したのでした。まさに、タイトル通りに「土」に縛られた農民の生活がそこにあったわけです。

158

39　近代化と衛生環境の変化

　江戸時代の日本では、すでに「清潔にする」ことが文化として定着していたという意見もありますが（☞文献㊷）、それが衛生対策として確立するには明治国家による衛生政策の推進を待たなければなりませんでした。

　まず、明治初年の衛生（防疫）政策で注目されるのが、慢性の性感染症（黴毒・淋病・花柳病などと呼ばれました）対策でした。黴毒などは16世紀のはじめに日本へ伝播し、その後、江戸時代を通じて、娼婦との接触などにより庶民の間に猛威を振るいました。図表39-1 を見ると、安政開港以降、外国人船員の感染も長崎・横浜などで多くなり、外国人医師が監督する検黴・駆黴が早くから行われていたことがわかります（☞文献⑤、⑦1章）。明治になると、徴兵制の施行などで再度感染が広まる可能性をはらみながらも、廃娼運動の高まりなどを受け、府県を中心とした娼妓対策も進んでいきましたが、その帰結はさまざまであったというのが実情です。感染の影響が流死産や乳児死亡を経て、次の世代へ至る点ではたいへん恐ろしい感染症です（文献⑦1章は最初の廃娼県である群馬の事例）。

　次に、急性感染症のコレラ（虎列刺）です。19世紀はじめの世界的な大流行（第一次パンデミー）以降、明治年間だけでも日本に10数回の流行をもたらし、たくさんの犠牲者を出しました。図表39-2 を見ると、明治政府は医制の制定や内務省衛生局の設置などを積極的に進め、コレラ予防規則なども流行に先んじて制定することもありましたが、残念ながら初期の段階では大きな効果は望めませんでした。しかし、コレラ菌が発見され、地方衛生行政が警察へ移行し、大日本衛生会が組織され始める明治中期以降になると、徐々に防疫対策の成果が出始めます。そして、1887年には念願の伝染病予防法が制定されます。この法律は、1999年に新感染症予防法が成立するまで100年以上にわたり、日本の防疫対策の根幹を担い続けることになります。

図表 39-1　娼妓・花柳病対策年表 ㉗18-20

万延元(1860)年	ロシア艦隊長崎入航、ポンペ指導により松本良順ら検梅実施。
慶應3 (1867)年	横浜吉原町に遊女病院を設け、翌年から検梅駆梅を実施。最初の梅毒病院長は英国軍医ニュートン（梅毒に対する昇汞皮下注射紹介）、松山棟庵らが助手。
明治元(1868)年	西洋医術の採用を布告。産婆取締に関し布告（堕胎・売薬取り扱い禁止）。五カ条誓文。
明治2 (1869)年	横浜梅毒病院長ニュートンの覚書によれば、横浜港遊郭遊女の梅毒罹患率が検梅制度実施後に減少した（慶応3年以前80％→明治2年36％）。版籍奉還。
明治3 (1870)年	京都の明石博高、祇園幸道に療病館を私設し売女の検梅実施。ニュートン長崎丸山口に検毒所及病院を設置し娼妓の検梅および性病治療を開始。
明治4 (1871)年	東京小菅縣千住小塚原に梅毒院を設け、遊郭連合にて検梅・治療を行う。大阪松島・新町・難波新地・曽根崎の4カ所に仮施薬院を設置し（翌年駆梅院）芸娼妓の検梅・治療を実施（院長は松山棟庵）。戸籍法布告。廃藩置県。文部省設置。
明治5 (1872)年	娼妓解放令布達（貸し座敷営業認可・娼妓の自由意志営業可。お産の穢れははばかるに及ばずと布告）。徴兵の詔（太政官告諭）。日本総人口3311万人（戸籍局発表）。
明治6 (1873)年	東京の吉原・根津・品川・新宿・千住・板橋に検梅会所を設け、毎月3回検梅。娼妓取締規則発布（遊女屋を貸座敷と改め、毎月検梅を規定）。内務省設置。徴兵令布告。地租改正条令布告。
明治7 (1874)年	東京吉原にて娼妓取締規則による最初の検梅実施。兵庫・長崎に検梅病院設置。横浜高島町検梅病院新築。医制76カ条を東京・京都・大阪の三府に発布。恤救規則制定。
明治8 (1875)年	東京府隠売女取締規則発布（風俗取締から性病予防）。徴兵令改正
明治9 (1876)年	太政官布告第1号（売淫取締・懲罰は警視庁・各地方官委任、売淫条例廃止）、内務省達乙第9号（府県庁へ）。貸座敷取締規則・娼妓規則制定。京都府駆梅規則定める（建仁寺内に仮駆梅院）。東京府病院（原佳仙）、次いで大阪医学校病院（岡沢貞一郎）にて産婆教育を開始。内務省に衛生局設置。
明治22(1889)年	東京府下各遊郭により私立駆毒院を設立させ、経理を自任。死因別統計調査開始。大日本帝国憲法発布。徴兵改正令。デュクレー、軟性下疳菌発見。
明治24(1891)年	地方衛生会規則公布。
明治25(1892)年	大日本私立衛生会、伝染病研究所創立。
明治26(1893)年	群馬県公娼廃止。全国婦人組織日本婦人矯風会設立。
明治42(1909)年	秦佐八郎、エーリヒとともにサルバルサン606号の薬効を発見。
昭和2 (1927)年	花柳病予防法制定。

図表 39-2　コレラ関連年表

1817〜23年	第一次パンデミー（世界流行）、インド。
1826〜37年	第二次パンデミー。
文政5(1822)年	コレラ、日本にはじめて上陸（第一次流行）。西南日本で「爆病」発生。
1840〜60年	第三次パンデミー、インド。
安政5(1858)年	日本での第二次流行。江戸での死者10万人余か、26万人余か。
文久2(1862)年	日本での第三次流行。江戸の死者7万3000人。
1863〜79年	第四次パンデミー。
明治4(1871)年	岩倉遣欧使節に随行した長与専斎、欧州大陸で「健康保護 Gesundheitspflege」にふれた。
明治5(1872)年	文部省医務課設置（翌年　医務局に昇格）。
明治7(1874)年	医制公布（西洋医学の採用、贋薬取締り、医師の資格を規定）。
明治8(1875)年	内務省衛生局設置（初代局長長与専斎、衛生行政は文部省より移管、医学教育は文部省に残る）。
明治10(1877)年	明治でのはじめてのコレラ発生（横浜）。虎列刺病予防法心得（内務省達乙79号、8月27日）。
明治12(1879)年	虎列刺病予防仮規則（太政官第23号、6月28日）、同規則改正（太政官第32号、8月25日）。コレラ大流行（9月に愛媛で発生）で死者10万人以上、警察による患者隔離と交通の遮断。中央・地方衛生会，県衛生課，町村衛生委員設置（自治衛生：民衆への啓蒙）。
明治13(1880)年	伝染病予防規則（布告34号、7月9日）、伝染病予防心得書（内務省達乙36号、9月10日）。
1881〜96年	第五次パンデミー。
明治16(1883)年	コレラ菌発見（ロベルト・コッホ）、大日本私立衛生会発足。
明治26(1893)年	地方衛生行政は警察行政に移管（衛生警察が前面）。
明治30(1897)年	伝染病予防法制定（コレラ、赤痢、腸チフス、痘瘡、発疹チフス、オ星紅熱、ジフテリアおよびペスト、法律第36号、4月1日）。
明治32(1899)年	海港検疫法制定。
1899〜1926年	第六次パンデミー。
明治39(1906)年	医師法・歯科医師法公布。
大正8(1919)年	精神病院法公布、結核予防法公布、トラホーム予防法公布、学校伝染病予防規程施行。
平成11(1999)年	新感染症予防法施行。

トピック39

性感染症の歴史

〈性感染症の名称の変化：明治以降の川柳〉㊿148

	～明治9年	10～19年	20～29年	30～39年	40年～
楊梅瘡・瘡毒 瘡・カサ	1	27	16	8	3
黴毒・梅ノ毒	0	7	6	2	7
花柳病	0	0	0	2	10
淋病	1	13	9	1	6

〈江戸時代の川柳：性感染症〉㊿69, 2-4章
- 鼻声の証拠は髪がつまむ程　宝暦4（1754）年
  解釈：鼻が落ちる前に鼻声となり、黴毒性の脱毛が起こる。
- 寝道具の無いのを買ふと横根なり　安永7（1775）年
  夜鷹（路傍で客を引く寝道具のない娼婦）の類を買うと、黴毒＝横根に感染する。
- 金箔についた瘡だと鼻にかけ　文政10（1827）年
  当時は一般的な傷の治療として傷口に金箔を貼った。
- 鉄砲疵に軽粉の強薬　天保9（1838）年
  鉄砲とは最下級の娼婦を意味しており、軽粉は水銀の粉を指している。つまり、黴毒薬として水銀を使っていたことがわかる。
- 大服を呑めと瘡守夢想なり　明和年間（1760年代頃）
  大服は「山帰来」（サルトリイバラの別称）のことで黴毒薬として使われていた。瘡守夢想とは、江戸谷中にある笠森（瘡守）稲荷にかけ、そのご託宣のこと。神頼みと治療の混成か。

〈明治大正時代の川柳：性感染症〉㊿147-155
- 親の目を盗んだ息子鼻が落ち　明治5（1872）年
- 検査場を眼鏡で覗く十二階　明治24（1891）年
  吉原の駆黴院（検査場）を浅草十二階（当時の東京を代表する高層建造物）から覗いている様子。
- 身から出た錆が草津の湯を濁し　大正4（1915）年

40　二重構造と経済発展

　農村の伝統的な生存経済と都市の近代的な商工業経済が並存する「二重経済」社会では、「二重」構造という経済発展にともなう問題が発生します。例えば農村の生存部門では、投入される労働力を市場活動と非市場活動に分離・分解することが不可能な場合（農家主体均衡）が多いので、どうしても都市と農村の間に労働の生産性格差が生まれます。結果として、経済が発展していくと、農業（農村）部門から初期の工業（都市）部門へ労働力が移動することになります。

　日本農村では、農家が主体均衡をはかりながら、世帯総収入の最大化をめざし「全部雇用」（家族全員がどんな場であれともかく就業している）の状況にあるために、各人の労働の限界生産力より低い賃金で就業する状況が出現することもありました。このことが直ちに農村の伝統部門の欠陥になるのではなく、むしろ、各農家ができるだけ農業の生産性を維持し、副業就業しながら総収入を高め、そこから家族の人的資本育成のための投資をきちんと行えれば、都市のインフォーマル部門へ流入することなく、高い質を要求する都市の近代部門への労働就業も可能になるわけです。その結果、労働市場の二重構造は実質的には解消されます。農業労働の生産性の高さと人的資本への適切な投資の実施が鍵を握っているわけです。

　日本農村ではこれらの二つの要因の成果はどうであったでしょうか。まず、近世から近代の農業労働の生産弾力性の変化を見ると、19世紀末に弾力性が大きく落ち込む時点があり、その後持ち直し1920～30年代にかけて高い水準へ移行しています（☞図表40-1）。次に、人的資本投資の成果ですが、世帯（戸主）が世帯内の女子（初潮年齢）と乳児（乳児死亡率）という直系制度の最弱者へ成果をきちんと配分していたかどうかで計ってみましょう（☞図表38-6、40-3）。初潮年齢は20世紀になると着実に低下しています。乳児死亡率も1920年代以降劇的に低下します。つまり、制限されたデータですが、農業生産性や世帯内部の人的投資はそれなりにうまくいっていたといえます。

第Ⅲ部 生活環境と市場経済から見る日本の歴史

図表40-1　前工業化期日本農村における労働の生産弾力性推計 ㉘260

年代	藩・県	地域	労働の生産弾力性（αL）	史料（資料）
(1)1830年代	長州藩	平野部 山間部 全　体	0.462（n＝約60村） 0.548（n＝約60村） 0.473（n＝128村）	『防長風土注進案』
(2)1880年 1890年 1900年 1910年 1920年 1930年	全　国		0.298 0.350 0.381 0.410 0.450 0.514	時系列データ

＊ただし、利用可能なデータの制約から、各式の推計式は、次のようである。
　Y：農業生産、L：労働、A：土地、S：資本、(1)、(2)：$\log(Y/A)=\log\alpha 0+\alpha L \log(L/A)+\alpha s \log(S/A)+u$。

図表40-2　1840年代の長州藩防長宰判別限界生産力（MPL）と年人口増加率 ①155-179、㉞113

MPL	前山代＜大島＜美祢＜舟木＜山口
人口増加率	美祢≦山口≦舟木＜山代＜＜大島

図表40-3　乳児死亡率：日本 ㉛12章

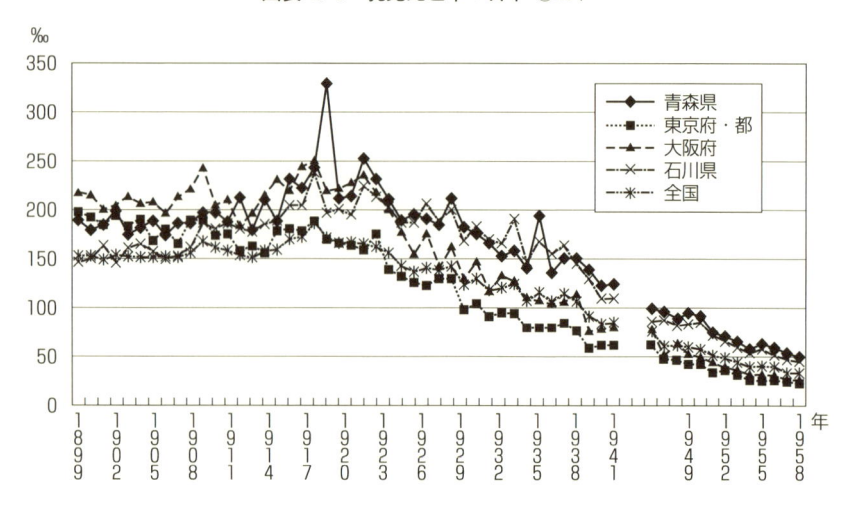

図表 40-4　近世日本における農家経済と人口：東日本と西日本 ㉘258

	人口学指標				農家経済指標			
	初婚年齢	出生力 (TMFR)	乳児死亡率 (IMR)	人口増減 (マクロ)	農作業 (湿田率)	市場向 農産加工	Z財 商品化	賃金
西日本	高 （22歳）	高 （6人）	低(?) （<220‰）	増加	軽 （低）	多 （棉作）	高	高
東日本	低 （18歳）	低 （4人）	高(?) （>180‰）	減少	重 （高）	少 （養蚕）	低	低

図表 40-5　近世から近代における日本農村の人口学的変化（1700年代～1920年代）㉘257

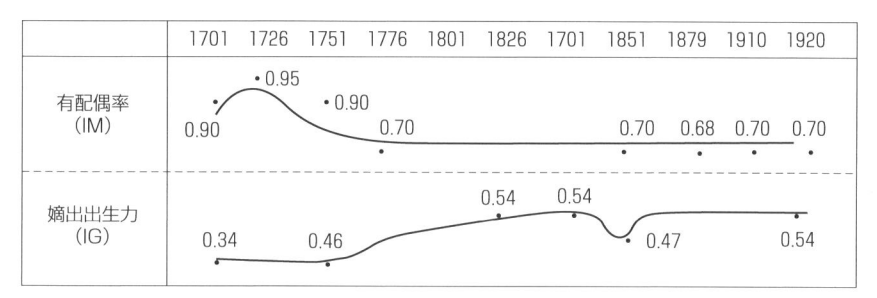

	1701	1726	1751	1776	1801	1826	1701	1851	1879	1910	1920
有配偶率 (IM)	0.90	0.95	0.90	0.70				0.70	0.68	0.70	0.70
嫡出出生力 (IG)	0.34		0.46		0.54	0.54		0.47			0.54

*1) IM・IG は「ハッテライト指標」と呼ばれ、ハッテライト集団（出生制限をしないキリスト教信仰者）の値を「1」としたときの相対値である。

2) 1875年までは、3カ村集計値で代理している。1879年は『甲斐国現在人別調』より算出した。1895、1910、1920年はいずれも先行研究からの引用である。

図表 40-6　農家主体均衡と過剰就業

- 東畑精一の「全部雇用」論
「全員がどんな場であれともかく就業している」
- 大川一司「過剰就業」論
「ひとつの産業における労働の限界生産力（MPL）が、標準的な産業の MPL に比べて構造的に低位にあるとき、その産業は過剰就業 over-occupied の状態にある」
  - コブ = ダグラス型生産関数（新古典派）
  労働・土地・資本の各生産要素を市場価格で評価して、各要素費用を推計し、その推計にもとづく労働分配率が生産関数から推定された労働の生産弾性値とどの程度近似しているのか。
- 農家主体均衡論
要素シェアが生産弾性値に近似することは、農家主体均衡において要素の限界評価が市場評価に比例的に行われていることを実証している。
- 偽装均衡 disguised equilibrium
「自営農民は、所得面均等の背後に限界生産力での生産面不均等が存在し、その不均等は所得面の均等によって隠され……」
農業労働の平均生産性＝非農業労働の限界生産性

トピック40

二重構造と経済発展

まず、「解説」に登場したいくつかの経済学の概念を説明しましょう。二重構造論の要点は、(1)生産性の低い場所から高い場所へ労働力が移動する、しかし、(2)農業生産性を上げ、農家の人的投資が効果的に行えれば、その構造は解消するというものです。農業生産性は、土地・労働・資本の生産性とそれ以外の総生産性（TFP: Total Factor Productivity）に分けられますが、ここでは最重要な要素である労働生産性に議論を絞ります。家族成員がさまざまな就業を行っている（全部雇用）農家の労働生産性を計測することはたいへん難しいことですが、時代と地域を超えてそれを比較可能にする概念として労働の生産弾力性（μL）があります。これは、労働投入を変化させた（$\delta L/L$）とき、産出量がどの程度変化する（$\delta Y/Y$）のかを計測したものです。式としては以下のように展開できますので、限界生産力（MPL）を平均生産力（APL）で除したことと同値になります。

$$\mu L = (\delta Y/Y) \div (\delta L/L) = (\delta Y/\delta L) \div (Y/L)$$

二重構造論では、MPLとAPLの関係は「偽造均衡」で説明されます。つまり、農家の農業部門と非農業部門のMPLが均等になっていないにもかかわらず、所得面では均等な状況（農業のAPL＝非農業のMPL）を指しています。これを村内の生産性格差の議論に敷衍すると、上層農家のAPL＞上層農家のMPL（＝下層農家APL－地代）＝生活水準＞下層農家のMPLという解釈も可能です（☞文献③9,㊶II部）。

安場保吉は、二重構造の形成と解消をそれぞれ労働過剰と不足の結果であると考え、熟練・非熟練賃金格差（労働過剰時拡大）と土地分配率（過剰時上昇）の変動から、20世紀はじめと1960年代の二つの転換点の存在を指摘しました（☞文献㊽5章）。労働の生産弾力性の変遷を見ると、たしかに20世紀のはじめに1830年代の長州藩の水準に到達していることがわかります（☞図表40-1）。1830年代の長州藩では、農業労働の賃金がほぼ限界生産力に等しかったこともわかっています（☞文献㉞3章）。農民層分解がほとんど起こらなかった日本農村では、労働力の過剰には自然人口増加という要因が関係していたと思われます。1830年代の長州藩（宰判、今でいう郡に相当）で見ても（☞図表40-1）、人口増加率が高くなるほど、MPLが小さくなる傾向が確かめられます。そもそも日本では転換点がなかった可能性も考えなくてはならないでしょう。

41 地主小作関係と農家経済
―戦後との比較―

　農村を基点に日本の工業化・近代化を考えると、その特徴の一つは、英国で見られた古典的な「農民層分解」を生まなかった点にあります。つまり、その間耕作を継続した農家が多かったことになり、そこに地主小作関係が発達することは容易に想像できます。また、戦後の占領政策の一環で実施された農地解放が通説のように戦前の地主小作関係を解体したのでしょうか。そのことも含めてここで考えてみましょう。

　まず、日本の農家はなぜ耕作を放棄しなかったのか。理由は大きく二つあると思います。一つは、農家経済が農業部門と副業（農産加工・非農業）部門の二部門から成立しており、生産性と所得の過不足を相互に補塡し合えたことがあります。また、副業も農業と関連する業種（農産加工業）が多かったことも、農家が耕作を放棄しにくかった理由でしょう。二つ目の理由は、その農業生産を支えた地主小作関係の展開過程そのものに潜んでいます。日本の地主小作関係については、工業化の評価とともに、とかくその特殊性（永小作や刈分小作など）がいわれてきましたが、その慣行を詳しく見ると、そうした要素は予想より小さく、普通小作の形態が選好されていたことがわかります（☞文献㉑）。都市部に居住する不在地主についても、農村の現場には差配人がいて、きちんと運営を管理していたこともわかっています（☞文献㊳）。つまり、どんな形態であれ農村に土地を占めるには、「耕作する事実」が最優先されてきました（☞文献㊳Ⅱ部）。そして、その農家の「耕作する事実」を継続させてきた要因の一つが、農家のライフサイクルであったとすると、このルールが作動するかぎり、農家の耕作は存続することになります（☞文献㉘3章）。

　戦後の農地改革では、大規模地主解体と自作農創設という目標は達成されましたが、その過程に伝統的な要素を残存させたことも事実です。さらに、そうした零細自作農を基盤にした日本農業がその後急速に活力を失っていくことになるわけですから、この改革の意義はまさに複雑です。

第Ⅲ部　生活環境と市場経済から見る日本の歴史

図表41-1　農業人口比率（％）の変遷
（江戸時代～昭和時代）⑥7,41

1805（文化2）年	86.5
1851（嘉永4）年	86.5
1869（明治2）年	81.9
1903（明治36）年	64.1
1923（大正12）年	52.5
1933（昭和8）年	44.8

図表41-2　耕地所有者戸数（千戸）の変遷　⑥115-117

	5反未満	5反～1町	1～3町	3～5町	5～10町	10～50町	50町～	総数
1908(明治41)年	2278	1287	925	279	123	39.7	2.5	4936
1918(大正7)年	2419	1193	901	255	123	43.9	3.6	4939
1928(昭和3)年	2504	1240	909	228	113	45.1	4.0	5045
1938(昭和13)年	2475	1307	927	232	110	43.9	3.2	5089

図表41-3　自小作別農家構成（％）の変化　㉝229

	自作	自小作	小自作	小作
1944年	31.2	20.1	19.9	28.4
1950年	61.9	25.8	6.7	5.1

図表41-4　自小作別耕地面積比率（％）㉝229

	自作地	小作地
1945年8月	54	46
1950年9月	90	10

図表41-5　千町歩地主の解体　⑧220-221

	改革前 所有田畑	改革後 所有田畑
本間家（山形県）	1784町(1924年)	4.3町
市島家（新潟県）	1108町(1945年)	2町
斎藤家（宮城県）	1454町(1945年)	2.7町

図表41-6　農地改革の実績　⑧220

年月日	買収面積	売渡面積	解放総面積　（町歩）
1949年3月2日	1,694,893	1,767,863	1,869,063
1950年7月2日	1,756,999	1,896,875	1,941,982

図表 41-7　近世・近代日本の地主小作関係にみる農家経済におけるチャヤノフ法則の検証結果　㉘135-137, 152

チャヤノフ法則（第2法則）：C/W と P/C の負の相関関係（基本）
- 「労働力指数（W）の大きい世帯ほど労働の限界苦痛が相対的に小さいことを意味していることから、同一消費力（C）をもつ世帯を比較すると、より多くの労働力をもつ（小さい C/W）世帯は、より多くの生産量（大きい P/C）をもつと考えられる」
- 相関関係が確定しない事例：耕作規模（P）が消費力（C）の大きさに応じて変化する場合

チャヤノフ法則（第3法則）：C/W と P/W の正の相関関係（基本）
- 「世帯内労働力は、ある一定の消費水準を維持するために、C/W の上昇とともに、労働強度を増加させる。同一の労働力（W）をもつ世帯を比較すると、消費力に応じた耕作地変動や労働強度の上昇により、C/W と P/W は正の相関関係をもつ」
- 相関関係が確定しない事例：副業収入が大きい農家、大規模耕作農家、極貧農家

	世帯内諸指標の相関係数			生産指標（P）統計			
	C/W-P/C	C/W-P/W	n	Mean	S.D.	Max	Min
〈A．千葉県第十四大区　1874年［貧窮農家世帯］〉							
経　営　（石）	−0.032	0.153**	367	1.31	1.66	13.84	0.01
〈B．全国農家経済調査　1924年〉							
全　体　（畝）							
所有面積	−0.197*	0.251**	135	99.27	85.29	574	0
経営面積	−0.199*	0.410**	135	167.50	77.19	574	34.29
〈C：過小農部落経済調査（長野県）1938年〉							
自小作農							
副業比率＞20%							
所有面積	−0.215	0.435**	4.50	2.86	10.82	0.7	29
経営面積	−0.502**	0.547**	8.25	2.72	14.32	3.92	29

＊＋：10%有意水準　＊：5%有意水準　＊＊：1%有意水準

A）世帯構成員の「身体状況」および「就業状況」に応じて、以下のようにウエイトを付した。カッコ内数値は（消費力；労働力）の順とし、各年齢の完全労働力・消費力を各々1としたときのウエイトである。
＜身体状況＞
行歩不便（1；0.5）、虚弱（1；0.5）、盲目（1；0.5）、疾病（1；0.5）、廃疾（1；0）、身体不具（1；0.5）、長尋廃失（0；0）、血症（1；1）、痰飲（1；1）、痰症煩（1；1）
＜就業状況＞
永尋（0；0）、寄留（0；0）、出稼寄留（0；0）、逃亡（0；0）、居候（1；1）、日雇出稼（0；0）
B）農林省農務局『大正十四年農家経済調査』（昭和2年刊）より算出した。ただし、「農家ノ収支状態」より非業比率＝農業以外総収入（円）÷農業総収入（円）×100とした。また、「農家ノ概況」より C 値＝家族員数、W 値＝従業者数として計算した。
C）帝国議会『過小農部落経済調査』（昭和14年刊）より算出した。ただし、副業比率＝兼業所得（円）÷農業総所得（円）×100とした。C 値＝家族員数、W 値＝能率換算従業員数として計算した。

第Ⅲ部　生活環境と市場経済から見る日本の歴史

―― トピック41 ――

地主小作関係と農家経済――戦後との比較

　帝政期ロシアで活躍した農業経済学者にアレクサンドル・チャヤーノフ（1888～1939年）がいます。帝政からロシア革命を経て、社会主義へと変転するロシアにおいて、まさに翻弄された人生でしたが、チャヤーノフは各国の工業化を支えた農業の一つの基本形であった小農経済（小規模な耕作地と家族労働を主体とした農家経済）の原理を経済学（主体均衡論）にもとづいて明快に説明しました（☞文献㉘2章）。

　それによれば、小農経済では、個人のライフコース（出生・結婚・移出・死亡など）により家族労働力の構成（労働と消費のバランス）が変化します。この変化に対応して耕作地も変化していたことが予想されます。江戸時代の村請制では、実質的には農家が年貢を村へ納めることになりますので、年貢皆済（支払）にとって農家の耕作地規模はたいへん重要な要因となります。つまり、農家の時々の耕作規模がその労働消費バランスに適合しているかどうかを農家だけでなく村が管理する必要があったわけです。その耕作地取引は結果的に小規模であったわけですが、帝政ロシアの農村共同体では、その取引を村が制度的に確定して定期的に管理していました。江戸時代の日本では、それが制度的に固定されることは少なく、原則的に農家間の交渉あるいは村により取りまとめられていたと考えられます。これが日本農村での地主・小作制度の始まりといえるでしょう（☞文献㊳1章）。ですから、日本の地主・小作関係は、単なる個人の土地取引ではなく、家と家との関係を必然的に含んだものになったわけです。また、地主と小作というある種の地位も固定的ではなく、農家の間でそのつど交代していたことになります（小作でありながら地主である農家も多かったわけです）。

　戦後の農地改革についても、面白い指摘があります。「ある時期における農家の耕作地は、その保有する家族労働の量を限界として、自作又は小作されていた……農地改革で土地を取りあげられた百姓は（巨大な不在地主や封建地主は除いて）その時たまたま家族数が不足していたために、耕作反別が所有反別に比して少なかったものであり、逆に土地を入手することのできた百姓は、その時の家族数が所有反別に比して多く、従って余剰の家族労働を、小作に向けていたものであった」（☞文献㊹168）。まさに、戦前のメカニズムをそのまま継承していたことになります。

42 工業化と市場統合

　本格的な工業化(産業革命)を経験する前と後では、市場経済の性質にどのような変化が生じたのでしょうか。価格が時空間を通じて連鎖反応的に変動するような市場経済が、産業革命後の近代的な経済の特徴であるといってよいでしょう。そして、このようにそれまで自立していた各地域の市場経済が相互連動することにより、あたかも同一の市場経済であるかのような振る舞いを見せるようになることを「市場統合」と呼んでいます。財の取引総量が増え、それを輸送する手段が改善され、さらに、電信・電話などの情報手段の発達などにより、価格などの情報の非対称性が是正され、その費用が顕著に低下するようになると、市場統合性が高まることになります。

　市場統合の過程を仔細に見ると、(1)価格差が収斂する(縮小する)過程と(2)価格が並行して変動する過程の二つに大別できます。経験的な事例では、後者の並行変動の事例が多く、重要でもあります。つまり、経済にとっての内生的・外生的なショック(危機)に対して、各市場がどのように対応・調整しているのかという市場経済の弾力性で比較することの方が、市場統合の経験的意味により近いからです。

　では、そうした価格変動の並行性、すなわち市場の調整過程をどのように計測したらよいのでしょうか。各市場における価格時系列間の変動係数(＝標準偏差÷平均)や相関係数を比較する方法が最も基本的です。最近では、価格の変動調整を価格格差を修正する過程と見立てた「誤差修正」モデルが一般的に使われています。この誤差修正モデルを使って、関東大震災という外生的危機に対して、その後の建設特需をともなった大工(建築熟練労働者)の労働市場の市場統合の様子を分析した研究を後に紹介します。

　さて、市場統合の果たす役割は大きくかつ重要です。市場統合が進むと、財の過剰な地域から不足する地域へその移動が迅速・的確に行われ、entitlement(☞ 32 資源へのアクセス権)不足による飢饉などの悪化を防ぐことができるからです。

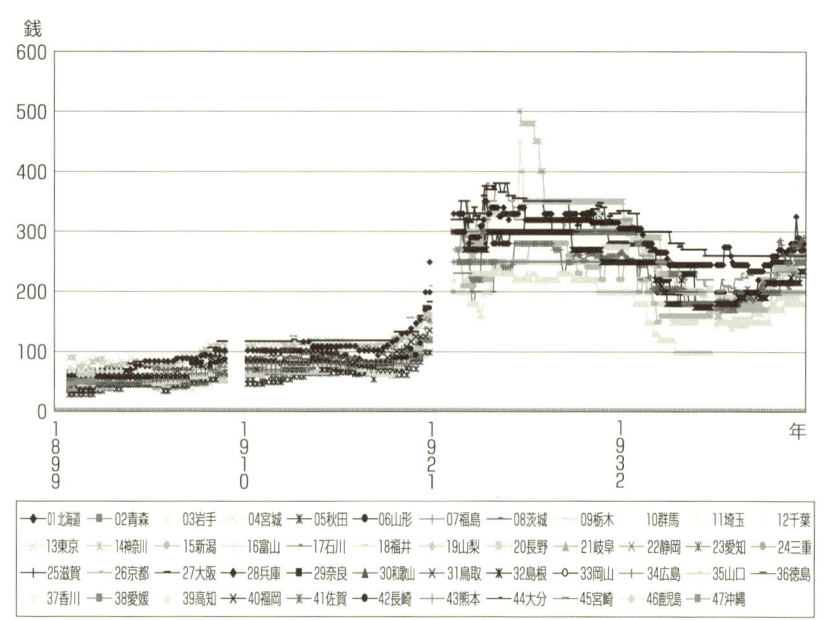

第Ⅲ部　生活環境と市場経済から見る日本の歴史

図表 42-1　大工日雇賃金の変遷（各府県別、1899～1938年）⑯64

凡例：
- 01北海道　02青森　03岩手　04宮城　05秋田　06山形　07福島　08茨城　09栃木　10群馬　11埼玉　12千葉
- 13東京　14神奈川　15新潟　16富山　17石川　18福井　19山梨　20長野　21岐阜　22静岡　23愛知　24三重
- 25滋賀　26京都　27大阪　28兵庫　29奈良　30和歌山　31鳥取　32島根　33岡山　34広島　35山口　36徳島
- 37香川　38愛媛　39高知　40福岡　41佐賀　42長崎　43熊本　44大分　45宮崎　46鹿児島　47沖縄

図表 42-2　関東大震災直後の浅草十二階（東京）

＊写真＝国立科学博物館地震資料室
(http://research.kahaku.go.jp/rikou/namazu/index.html)

42 工業化と市場統合

図表 42-3 誤差修正モデル ⑯67

$$\Delta P_1, t = \alpha + \beta \Delta P_2, t - \gamma_1 EC_{t-1} + e_{1,t}$$
$$\Delta P_2, t = \alpha + \beta \Delta P_1, t - \gamma_2 EC_{t-1} + e_{2,t}$$

ここで、
　$P_{1,t}$、$P_{2,t}$：t 期における市場 1，市場 2 の賃金
　$\Delta P_{1,t}$　$\Delta P_{2,t}$：$P_{1,t}$、$P_{2,t}$ の差分
　EC_{t-1}：誤差修正項
　$\gamma_1 \gamma_2$：調整係数
　α, β, a, b：パラメータ
　$e_1, te_{2,t}$：誤差項

図表 42-4 調整係数が統計的に有意な事例：広島と北海道 ⑯69-70

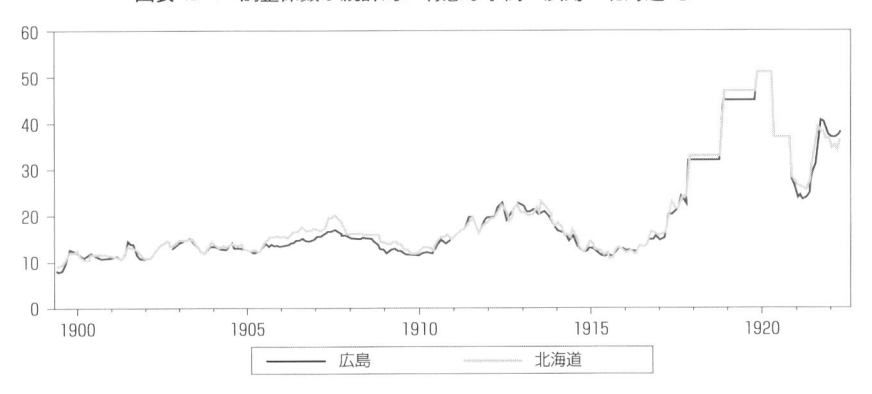

図表 42-5 調整係数が統計的に有意でない事例：新潟県と東京都 ⑯69-70

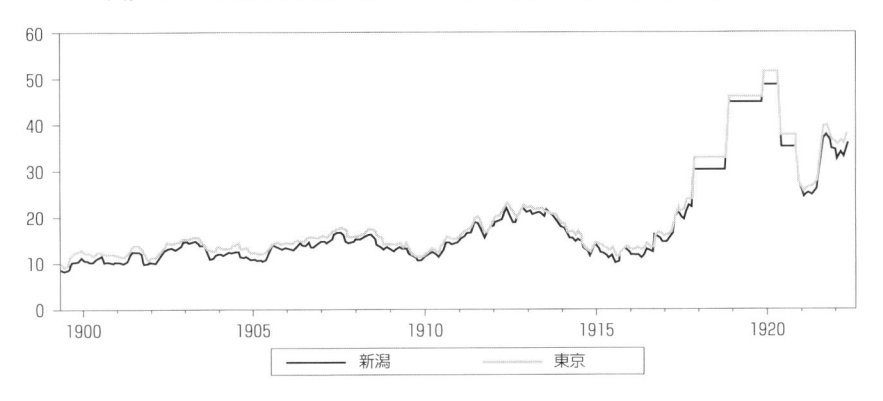

第Ⅲ部　生活環境と市場経済から見る日本の歴史

┌─ トピック42 ─────────────────────────────┐

関東大震災と大工労働市場

　関東大震災前後で大工の労働市場の統合性がどのように変化したのかを「誤差修正」モデルで分析した研究を紹介しましょう（☞文献⑯）。

　まず、建築熟練労働を代表する大工の労働市場は、少なくとも江戸時代以降の大工集団の特殊性についてその歴史的な背景が明確にされている数少ない伝統的熟練工の労働市場といえます。江戸開幕と同時に家康に重用された中井大和守藤右衛門正清が大工頭となり、まず上方の大工集団、続いて17世紀中盤に中井家が京都に定着するようになると、その影響は全国の大工集団に及ぶようになりました。そして、この影響力はその後も維持されたと考えられ、20世紀前半までの大工の労働市場（日雇賃金計測）は、京都を中心にたいへん狭い変動幅に収まっていたことがわかります（☞図表42-1）。この大工労働市場の統合性に大きな変化を与えた外生的危機が関東大震災であったわけです。

　関東大震災は、1923（大正12）年9月1日午前11時58分44秒に関東地方南部（震源：相模湾北部）に発生した、マグニチュード7.9（推計）の大地震であり、死者・不明者は14万2800人（東京10万7500人、神奈川3万3000人、他県2300人）に至った大災害でもありました。人的被害のほかに建造物被害も甚大で、大工への復興需要（特需）も大きかったわけです（☞図表42-2）。

　さて、市場統合性の変化を「誤差修正」モデル（☞図表42-3）で計測してみましょう。日本の大工市場の統合性は歴史的経緯からして高く、統計的有意性を基準に有意な事例とそうでない事例を比べてみても、わずかな差であることがわかります（☞図表42-4、42-5）。全体の計測結果から次のようなことが指摘できます。(1)市場統合性がある（調整係数が統計的に有意）と考えられる市場の組み合わせ数（府県別）が30組から22組へと若干減少したこと、(2)大震災前後の時期において市場統合性が存在すると考えられる10組の市場のなかで、7組までが京都府が関与していたこと、さらに、(3)これら7組において、京都の調整係数が期間内に減少しており、京都を中心とする市場「統合」が部分的に解消されていたことです。関東大震災という未曾有の外生的危機が、江戸時代以来の伝統的かつ堅牢な大工の労働市場から京都（中井家以来の伝統）の影響を縮小させた事例です。

└─────────────────────────────────┘

43　戦後の人口と家族

　経済の仕組みや成果について、戦後と戦前の分水嶺は端的にどこかと問えば、それは高度成長期（1950年後半〜1970年代前半）であると答える場合が多いだろうと思いますが、人口や家族については明らかに21世紀であるといえます。その理由は、日本の総人口が減少するという事態は、第二次世界大戦の一時期を除けば、日本では起こらなかったからです（☞図表43-1）。今目の前で刻一刻進んでいる総人口減少は、まさに未曾有の出来事であるわけです。

　さて、総人口の減少がなぜ生じたのか、そのことを人口学的に考えてみましょう。人口増減は以下の恒等式をみたすことになります。

　　人口増減＝自然増減（出生と死亡の差）＋社会的増減（移入と移出の差）

　社会的増減については、今後は別にしても、幕末開港以降これまではそれほど大きな変化はなかったので、ここでは省略できると仮定しましょう。残る自然増減では、死亡率は医療技術などの発展により、日々改善されているので、総人口減少の責任は、出生（率）の低下にあることになります。

　出生率は、結婚性向（有配偶率と結婚年齢）と夫婦の出生行動の関数ですから、それらについての動向を調べることが必要になります。そうであれば、これまで結婚や出生の舞台がおおかた家族であったわけですから、家族の形態や構造自体が大きく変化してくることになります。人口と家族はつねに不即不離の関係にあります。つまり、人口動態（出生・結婚・移動・出生）の舞台である家族や世帯がその構造を変えようとしているわけですから、そこから派生する人口現象のパターンもまた変化を余儀なくされることになります。長寿と晩婚化が進んでいくと、かりにそこに家族が形成されていても、その家族周期は今よりますます長くなるわけですから（人生50年の時代には、約20〜25年で家族周期が一巡しました）、家族形態や構造の選択はよっぽど慎重に行わなければならないことになります。

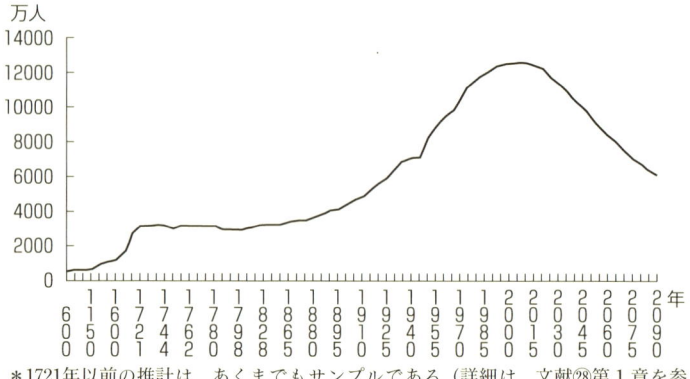

第Ⅲ部　生活環境と市場経済から見る日本の歴史

図表 43-1　日本の総人口（含予想、600～2090年）

* 1721年以前の推計は、あくまでもサンプルである（詳細は、文献㉘第1章を参照）。人口統計にもとづいて作成。

図表 43-2　世帯類型別構成（％）の変遷（17世紀前半～現代）⑩229, ⑪179

	肥後国 1633年	信濃国 1792年	全国 1920年	全国 1955年	全国 1995年	全国 2000年
平均世帯規模	4.22人	5.96人	4.89人	4.97人	2.88人	2.67人
核家族世帯	41.2	28.3	55.3	59.6	60.6	60.1
夫婦	7.7	1.1	n.a.	6.8	17.9	-
夫婦＋子	30.3	22.8	n.a.	43.1	35.4	-
男親＋子	1.5	1.1	n.a.	1.6	1.1	-
女親＋子	1.7	3.3	n.a.	8.1	6.2	-
単独世帯	0.8	2.2	6.0	3.4	23.1	25.6

* n.a.＝not available

図表 43-4　男女別初婚年齢（SMAM）⑪172

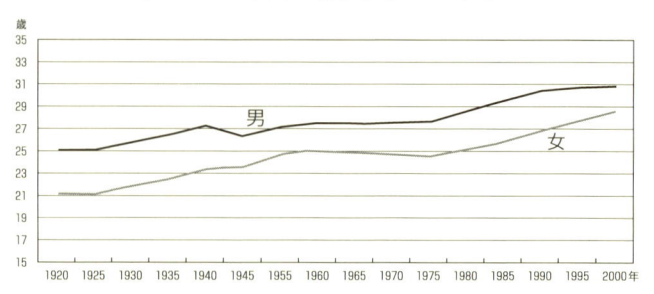

* 総務省統計局『国勢調査報告』により算出。SMAM（Singulate mean age at marriage）は、静態統計の年齢別未婚率（配偶関係不詳を除く人口を分母とする）から計算する結婚年齢。

図表43-3　ライフサイクルの重要時点からみる夫婦年齢（歳）⑪182

〈夫〉

	18世紀 江戸時代	1920年 大正時代	1970年 昭和時代	1990年 平成	2005年 平成
結婚年齢	26.4	25	26.9	28.4	29.8
第1子出生	29.5	27.5	28.3	29.5	30.9
末子出生	46.1	39.5	31	32	32.8
第1子結婚	54.5	52.5	55.2	57.9	60.7
末子成人	61.1	54.5	51	52	52.8
初孫	57.6	55	56.6	59	61.8
夫引退	60	60	65	65	65
夫死亡	62.6	61.5	69.3	75.9	78.5
妻死亡	61.4				

〈妻〉

	18世紀 江戸時代	1920年 大正時代	1970年 昭和時代	1990年 平成	2005年 平成
結婚年齢	20.6	21	24.2	25.9	28
第1子出生	23.7	23.5	25.6	27	29.1
末子出生	40.3	35.5	28.3	29.5	31
第1子結婚	48.7	48.5	49.8	52.9	57.1
末子成人	55.3	50.5	48.3	49.5	51
初孫	51.8	51	51.2	54	58.2
夫引退	54.2	56	62.3	62.5	63.2
夫死亡		57.5	66.6	73.4	76.7
妻死亡	55.6	61	74.7	81.9	85.5

図表43-5　男女別生涯未婚率　⑪172

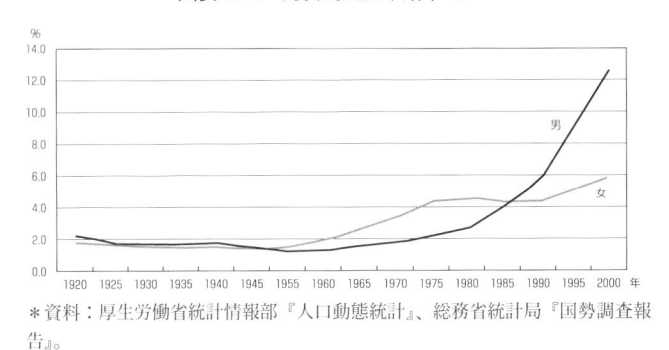

＊資料：厚生労働省統計情報部『人口動態統計』、総務省統計局『国勢調査報告』。

トピック43

戦後の人口と家族

　それでは、結婚性向と出生行動そして家族構造の動向を江戸時代から長期的に観察しましょう。まず、ライフサイクルの重要な結節点において、夫婦の年齢がどのように変化してきたのかを見ましょう（☞図表43-3）。ここでは、とくに女性に着目します。まず、目を見張るのは、女性の平均死亡年齢の上昇です。男子（夫）の約2倍の上昇になっています。まさしく、近代化や現代化が女性の生活環境を大きく変えることに成功したことのまぎれもない証拠です。

　次の顕著な変化は、出産期間（結婚から末子出生まで）です。18世紀に約20年間に及んでいたものが、大正期には約15年間、そして現代（2005年）には、何と2年間未満に縮小しています。これもまた、少子化の証です。それでは、女性の平均結婚年齢はどうかと見ると、18世紀には約20歳であったものが、2005年では約28歳とたしかに晩婚化はしているのですが、想像より小さい幅かもしれません。つまり、出産期間の短縮化には、少子化の影響が大きかったことがわかります。この背景には、女性の社会進出による賃金獲得効果（代替効果）とそれによる娯楽活動の増大（所得効果）の双方が大きく作用していたと考えられます。まさに、労働市場が平等化した結果でもあるわけです。

　さて、結婚や出生行動の舞台である世帯構成の変化を見ましょう。18世紀から高度成長期直前にあたる1955年まで日本の平均世帯規模は、5〜6人の小さな幅のなかに収まっていました。高度成長期以降その規模は減少し、現代では2〜3人となっています。いうまでもありませんが、子ども数の減少がその原因です。世帯構成を見ると、核家族世帯比率は高度成長期の前後で比較してもそれほどの変化は見られません（18世紀の事例は1村ですので言及しません）。詳しく見ると、夫婦だけの世帯と母子だけの世帯の増加が目立ちます。さらに眼を引くのが、単独世帯の増加です。若者の非婚化と高齢化にともなう独居老人世帯の増加がそれに深く関係しています。

　このように結婚・出生・世帯の動向を長期的観察すると、女性の地位向上、社会進出そして労働市場での活躍によるところが大きいことがわかります。経済学でいうところの代替効果と所得効果の絶妙な組み合わせを男女および夫婦で熟慮のうえ選択した結果であることも間違いありません。

44　生活水準の比較史
―19世紀と20世紀の世界―

　32でも解説しましたように、生活水準は人間生活やその社会のどの部分に着目するかにより、さまざまな概念と定義が可能になります。実質賃金や1人当たり国内総生産・所得という経済学指標が国や地域の平均的な生活水準を示す指標である一方で、国連開発計画（UNDP）が公表する人間開発指標（Human Development Index: HDI）には、所得のほかに教育（識字率など）や平均寿命が含まれています。これらは、賃金や所得と比較すると、個人や家族がどのように暮らしているのかに注目した、すなわち家族全体の幸福度や個人の健康・潜在能力（capability）・就業状況・生きがいなどに配慮した指標と位置づけることができます。生活水準の研究で大切なことは、その多様性にできるだけ配慮しながら、明解な論理と確実な計測に裏づけされた議論を行うことだと思います。

　図表44-1を見ましょう。1人当たり実質GDPの成長率を見ると、日本・ブラジル・インドはいずれも経済の転換点以降の50年間に1.7％の成長を達成しています。この成長率で拡大すると約50年間で2倍になりますから、世代間で見ると、祖父母と孫の世代には約2倍の生活水準の上昇があったと考えられます。同様な差は、識字率の変化からも読み取れます。

　図表44-2は平均寿命の変化です。平均寿命の転換点は、経済の転換と比べると少し遅れますが、その分、その後の改善の速度は速くなっています。経済変動に比べて、ひとたび乳児死亡率などが低下すると、それが後戻りすることがなかったからです。また、平均寿命が伸びることの含意は、その間感染症（腸チフス・マラリア・猩紅熱・天然痘・ジフテリアなど）による死亡危機がある程度管理されていたとすれば、人びとの健康水準も同じく上昇したと考えてよいということです。日本の事例でも確認できますが、乳児死亡率や平均初潮年齢は20世紀はじめ頃以降、確実に低下傾向を示しています。

第Ⅲ部　生活環境と市場経済から見る日本の歴史

図表44-1　近代経済成長前後の実質 GDP の比較 ㊵10

	経済の転換点（年）	転換点でのGDP（年）	50年間の成長率（年率％）		就学率：1830年頃	識字率（％、15歳以下）	
			転換点以前	転換点以後		1850年頃	1950年頃
イギリス	1820	1756	0.4	1.3	41	68	98
フランス	1820	1218	0.3	0.9	39	58	96
アメリカ	1830	1443	0.6	1.5	56	77	97
日本	1870	741	0.1	1.7	30	26	98
ブラジル	1900	737	0.1	1.7	4	n.d.	49
インド	1945	663	0.1	1.7	4	6	19

＊ n.d.＝no date

図表44-2　平均寿命変遷 ㊵13

	平均寿命の転換点（年）	転換点での平均寿命（歳）	50年間の変化（歳）	
			転換点以前	転換点以後
イギリス	1871	41	3	12
フランス	1893	44.9	3.4	20.3
アメリカ	1890	43	3.3	19.9
日本	1923	42.6	5.8	30.8
ブラジル	1940	36.7	8	28.9
インド	1945	32.1	8.3	28.3

図表44-3　出生力（TFR）の変遷 ㊵17

	TFRの転換点（年）	転換点でのTFR（人）	30年間の低下率（％、年率）	
			転換点以前	転換点以後
イギリス	1881	4.6	0.3	1.7
フランス	1881	3.4	0.1	0.9
アメリカ	1830	6.6	0.5	1.3
日本	1950	4.7	0.6	3
ブラジル	1962	6.2	0.4	3.6
インド	1967	5.7	0.7	2.6

＊ TFR（Total Fertility Rate）は、1人の女性が生涯に産むであろう子供数を示す。

44 生活水準の比較史

図表44-4 発展途上にある国々の生活水準の変化 ⑤⑧347

	世界人口に占める割合(%、2000年)	1人当たりGDP年成長率(%)(1952～95年)	1950年頃～95年頃		成人識字率の上昇(%ポイント)
			平均寿命の伸長(歳)	女性1人当たり出生数の減少(人)	
中国	21	5	27.6	4.3	34
インド	17	2.5	21.6	2.4	33
アジア(中国除)	21	4.6	22.6	2.7	48
ラテンアメリカ	9	1.9	16.7	2.9	29
北アフリカ	2	2.4	20.4	2.8	41
アフリカ(サハラ南部)	11	1.2	11.7	0.6	39

図表44-5 生活水準の差の変化:先進国と途上国 ⑤⑧348

	1950年頃	1995年頃
1人当たり実質GDPの差(先進国/途上国)	5.1	5.5
平均寿命の差(先進国－途上国)	15.7歳	12.2歳
出生力TFRの差(途上国－先進国)	3.4人	1.6人
成人識字率の差(先進国－途上国)	53%ポイント	28%ポイント

図表44-6 政治的民主主義指標の違い:先進国と途上国 ⑤⑭23

	行政機関指標			立法機関指標		
	1950～59年	1990～94年	変化	1950～59年	1990～94年	変化
先進諸国全体	0.7	0.9	0.2	0.8	0.8	0
途上国全体	0.3	0.3	0	0.5	0.5	0
中国	0	0	0	0.2	0.3	0.1
インド	0.9	0.8	-0.1	1	1	0
アジア(中国除)	0.3	0.3	0	0.5	0.5	0
ラテンアメリカ	0.3	0.7	0.4	0.7	0.7	0
北アフリカ	0.1	0.1	0	0.3	0.3	0
アフリカ(サハラ南部)	0.2	0.1	-0.1	0.5	0.4	-0.1

＊両指標ともに、0～1までの数値を取る。

― トピック44 ―

生活水準の比較史：19世紀と20世紀の世界

　本文に続いて出生力（TFR）の変化を見てみましょう（☞図表44-3）。出生力の低下は、女性の生活水準や生活様式の変化を示しています。欧米の先進諸国では19世紀の後半に出生力の低下が始まりました（死亡の低下時期より少し遅く、この過程を人口転換と呼んでいます）。この背景に、乳児死亡率の低下があることはいうまでもありませんが、それ以外にも母体への負担を軽減するような出生制限（Birth control 避妊など）の改善と拡大があったことも重要です。これにより、女性の出産行動が大きく変わりました。

　さて、これまで日本や先進諸国を参照してきましたが、ここで現在発展途上にある国々の生活水準の変化を考えてみましょう（☞図表44-4）。地球の全人口の約40％を占める中国とアジア諸国は、GDPの成長率とともに他の生活水準指標の改善速度にも目を見張るものがあります。その一方で、サハラ砂漠以南のアフリカ諸国では、経済成長はさほどではないものの、他の生活水準指標に顕著な改善が見られました。この地域にはエイズ感染の深刻な国も含まれていますが、国連支援の成果かもしれません。

　それでは、世界の先進国と発展途上にある国々で、生活水準指標の差がどの程度19世紀から20世紀の間で縮小したのかを比べてみましょう（☞図表44-5）。1人当たり実質GDPの比較では、若干ですがその差は拡大していますが、その理由は1950年以降のその成長率の差（年率で先進国2.7％・途上国2.5％）を反映しているためです。それ以外の指標（平均寿命・出生力・識字率）では、その差は明らかに縮小しています。つまり、ここに挙げたマクロな生活水準指標で見ると、世界の国々の間の不平等性は今世紀の間に大きく改善されたといってよいと思います。

　しかし、先進諸国と途上国の間に残る大きな格差は、社会生活全体を支える重要な政治的インフラである行政・立法機関の充実度にあります。表44-6を見るとその差は、とくに行政機関の充実度において顕著です。途上国では、拡大していないばかりか、後退している事例も見られます。また、途上国の立法機関に変化がほとんどないことも、すでに十分ということではないのですから、先進国との間に実質的な差があることは明らかです。こうした民主主義のための政治的インフラが拡充していかないと、分配の公正が不十分になるわけですから、真の生活水準の上昇あるいは先進国との差の縮小にはなりません。

45　21世紀の幸福と貧困

　経済学は伝統的に「貧困とは何か」に関する客観的な基準を求める学問であるといえます。しかし、その基準が十分なものではないことは、その真逆にある「幸福とは何か」という問いに明確な基準が存在しないということからもわかります。幸福とは、信念・信仰・価値観・期待・計画・心構え・行動など、個人的要因すなわち主観的言明から成立しています。経済学には、こうした言明を実証する資料が少なく、自ずと経済学者もそうした主観的言明への問いかけを忘れていました。そうした態度に楔(くさび)を打ち込んだのが経済人口学者R. イースターリンによる記念碑的論文（1974年）で投げかけられた「所得は幸福を増加させるのだろうか」という問題で、今日の幸福の経済学の原点でもあります（☞文献㊺ch. 2, 3）。

　図表45-1にありますように、世界の国々全体を眺めると、GDPと幸福の間には緩い正の相関関係（$R^2=0.14$）がありますが、1人当たりGDPが8000〜10000ドル以下の国々の集団をだけを見ると、その相関関係は消滅します。つまり、GDPが中位以下の国々では、必ずしも人びとは「所得が増えるとより幸福である」と感じていないということです。このように人びとの主観的な言明を含む社会全体の成長が必ずしも経済成長の関数ではないという事実関係は、経済学の常識をある意味打ち砕いたわけです。

　次のように考えたらどうでしょうか。豊かな国々では、1920〜60年代にかけて1人当たりGDPの増加にあわせて、個人的嗜好の拡大とともに社会的共通資本への公共支出が盛んに行われました。学校・公衆衛生施設・住宅の建設、教師・保健師などの人的資本の形成、母子健康などの社会的サービスの充実、そして、失業・障害・住宅補助などの社会的給付が積極的に実施されました。それに対して、当時貧しいながらも、社会資本（social capital）の充実を最優先課題として国家による投資を行った国々では、一定の社会的成長を達成し、人びとを幸せにしたということではないでしょうか。

第Ⅲ部　生活環境と市場経済から見る日本の歴史

図表 45-1　1990年代の世界の国々における幸福と1人当たり GDP ㊺13

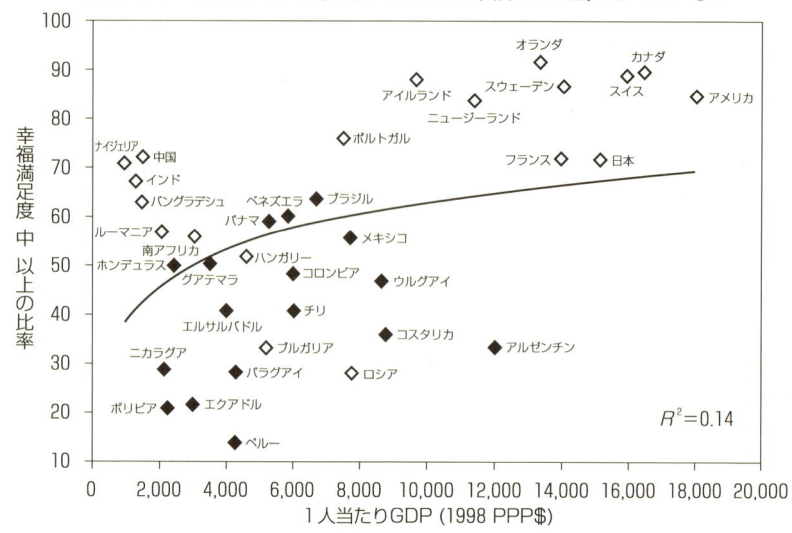

*PPD＝購買評価

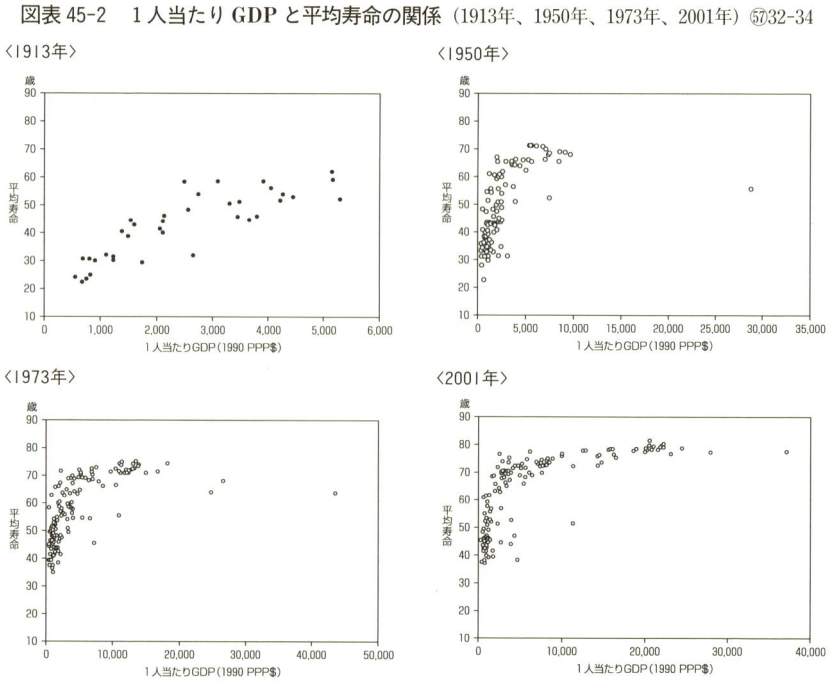

図表 45-2　1人当たり GDP と平均寿命の関係（1913年、1950年、1973年、2001年）㊼32-34

図表 45-3　米国・コスタリカ・ジャマイカの１人当たり GDP と平均寿命

	2000年		2007年	
	1人当たり GDP (1990PPP$)	平均寿命(歳)	1人当たり GDP (1990PPP$)	平均寿命(歳)
米国	n.d.	n.d.	45,592	79.1
コスタリカ	6,174	77.5	10,842	78.7
ジャマイカ	3,598	75.3	6,079	71.7

＊2000年は(57)44、2007年は UNDPStatistics（2008）より。
n.d.＝no date

図表 45-4　満足・１人当たり所得・経済成長の関係性：経済成長のパラドックス (56)146

	1人当たり GDP	(有意水準) n＝122	経済成長	(有意水準) n＝122
生活の満足感	0.788	1%	−0.082	1%
生活水準	0.108	1%	−0.018	1%
健康の満足感	0.017	10%	−0.017	1%
仕事の満足感	0.077	1%	−0.006	有意でない
居住の満足感	0.084	1%	−0.006	有意でない

＊ GDP、経済成長率の係数は、弾力性値を示す。各変数が１％ポイント増加したとき、各満足感がどの程度上昇・低下するのか。

図表 45-5　歴史研究における PPP（Purchasing Power Parities：購買力平価）使用の問題点

最近のグローバル・ヒストリーでは、多国間の GDP の比較に、PPP（購買力平価）を使うことが多くなっています。PPP は、他国間の同一商品の格差は相互介入によりやがて解消されるという一物一価の法則を前提に成立しています。また、PPP は消費財価格（CPI：Consumer Price Index）にもとづいて決められます。ここに歴史研究に適用する場合の注意点が存在します。まず、CPI を形成する主要な消費財が歴史的な時空間において相互干渉によりほんとうに価格収斂するのでしょうか。これは実証の問題ですので、それが検証されたとしても、次の問題が残ります。いま労働者家計が優勢な国と農家家計が優勢な国を比較しようとすると、食糧原料としての主穀（小麦や米など）をどの程度購入していたのか（つまり、どの程度自給していたのか）により、それぞれの国の家計における CPI のもつ意味は大きく異なってきます。実証の問題では、主穀を自給する農家家計の GDP をどのように評価・計測するのかという大きな問題が依然として残されているということです。この問題は、比較経済史研究の古くて新しい大問題の一つであるわけです。

― トピック45 ―

コスタリカ／ジャマイカのパラドックス（逆説）

　社会史家のジェームズ・ライリーは、世界の国々の健康転換（Health transition）を考えるなかで、イースターリンと同じような逆説に気づきました（☞文献㊼ch. 1）。**図表45-3**にあるように、コスタリカとジャマイカは、米国に比べるとGDPがはるかに低いにもかかわらず、平均寿命はいずれも70歳を超え、なかでもコスタリカは米国に比肩するレベルに至っています。この逆説の背景には、1人当たりGDPといえども平均値であり、各国の内部の経済的格差を反映した指標ではないこと、さらに、幸福の問題同様に、その指標が必ずしも個人の主観的言明の礎である生活の質を反映したものではないことなどが指摘できます。

　それでは、こうした逆説が歴史的にはいつ頃から形成され始めたのでしょうか。**図表45-2**は1913年（戦間期）、50年（戦後）、73年（日本では高度成長期）、2001年のGDPと平均寿命の分布図です。第二次世界大戦以前では、この逆説が現れていません（両変数の間には正の相関関係が読み取れます）。戦後でも、50年の分布図からは明確なパラドックスはまだ見られません。それが、73年になると、その傾向が現れ始めています。つまり、日本の高度成長期のように、世界的にも戦後の経済成長によるGDPが上昇し始めると、その成果が国民に平等に配分されるメカニズムが形成されているのか、あるいは国家規模の投資が社会資本へ集中的に向けられているのかなど、国々のさまざまな配分事情によっては、高い1人当たりGDPが達成されても、平均寿命がそれほど伸びないという現象が発現することになります。もちろん、人間の平均寿命が頭打ち状態でるという事情もありますが、だからこそ1人当たりの幸福度を上昇させるような施策が求められているといえるでしょう。

　最後に、興味深い分析結果があります（☞**図表45-1**）。世界の122カ国を対象にしたアンケート調査を分析したものです。各数値は1人当たりGDPと経済成長（過去5カ年の成長率）を独立変数としたときに、それぞれが追加的に1％増加したときに、満足感を示す各従属変数がどの程度上昇・低下するのかを示しています（最小自乗法推計）。なんと、経済成長の弾力性値はすべての満足感において低下しています（さすがに、仕事と居住については有意ではありませんが）。経済成長しても生活全般の満足感は得られないという21世紀への貴重なメッセージかもしれません。

第Ⅳ部
21世紀の歴史情報リテラシー

46　地理情報学の贈り物
―「時空間的変化」という視点―

　地理学という学問は非常に古くから存在しますが、その長い歴史のなかにおいて変わらないのは「地表上に生起する事象に関する」学問であることです。大変漠然とした表現ですが、言い方を変えれば地理学は「地表上の位置」と結びついた事象を扱うということです。

　近年、この「事象」という概念を拡張して「情報」を含むものとすることにより、地表上の位置（例えば緯度・経度、住所など）と結びついた情報（地理的空間情報といいます）を広範に扱う学問分野が盛んになってきました。これが「地理情報学（Geoinformatics）」です（☞図表46-1）。もう少し具体的にいうと、さまざまな地理的空間情報を集めてコンピューターを使って解析し、地表の構造を解き明かそうとするものです（☞文献④）。

　歴史の本のなかで、なぜこのような話題を取り上げるのでしょうか。それは歴史上の出来事は、すべて特定の「場所」で起きた事象だからです。そして重要なことは、「場所」の情報も時間とともに変化するということです。地名が変わったり、所属する国が変わったり、地形すらも変わってしまいます。このような変化を「(地表の) 時空間的変化」と呼びますが、歴史を学ぶうえでは非常に重要な概念です。地表の様子が現在と異なるなら、可能なかぎり当時の情報を復元してみなければ、出来事を正確に理解することができません。しかし、大変な労力が必要となるため、取り組むことが難しいとされてきました。

　その一方で、地理情報学でも「時空間的変化」に関する情報処理は重要な課題として研究が行われています。このような研究の成果である情報ツールにより、歴史の分野でも時空間的変化を扱うことが、ずっとたやすくなってきているのです。ところで、道具が揃っても利用者の発想や考え方が旧来のままでは意味がありません。

　地理情報学の発達によってもたらされた「時空間的変化」という視点をどのように生かすかは、歴史を学ぶ者次第ということです。

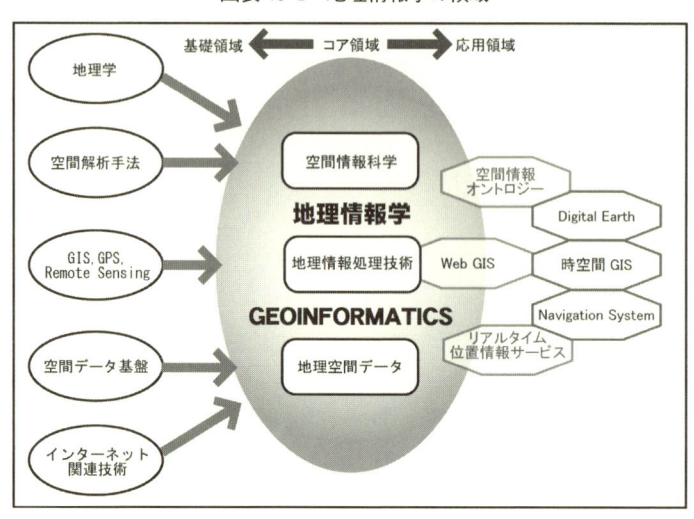

第Ⅳ部　21世紀の歴史情報リテラシー

図表46-1　地理情報学の領域

図表46-2　MANDARAのサンプルデータによる地図画例

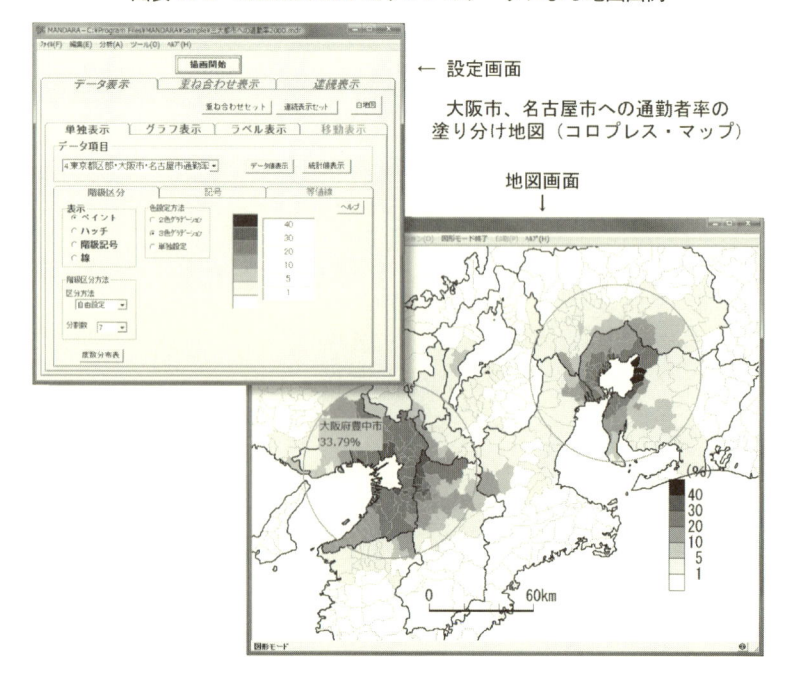

← 設定画面

大阪市、名古屋市への通勤者率の塗り分け地図（コロプレス・マップ）

地図画面

46 地理情報学の贈り物

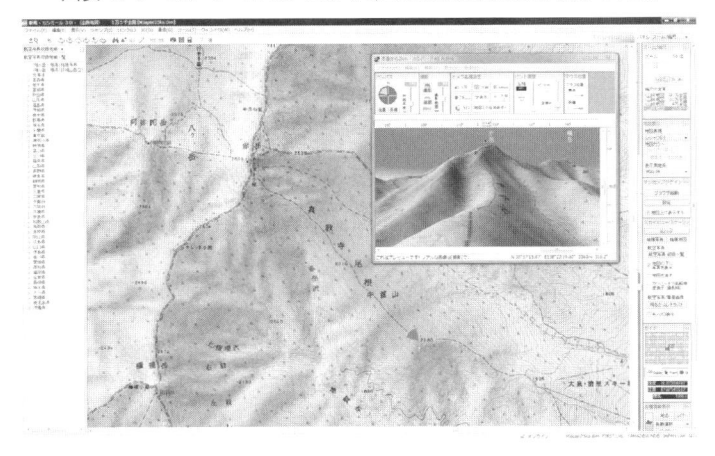

図表46-3 カシミール3Dにより1/25000地形図を立体表示した例

図表46-4 ArcGIS Explorerにより航空写真と地図を表示した例

← 3D 表示モード

2D 表示モード
↓

トピック46

地理情報システム（GIS）を使ってみよう

　地理情報システム（GIS: Geographic Information System）という言葉は知らなくても、インターネットでグルメマップや道路地図を見たことがある人は多いでしょう。GISはコンピューターで地図を作成・表示する際に中核となる技術の総称です。21世紀に入ってからは、インターネットを経由して利用できるWeb GISという技術が急速に発展し、誰でも美しい地図を簡単に利用できるようになりました。
　歴史上の出来事を地図上にプロットしたり、古い地図を現在の地図に重ねあわせたりすることで、空間的な視野が開けてきます。まずは、以下に紹介するフリーソフトウェアを使って、手持ちの情報を地図に表示することから始めてみてはどうでしょうか。

〈インターネットからダウンロードできるGISフリーソフトウェア〉
●**MANDARA**：埼玉大学の谷謙二先生が開発し提供しているGISソフトウェアです。基本的な地図作成はもちろんのこと、簡単な空間分析やGoogle Earthとの連携など豊富な機能を備えています。また、統計データを読み込んで主題図を作成することもできます（☞図表46-2）。テキストブックも出版されており、初心者には取り組みやすいでしょう。(http://ktgis.net/mandara/)
●**カシミール3D**：DAN杉本さんが開発し提供しているソフトウェアで、GISというよりは三次元地形ビューワーと呼ぶべきかもしれません。地形の標高を表すデジタルデータ（DEM：デジタル標高メッシュ）を使って、写真のように美しい立体地形の画像を生成します（☞図表46-3）。また、GPSとの連動機能が充実しているので、フィールドワークのデータを地図化する場合などには大変便利です。(http://www.kashmir3d.com/)
●**ArcGIS Explorer**：商用GISのベンダーであるESRI社が開発し、無料で提供しているソフトウェアです。本来はArc GISで作成した地図を閲覧するためのものですが、インターネットで公開されている地図画像やWeb GISの画面を取り込むことができるので、プレゼンテーション用の地図画像を作成する際には便利です。全球表示（地球の三次元表示）にも対応しています（☞図表46-4）。(http://www.esrij.com/products/arcgis/desktop/arcgis-explorer-desktop/)

47　歴史情報とはなにか

　歴史上の出来事を記録する方法の一つに「年表」があります。歴史の勉強といえば、年表を思い浮かべる人も多いでしょう。この年表を情報学という視点から分析すると、いくつかの特徴があることがわかります。

　第一は「時間の順序にもとづいて記録されていること」です。第二に「場所の特定がなされていること」が挙げられます。第一の特徴は理解しやすいでしょう。一方、第二の特徴はどのような意味でしょうか。身近な年表を思い浮かべてみてください。そこに書かれているのは「いつ（時間）」「どこで（空間）」「誰が（主体）」「どうした（事象の記述）」という形式になっていることがわかります。場所も主体もよくわからない、という出来事ばかりでは年表にする意味があまりないでしょう。

　さて、このように年表に表せる形式に編集された出来事をここでは「歴史情報」と呼ぶことにします。この歴史情報をたくさん集めて検索可能な仕組みにしたシステムを「歴史情報データベース」といいます。このように書くと難しく感じますが、先に述べたような「歴史情報」の形式で、情報を整理することは誰にでもできます。そうやって整理した情報を表計算ソフトウェアなどに入力すれば、データベースの基本的な形ができあがります。せっかく集めた情報が歴史情報として記録されていないために、データベースを作ろうとすると大変な手間がかかるケースが少なくありません。今後資料収集や調査を行う場合は、成果を「歴史情報」として記録することを念頭に置いてほしいと思います。

　ところで、歴史を「歴史情報」として記録することを勧めるのは、メリットがあるからです。簡単に年表が作れるのはもちろんですが、歴史情報の形式（データ構造といいます）は、時空間情報という、より広汎なデータ構造の一種と見なすことができます。そのため、時空間情報を扱うことができるさまざまな情報ツール、例えば GIS や統計分析パッケージなどとの親和性が高まるのです。一見、歴史と情報ツールは関係がなさそうですが、決してそんなことはありません。活用する意志さえあれば、多様な使い途があるのです。

第Ⅳ部　21世紀の歴史情報リテラシー

図表47-1　時空間情報の可視化手法における暦象オーサリングツールの位置づけ

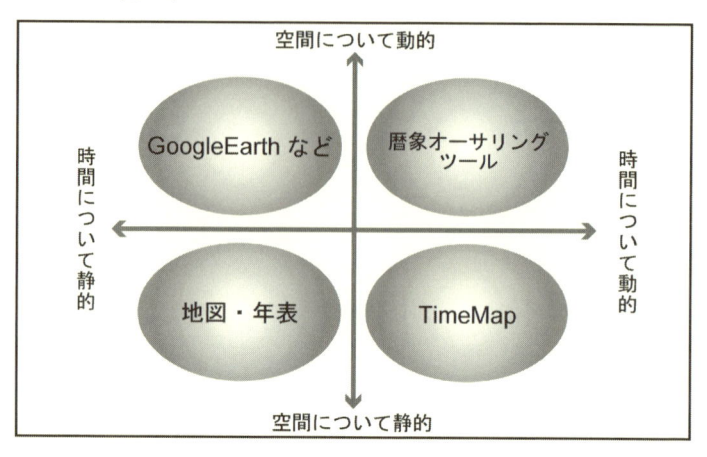

（縦軸：空間について動的／静的、横軸：時間について静的／動的の四象限。左上：GoogleEarth など、右上：暦象オーサリングツール、左下：地図・年表、右下：TimeMap）

図表47-2　暦象オーサリングツールのシステム構成図

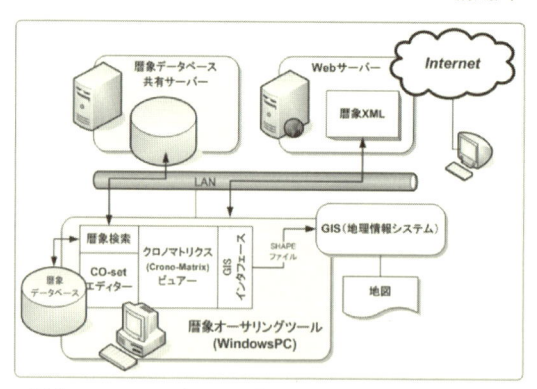

（暦データベース共有サーバー、Webサーバー、Internet、暦象XML、LAN、暦象検索、クロノマトリクス（Crono-Matrix）ビューアー、CO-setエディター、暦象データベース、GIS（地理情報システム）、SHAPEファイル、GISインタフェース、地図、暦象オーサリングツール（WindowsPC））

＊暦象オーサリングツール「Reki-Show」は、WindowsPC用のアプリケーションプログラムです。通常は PC 単体で利用しますが、複数のユーザーが LAN 上のデータベースを共有する利用形態にも対応しています。また、GIS 用のデータを出力する機能、暦象データを XML 形式（汎用のデータ記述形式）で出力する機能などがあるので、他の分析ツールやアプリケーションと組み合わせて利用することもできます。

図表47-3　クロノマトリクス・ビューの表示例

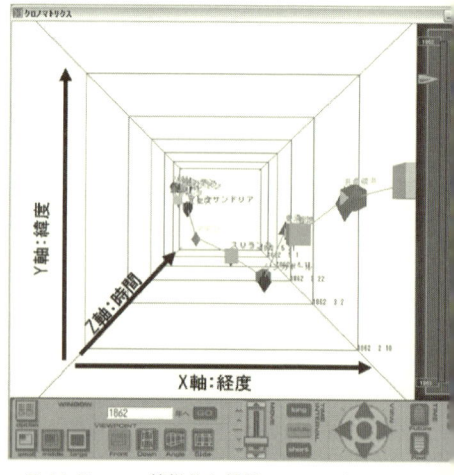

（X軸：経度、Y軸：緯度、Z軸：時間）

＊Reki-Show の特徴的な機能の一つであるクロノマトリクスの表示例です。この状態では、画面の奥行き方向（Z軸）が時間軸、横方向（X軸）が経度、縦方向（Y軸）が緯度を表しています。立体は、一件の歴史事象に対応しており、クリックすることで情報を閲覧できます。画面下のコンソールを使って、時間を進めたりさかのぼったり、見る角度を変えたりすることができます。

47 歴史情報とはなにか

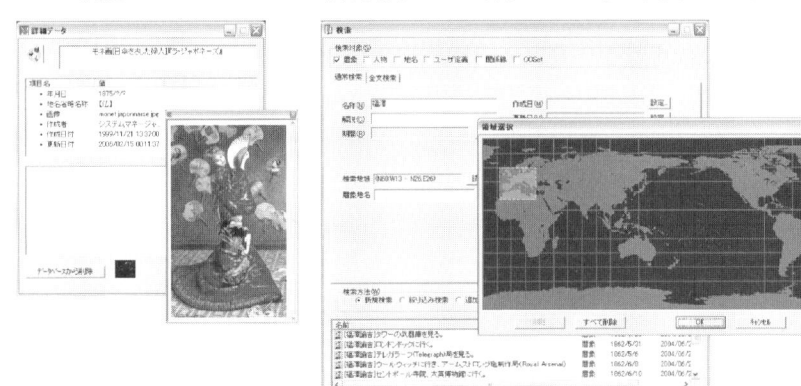

図表47-4　Reki-Show の検索画面（右）と暦象データの表示画面（左）例

図表47-5　CO-Set エディターによる「関係」の可視化

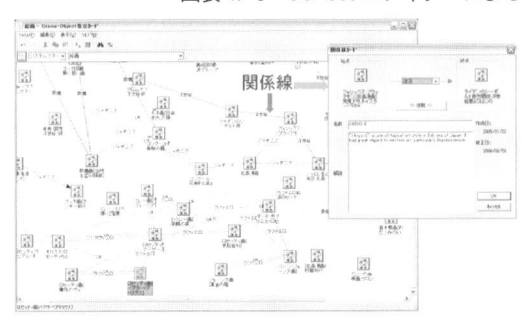

＊Reki-Show の可視化機能の一つとして、「CO‐Set（Crono‐Object Set) エディター」があります。このツールを使うと、暦象データどうしを「関係線」というオブジェクトで結び、その関係について説明を記述することができます。この機能によって、歴史事象間の関係性についてのさまざまな情報や解釈をデータベース化できるだけでなく、関係の種類によって検索することも可能になります。

図表47-6　クロノマトリクスによる時系列統計データの可視化

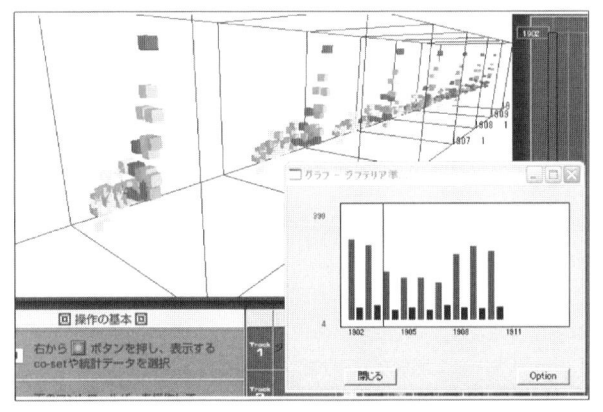

＊クロノマトリクスを使って、都道府県別の時系列統計データを表示した例です。暦象データを示すオブジェクトが、日本列島の形にならんでいることがわかると思います。統計データの場合は、同時にグラフも表示することができます。可視化が難しい、地域別の時系列データを一括して表示できるので、時空間的変化の概要を把握するのに適しています。

195

第Ⅳ部　21世紀の歴史情報リテラシー

── トピック47 ──────────────────────

歴史情報の「見える化（visualization）」について

　「見える化」という言葉を時々目にします。これを情報学の術語に置き換えると、「視覚化」あるいは「可視化」、英語では visualization に相当します。本来、非常に広い概念ですが、ここでは簡単のために「さまざまな情報を視覚的な情報に変換または対応させて表示すること」としておきます。GIS を使って地理上情報を「地図化」することは、その一例です。

　では、歴史情報の「見える化」は、どうしたらよいのでしょうか。「見える化」と一口にいっても、歴史情報の場合は、時間軸方向の変化を表現できなくてはなりません。これには工夫が必要です。筆者が開発に関わった「暦象オーサリング・ツール（Reki-Show）」というシステムも、そうした工夫の一つです（☞文献③⑤）。

　Google Earth の時間スライダーや、シドニー大学の TimeMap システムなどは、地図を基盤に時間方向の変化を可視化するものです。これに対して Reki-Show は、年表を基盤に時間と空間の変化を同時に可視化することを狙ったものです（☞図表 47-1）。具体的な仕組みは図表 47-2 に紹介してありますが、たとえていえば、タイムマシンに乗って時間のトンネルを自由に飛び回ることができるというシステムです。Reki-Show は歴史情報データベースを読み込んで、歴史情報のひとつひとつを暦象オブジェクトという立体的なアイコンに変換して、仮想空間（クロノマトリクスと呼びます）に表示します。

　利用者はマウスを使って、クロノマトリクスのなかを自由に移動することができます。通常は、利用者から見て画面の奥行き方向が時間軸になります。また、画面の上下方向および左右方向には、歴史情報の属性値を割り当てることができます。左右方向に経度、上下方向に緯度を割り当てると（☞図表 47-3）、暦象オブジェクトは地理的空間情報（どこで）によって配置されるので、ちょうど地図上に出来事をプロットしたような状態になります。地図と違うのは、画面の時間軸方向に移動できることです。また暦象オブジェクトの色、形、大きさは、歴史情報の属性値を表すように設定することができるので、統計値の時空間的変化を可視化することも可能です（☞図表 47-6）。

　Reki-Show は、歴史研究者と情報システム研究者が協働することで実現したツールです。昨今、学問分野を超えた取り組みの重要性が説かれていますが、概念論だけでは成果に結びつきません。具体的なアイディアを憶せずにぶつけ合うことが、実現への近道だと筆者は考えています。

48　歴史事象の時空間分析

　前章では「歴史情報」というデータ構造は、時空間分析と親和性が高い、と述べました。これは具体的にはどういうことなのか、例を示しましょう。

　事例として取り上げるのは、江戸時代に日本中で起きた百姓一揆の分析です。百姓一揆については、「百姓一揆総合年表」（☞文献①）という大変優れた史料があるので、これを原データとして使用します。この年表は百姓一揆について「誰が」「いつ」「どこで」「何をした」という情報がきちんと整理されていますので、歴史情報データベースに収録するのに適しています。さらに、この年表では個々の一揆の種類が記載されているので、おおよその「激しさ（暴力性）」と「動機」がわかります。この「激しさ」を8段階の数値に変換して記録します。

　こうして作成したデータベースから、一揆の発生地点（当時の郡）ごとに、動機別の発生頻度を求めることができます（☞図表48-1）。この頻度に「激しさ」のレベルを加重して「一揆のマグニチュード」を求め、これをReki-Showで表示してみると（☞図表48-2）、一揆の種類によって空間的分布に偏りがあり、それが時間にそって変化する様子が見てとれます。とくに、米価のつり上げや買い占めなどの市場の機能不全に端を発した一揆（以下、市場一揆）が、幕末に向かって増加していることがわかります。そこで18世紀と19世紀（幕末まで）について、GISによって地図化してみます（☞図表48-3、48-4）。すると、東北、東山、北越、畿内、瀬戸内といった地域に一揆の多発するセンターがありますが、18世紀中はとくに西日本に市場一揆が多く、19世紀にはこれが東日本でも多く発生し、全国的に広がっているように見えます。

　このように、市場一揆の時空間的分布には何らかの傾向があると思われます。そこで、都市人口や市場階層性といった概念を利用して数量的に分析を行い、加えて「農村工業化」という歴史的な現象を勘案すると、江戸時代後期の百姓一揆（市場一揆）は、農村工業化によって農家世帯の経済活動が発展する過程で、市場の分配機能が正常に働かない地域において多発したと考えることができるのです（☞文献②）。

第IV部　21世紀の歴史情報リテラシー

図表48-1　江戸時代に発生した百姓一揆の種類と件数

期間	一揆の動機別発生件数と比率							
	合計	市　場		重　課		村方騒動		その他	
全期間	567	221	39%	323	57%	77	14%	465	82%
18世紀	434	101	23%	232	53%	35	8%	327	75%
19世紀	440	168	38%	173	39%	52	12%	331	75%

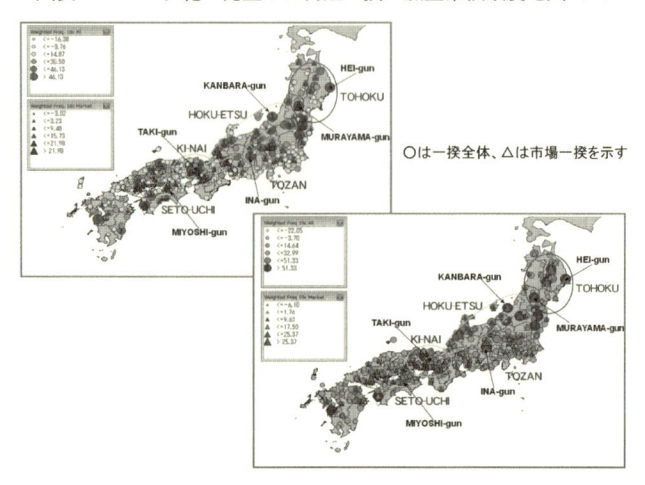

図表48-2　大飢饉時における百姓一揆のクロノマトリクス

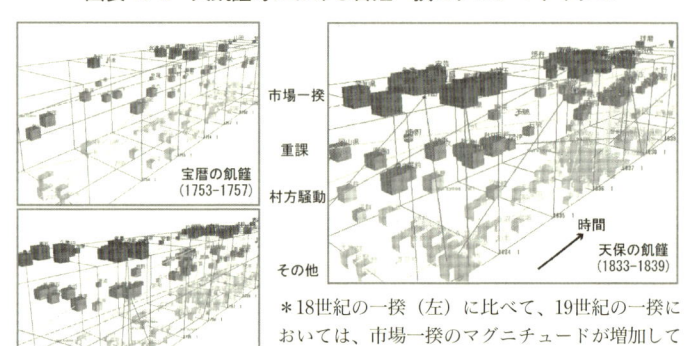

＊18世紀の一揆（左）に比べて、19世紀の一揆においては、市場一揆のマグニチュードが増加しています。また、地理的分布についても、東日本（クロノマトリクスの時間軸方向に向かって右側）の発生件数が増加しています。

図表48-3　18世紀に発生した百姓一揆の加重累積頻度地図（上）
図表48-4　19世紀に発生した百姓一揆の加重累積頻度地図（下）

○は一揆全体、△は市場一揆を示す

48 歴史事象の時空間分析

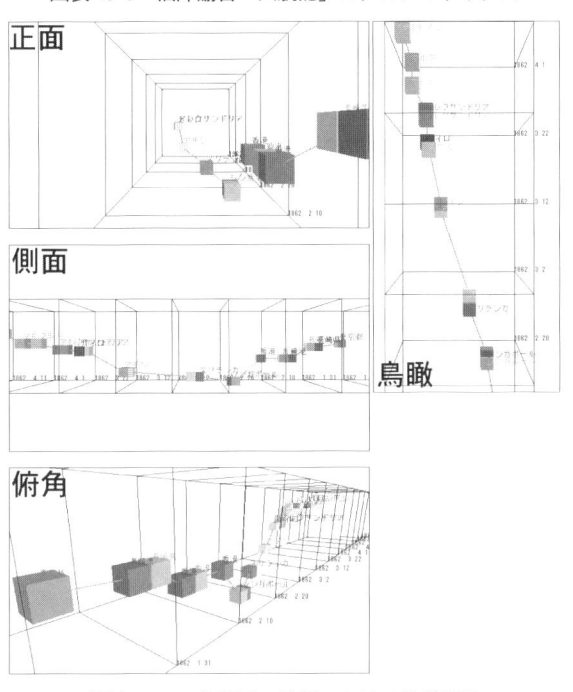

図表 48-5　福澤諭吉「西航記」のクロノマトリクス

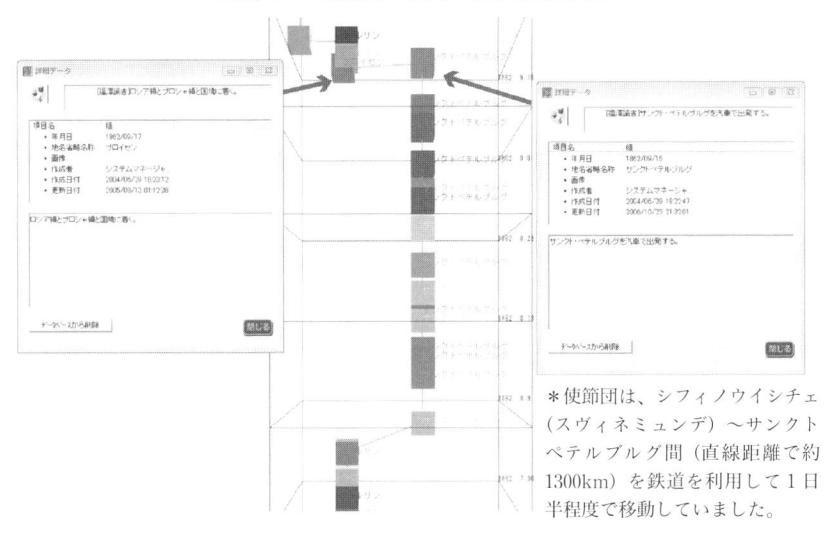

正面

側面

鳥瞰

俯角

図表 48-6　使節団の欧州における鉄道利用

＊使節団は、シフィノウイシチェ（スヴィネミュンデ）～サンクトペテルブルグ間（直線距離で約1300km）を鉄道を利用して1日半程度で移動していました。

199

― トピック48 ―

仮想空間で見る福澤諭吉の「西航記」・「西航手帳」

　江戸時代の日本人がヨーロッパを一周して帰ってくる、というのはどのような体験だったのでしょうか。その様子を日誌形式で記した文献が福澤諭吉によって残されています。福澤は文久2（1862）年に日本を出発した遣欧使節団に通訳として同行する機会を得ました。彼は出発の日から日記をつけ、パリで購入した黒革の手帳に見聞した情報を書き取りました。これが「西航記」と「西航手帳」です。その内容は、当時の西欧文明を日本の知識人が観察した史料として大変興味深いものですが、ここでは少し見方を変えて、この旅行記を時空間情報として「眺めて」みます。

　西航記は日記ですので、歴史情報としてデータベース化することができます。これを Reki-Show に入力して、X軸に経度、Y軸に緯度を割り当てたクロノマトリクスとして表示してみます（☞図表48-5）。時間軸方向に眺めてみますと、いくつかの点が目に付きます。

　まず、第一に注目されるのは、ヨーロッパにおける距離当たりの移動時間が短いということです。これは、高速移動手段として鉄道が用いられ、さらに河川交通を併用することで、効率のよい長距離移動が可能になっていたためと考えられます。福澤は鉄道をさしたる驚きもなく利用して、旅していたことが記されています。この時期のヨーロッパ諸国は、すでに大量高速輸送の時代を迎えつつあり、使節団はこうした国際的な交通ネットワークを利用して、フランス、イギリス、オランダ、プロシア、ロシアといった国々をさほどの困難もなく旅することができたのです（☞図表48-6）。

　次に、往路と復路の船旅の期間があまりかわらないことにも注目すべきでしょう。難破寸前の危機にあった咸臨丸に比較すれば、英国船の利用とはいえ、この遣欧使節の船旅はかなり順調なものであったといえます（復路の船内で、船員がクリスマスを祝う様子が記されています）。現在の航海技術と比べることはできませんが、当時の外洋航路がすでに安定した輸送手段として成立していたことをうかがわせます。

　このように、旅行記は記述自体の価値はもちろんのこと、時空間情報としても貴重な価値があります。年表や文章だけでは見逃してしまうような歴史事象における時空間的変化を、直観的に認識することができるのは、情報を可視化することの利点の一つといえるでしょう。

49　インターネットは「知恵の海」か

　何かを調べるとき、インターネットの検索エンジンを利用することは、今ではごくふつうのことになりました。簡単なキーワードを入力するだけで直ちに膨大な検索結果がリストされる、この仕組みなしでは、今日のインターネットの普及を語ることはできないでしょう。

　検索エンジンの精度は日々向上していますが、それでも検索結果には膨大な量の「ノイズ」が含まれています。むろん、何を必要な情報とするかは、検索した人が決めるべきものなので、検索エンジンの責任ではありません。しかしながら、歴史に関する情報を検索する場合、これはいささか不都合なことです。

　例えば、歴史上の古い地名だけがわかっているとして、それがどこにあるのかを地図上で特定したいとします。最も簡単な方法は、古い地名に対応する現在の地名を見つけ出すことでしょう。ボンベイとムンバイのように大きな都市であれば、これは簡単です。ところが古い旅行記に一度だけ出てくるような地名の場合、かりに現在の地名に関する情報が沢山あったとしても、両方の地名が偶然併記されていないかぎり、検索エンジンだけで答えにたどり着くことは難しいはずです。

　このように情報がなかなか見つからないとき、まず試みるべきなのは、その分野のデータベースを探すことです。これなら検索エンジンでもかなり確実にヒットします。上記の地名の場合なら、検索エンジンで「地名 geographic place」と入力してみてください。トップ付近に"Gettey Thesaurus of Geographic Place Online"が見つかるはずです。このデータベースを利用すれば、世界中の歴史地名を調べることができます（ただし英語表記のみ）。このほかにもたくさんの優れたデータベースがWEB上で公開されています。これからの歴史研究には、こうしたデータベースを積極的に使いこなすスキルも重要になるでしょう。インターネットが「知恵の海」になるか、「ノイズの泥沼」になるかは、あなた次第です。

第Ⅳ部　21世紀の歴史情報リテラシー

図表49-1　歴史研究のためのWEBデータベース一覧（国内）

名　称	種類	URL	概　要
総務省統計局ホームページ	①	http://www.stat.go.jp/data/index.htm	日本の統計データを調べるときに、まず調べるべきサイトです。統計局が作成しているデータのほんとんどが入手できます。
政府統計の総合窓口 e-stat	ポータル	http://www.e-stat.go.jp/SGI/estat/	(独)統計情報センターが運営している、政府統計情報全般のポータルサイトです。統計書の種類や分類体系などの説明も掲載されています。
地図で見る統計（統計GIS）	①	上記ポータルサイトにリンクがあります	地域別の統計データにもとづいてコロプレス・マップ（特定のデータについて塗り分けた主題地図）を表示するWeb GISです。
日本政府オープンデータ・カタログ	⑥	http://data.go.jp/	日本政府が「データカタログサイト」の試行版として、各府省が保有するデータのメタ情報を検索できるサービスを2013年末より提供しています。オープンデータという国際的な情報公開の潮流に沿ったものです。収録件数はまだ1万件程度ですが、今後の整備が期待されます。
都道府県死因別死亡者数統計データベース（CSDS-DB）	①	http://www.rekishow.org/db/CSDS/	友部謙一（大阪大学）、鈴木晃仁（慶應義塾大学）の両先生が構築した時系列地域統計データベースです。1902年から1959年までの死因別死亡者数を都道府県別に収録しています。20世紀前半の日本の疾病、健康、衛生状況などを地域別に知ることができる貴重なデータベースです。
歴史地域統計データ	①⑤	http://giswin.geo.tsukuba.ac.jp/teacher/murayama/data.html	筑波大学大学院生命環境科学研究科の村山祐司先生が提供されているデータです。とくに明治、大正期の行政界地図データは大変貴重なもので、近代史研究には役に立ちます。
CiNii（NII論文情報ナビゲータ［サイニィ］）	②	http://ci.nii.ac.jp/	国立情報学研究所が運営している、日本国内で発表された研究論文、専門書籍の総合的な書誌データベースです。
国立公文書館　アジア歴史資料センター	④	http://www.jacar.go.jp/index.html	国立公文書館アジア歴史資料センターが運営している近代日本の公文書データベースです。明治初期から太平洋戦争末期までの公文書を収録しています。
国土地理院地理空間情報ライブラリー	⑤⑥	http://geolib.gsi.go.jp/	国土地理が提供している様々な地理空間情報を住所やテーマから横断的に参照できる新しいメタ情報サイトです。
地理院地図（電子国土Web）	⑤	http://portal.cyberjapan.jp/index.html	電子国土基本図の利活用を目的とするWebサービスです。システムが改良され、東日本大震災の空中写真や3D地形図なども提供されています。

名　称	種類	URL	概　要
地図・空中写真閲覧サービス	⑤	http://mapps.gsi.go.jp/maplibSearch.do	明治時代の測図から現在までの地形図や空中写真を一括して検索し閲覧できる新しいWebサービスです。国土の変容を知る上で重要な情報です。
人間文化研究機構総合検索システム	⑥	http://www.int.nihu.jp/	日本では数少ない、人文科学分野の研究資料のメタ情報データベースです。人間文化研究機構が所蔵している史料の所在を調べることができます。

図表 49-2　歴史研究のための WEB データベース一覧（海外）

名　称	種類	URL	概　要
UNSD Statistical Databases	①	http://unstats.un.org/unsd/databases.htm	国連が提供している統計データベースです。人口、経済、生活環境、福祉など多分野のデータが収録されており、検索システムもよくできています。
eurostat	①	http://epp.eurostat.ec.europa.eu/portal/page/portal/eurostat/home	EU が提供している EU 加盟諸国の統計データベースです。検索システムが大変優れていて、統計表だけでなく、グラフ、地図を簡単な操作で表示できます。
Getty Thesaurus of Geographic Names Online	⑤	http://www.getty.edu/research/tools/vocabularies/tgn/index.html	米国のゲッティ財団が提供している全世界をカバーする地名データベースです。現在の地名だけでなく、歴史上の地名、別名等も記載されています。英語圏においては、最も充実した地名データベースといってよいでしょう。
International Steering Committee for Global Mapping	⑤	http://www.iscgm.org/gmd/	地球地図の国際版サイトです。データ公開国の地図データを提供しています。
Inter-university Consortium for Political and Social Research	⑥	http://www.icpsr.umich.edu/icpsrweb/ICPSR/	ミシガン大学が運営する人文社会科学系の研究支援組織の WEB サイトです。研究者が研究に使用したデータを寄託するシステム（Data Deposit）を運営しており、メタ情報データベースにより、個々のデータの詳細な情報を得ることができます。
U.S. Government's open data	⑥	http://www.data.gov/	米国政府のオープン・データ・カタログサイトです。11万件以上のデータ、公文書、報告書などをキーワードやテーマで検索できます。
DATA.GOV.UK	⑥	http://data.gov.uk/	英国政府のオープン・データ・カタログサイトです。収録件数は、まだ 2 万件程度ですが、地図による検索などユニークな工夫がなされています。

第IV部　21世紀の歴史情報リテラシー

―トピック49――

WEBデータベースを活用する

　WEBサイトのなかには、特定の分野の情報について、専門的な見地から吟味したものを収録したデータベースを公開しているものがあります。ここでは、こうしたサイトを「WEBデータベース」と呼ぶことにします。
　WEBデータベースには、主に以下のような種類があります。
①統計データを収録したもの
　国や研究機関が提供するものが多く、日本の場合、国が作成している主要な統計については、総務省によってデータベース化されており無償で利用できます。
②研究論文や学術雑誌の書誌情報を収録したもの
　先行研究を調べたり、研究動向を知るためには必須のものです。大学の図書館や情報センターは大抵数社のデータベース業者と契約しているので、学内からであれば無償で使えることが多いようです。
③新聞・雑誌の記事を収録したもの
　新聞社が提供する有償の情報サービスが中心ですが、最近では②と同様に、大学が一括して契約していることが多いようです。
④画像や音声を収録したもの
　さまざまな分野のものがありますが、古文書や絵図を画像として収録したもの（画像アーカイブ）が最も盛んに構築されています。学術目的であれば無償で利用できることが多いようです。
⑤地図のデジタルデータや地理的空間情報を収録したもの
　近年とくに充実しつつあるもので、46で紹介したGISと組み合わせることでさまざまな使い途が考えられます。日本の場合は、国土地理院によって国土のデジタルデータが整備されており、もちろんすべて無償で利用できます。
⑥データベースのメタ情報を収録したもの
　データベースのメタ情報とは、作成者、収録期間、収録情報の概要などの「データベースに関する」情報のことです。このようなデータベースを「メタ情報データベース」とか「データベース・リポジトリ」などと呼びます。これらを利用すれば、関心のある分野に関係するデータベースを簡単に見つけ出すことができます。
　図表49-1、49-2で主要なWEBデータベースを紹介していますので、利用に際しての参考にしてください。

50　コピペよ、さらば
―WEB 情報の信頼性リスク―

　デジタル情報の優れた特性の一つは、コンピューターを使って簡単に複写や編集ができることです。たいへん便利ですが、なにごとも常識の範囲で行うことが大切です。WEB サイトから文章や写真をコピーして、自分の論文に貼り付ける行為、いわゆる「コピペ」を多用することは論外ですが、一般的な引用であっても情報の「信頼性リスク」があることを認識する必要があります。

　他者の言説を引用するということは、オリジナルの言説が参照可能であるということによって担保されています。書物であれば、引用に対応して必ず参照情報が記載されるのはこのためです。しかしながら、WEB サイトの記事にはこうしたルールがないため、情報の源（ソース）を参照して、検証することが困難です。

　Web 百科事典として有名な Wikipedia の場合、こうした問題を回避するために、詳細なガイドラインを策定して執筆者の遵守を呼びかけていますが、強制力はありません。それでも、最近の Wikipedia の記事は「検証可能性」を保証するために、記載事項の出典や根拠資料を明示しているものが増えていることは注目に値します。

　さて、歴史の論文を書くうえでも「検証可能性」が重要であることはいうまでもありません。参考文献の信頼性に注意を払うのは常識です。例えば、テレビドラマの登場人物の台詞を参考資料に挙げることは（ドラマの研究でもないかぎり）、まずありえないでしょう。しかし、WEB サイトの情報を引用または参照する場合、注意を怠ればこれと大差のない結果を招きます。とくに検索エンジンの検索結果から WEB サイトを参照する場合、そのサイトの目的や作成者の情報などが確認できないことがあります。このような情報を無批判に採用することは危険です。

　結局のところ、紙媒体の資料であれ WEB サイトの情報であれ、自分で「裏がとれない」情報は、どれほど魅力的に見えても使うべきではないのです。

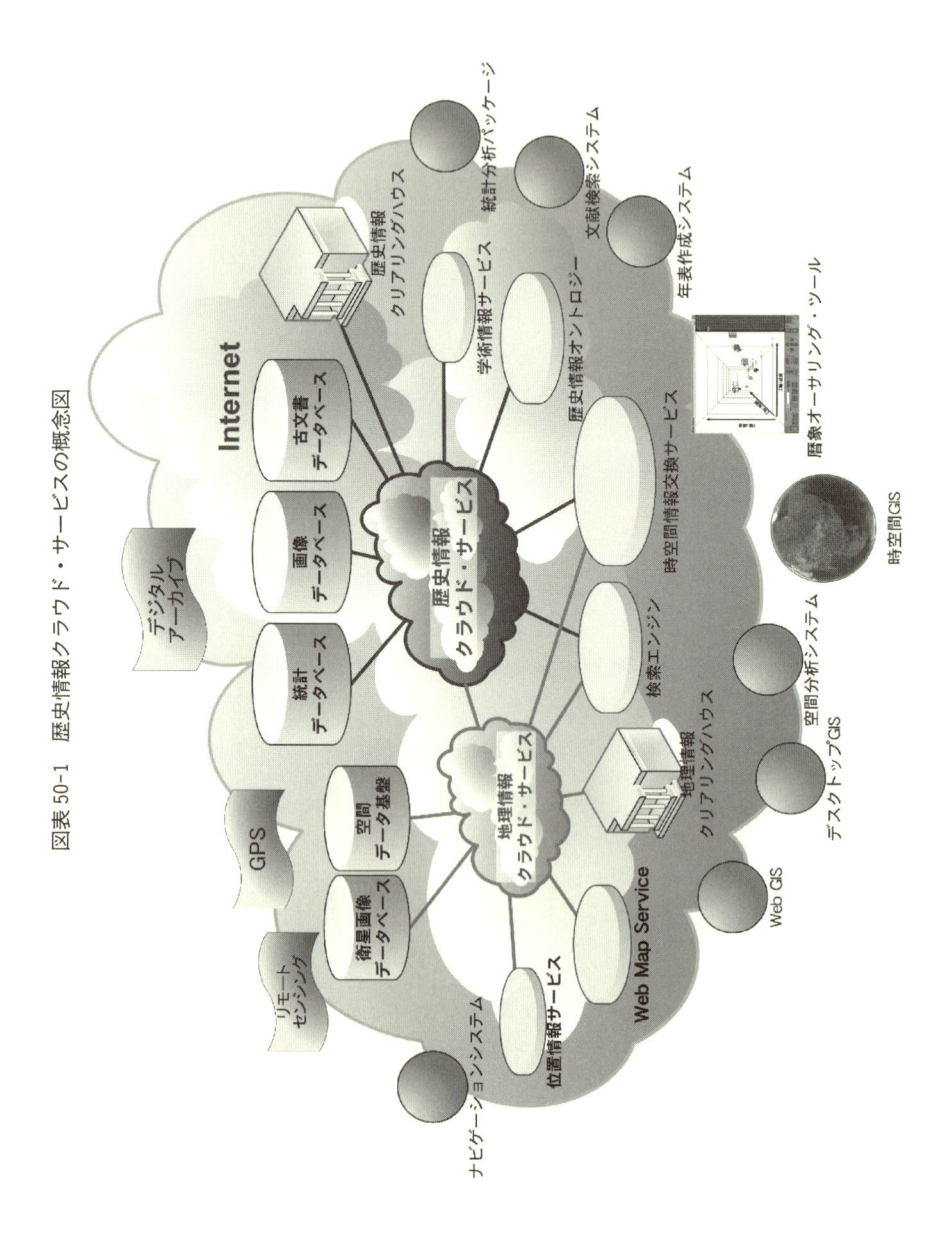

第IV部　21世紀の歴史情報リテラシー

図表 50-1　歴史情報クラウド・サービスの概念図

50 コピペよ、さらば

「私がこの講演で過去百五十年間の歴史に深い関心を寄せておりますのは、この間に起こったことが再び起こると予想しているからではなく、(歴史は、こういう教訓を垂れるものではありません。)歴史というものが、半ば過去に属し半ば未来に属する諸事件の流れあるいは連続を取扱うもので、その一方に関心を持たなければ、他方を知的に評価することが出来ないからです。」(E・H・カー『新しい社会』岩波新書、1953年、10頁)

＊図版作成＝花島誠人

207

― トピック50 ―

クラウド・コンピューティング時代の歴史研究

　20世紀末までは、インターネットはつきつめればデータ通信ネットワークとしての役割を担っていたと見ることができます。しかし、近年になってこの認識は修正を迫られています。そのきっかけとなったのは「クラウド・コンピューティング（以下クラウド）」という概念です。この概念の詳細には触れませんが、簡単にいえば、ユーザーのコンピューターで行っていたさまざまな処理を、できるだけインターネット上のサーバー群で行うというものです。このような概念は決して新しいものではありませんが、インターネットの高速化を背景に、システムの基本構造のなかにインターネットを利用した相互運用を組み入れた点が大きな違いです。

　クラウドの特徴の一つは、インターネット上の資源を共有化して効率的に利用するということです。資源には情報も含まれます。これまでは、散在する情報を共有化するためには、一つのデータベースに統合して収録するというのが一般的な方法でしたが、この方法は大変な労力と時間がかかるうえ、管理運営の負荷が大きいという問題があり、巨大プロジェクトでないかぎり実現が困難でした。これに対してクラウドでは、散在する情報を一つのデータベースに統合することなく共有化する仕組みを提供します。この仕組みを使えば、最低限の取り決めごと（プロトコル）に準拠した出入口を設けるだけでデータベースの共有が実現できるようになります。

　では、クラウドは歴史研究に何をもたらすでしょうか。一つの可能性は、世界中に散在している膨大な歴史情報を共有化して、一つのデータベースであるかのようにインターネット上のどこからでも自由にアクセスできるようにすることです。夢のような話と思われるかもしれませんが、地理の分野では、世界中の地理空間情報を相互運用するための標準仕様が決まっていて、この「夢」が現実になりつつあります。先に紹介したGISソフトウェアでインターネット上の地図データを参照できるのもこの標準仕様のおかげです。

　これに対して歴史の分野では、こうした取り組みが遅れているのが実情です。歴史研究者の間でこうした技術に対する関心が低いことが大きな原因になっていることは明らかです。クラウド時代の歴史研究者に求められているのは、他分野の研究者と手を携えて、人類の貴重な財産である歴史情報の共有化を成し遂げることかもしれません。

参考文献

第Ⅰ部
① 阿藤誠『現代人口学』日本評論社、2000年。
② ゲーロルト・アムブロジウス＆ウィリアム・H・ハバード（肥前栄一他訳）『20世紀ヨーロッパ社会経済史』名古屋大学出版会、1991年。
③ 荒井政治・内田星美・鳥羽欽一郎編『産業革命の世界2：産業革命の技術』有斐閣、1981年。
④ 井上輝子編『女性のデータブック』（第3版）有斐閣、1999年。
⑤ OECD編（高木郁朗監訳）『図表でみる世界の社会問題』明石書店、2006年。
⑥ ペーター・ガイス＆キヨーム・ル・カントレック監修（福井憲彦・近藤孝弘監訳）『ドイツ・フランス共通歴史教科書【現代史】』〈世界の歴史教科書シリーズ23〉明石書店、2008年。
⑦ 川越修『ベルリン　王都の近代――初期工業化・1848年革命』ミネルヴァ書房、1988年。
⑧ 川越修『性に病む社会――ドイツ　ある近代の軌跡』山川出版社、1995年。
⑨ 川越修『社会国家の生成――20世紀社会とナチズム』岩波書店、2004年。
⑩ 川越修他編『近代を生きる女たち』未來社、1990年。
⑪ アンソニー・ギデンズ＆渡辺聰子『日本の新たな「第三の道」』ダイヤモンド社、2009年。
⑫ 木村靖二『二つの世界大戦』山川出版社、1996年。
⑬ 木村靖二編『ドイツ史』〈新版世界各国史13〉山川出版社、2001年。
⑭ 久米邦武編（水澤周訳・注）『現代語訳　特命全権大使　米欧回覧実記』（普及版）1（アメリカ編）・2（イギリス編）・3（ヨーロッパ大陸編・上）、慶應義塾大学出版会、2008年。
⑮ 河野稠果『世界の人口』（第5版）東京大学出版会、1998年。
⑯ 斎藤修『比較経済発展論――歴史的アプローチ』岩波書店、2008年。
⑰ レナード・ショッパ（野中邦子訳）『「最後の社会主義国」日本の苦悩』毎日新聞社、2007年。
⑱ E・L・ジョーンズ（安元稔他訳）『ヨーロッパの奇跡――環境・経済・地勢の比較史』名古屋大学出版会、2000年。
⑲ アマルティア・セン（大石りら訳）『貧困の克服』〈集英社新書〉集英社、2002年。
⑳ 田中彰『明治維新と西洋文明――岩倉使節団は何を見たか』〈岩波新書〉岩波書

店、2003年。
㉑常松洋『大衆消費社会の登場』〈世界史リブレット48〉山川出版社、1997年。
㉒中川清『日本都市の生活変動』勁草書房、2000年。
㉓中川敬一郎『イギリス経営史』東京大学出版会、1986年。
㉔西川潤『データブック　人口』〈岩波ブックレット〉岩波書店、2008年。
㉕西川潤『データブック　貧困』〈岩波ブックレット〉岩波書店、2008年。
㉖西川俊作他編『日本経済の200年』日本評論社、1996年。
㉗野村達朗『大陸国家アメリカの展開』〈世界史リブレット32〉山川出版社、1996年。
㉘デーヴィッド・A・ハウンシェル（和田一夫他訳）『アメリカン・システムから大量生産へ　1800-1932』名古屋大学出版会、1998年。
㉙N・J・G・パウンズ（桜井健吾訳）『近代ヨーロッパの人口と都市』晃洋書房、1991年。
㉚アダム・ハート＝デイヴィス総監修（樺山紘一日本語版総監修）『世界の歴史大図鑑』河出書房新社、2008年。
㉛原輝史・工藤章編『現代ヨーロッパ経済史』有斐閣、1996年。
㉜スーザン・B・ハンレー（指昭博訳）『江戸時代の遺産——庶民の生活文化』〈中公叢書〉中央公論社、1990年。
㉝広井良典『日本の社会保障』〈岩波新書〉岩波書店、1999年。
㉞ペーター・フローラ編（竹岡敬温監訳）『ヨーロッパ歴史統計——国家・経済・社会　1815-1975』（上・下）原書房、1987年。
㉟ウルリヒ・ベック（東廉他訳）『危険社会——新しい近代への道』〈叢書・ウニベルシタス〉法政大学出版局、1998年。
㊱アンガス・マディソン（金森久雄監訳）『世界経済の成長史　1820〜1992年』東洋経済新報社、2000年。
㊲ブライアン・R・ミッチェル編（中村宏他訳）『マクミラン世界歴史統計』（1〜3）東洋書林、2001-2002年。
㊳宮崎犀一他編『近代国際経済要覧』東京大学出版会、1981年。
㊴宮本太郎『福祉政治』有斐閣、2008年。
㊵矢野久＆アンゼルム・ファウスト編『ドイツ社会史』〈有斐閣コンパクト〉有斐閣、2001年。
㊶山本秀行『ナチズムの時代』〈世界史リブレット49〉山川出版社、1998年。
㊷湯沢雍彦『データで読む家族問題』〈NHKブックス〉日本放送出版協会、2003年。
㊸ムハマド・ユヌス（猪熊広子訳）『貧困のない世界を創る』早川書房、2008年。
㊹Asmus, Gesine (Hg.), *Hinterhof, Keller und Mansarde. Einblicke in Berliner*

Wohnungselend 1901-1920, Reinbek bei Hamburg: Rowohlt, 1982.
㊺Hagemann, Karen (Hg.), *Eine Frauensache: Alltagsleben und Geburtenpolitik 1919-1933*, Pfaffenweiler: Centaurus-Verlagsgesellschaft, 1991.
㊻Huggins, Laura E. and Hanna Skandera (eds.), *Population Puzzle: Boom or Bust?*, Stanford: Hoover Institution Press, 2004.
㊼Mauter, Horst et al., *Der Potsdamer Platz: Eine Geschichte in Wort und Bild*, Berlin: Nishen, 1991.
㊽Ribbe, Wolfgang (Hg.), *Geschichte Berlins*, 2. Bd., München: Verlag C. H. Beck, 1987.
㊾Ruppert, Wolfgang (Hg.), *Lebensgeschichten: Zur deutschen Sozialgeschichte 1850-1950*, Opladen: Leske+Budrich, 1980.
㊿Weiland, Daniela, *Geschichte der Frauenemanzipation in Deutschland und Österreich*, Düsseldorf: ECON Taschenbuch Verlag, 1983.

第Ⅱ部
①ジャネット・L・アブー゠ルゴド（佐藤次高他訳）『ヨーロッパ覇権以前――もうひとつの世界システム』（上・下）岩波書店、2001 年。
②生田滋『ヴァスコ・ダ・ガマ――東洋の扉を開く』原書房、1992 年。
③梅棹忠夫『文明の生態史観』〈中公文庫〉中央公論社、1974 年。
④絵所秀紀『開発経済学とインド――独立後インドの経済思想』日本評論社、2002 年。
⑤絵所秀紀『離陸したインド経済――開発の軌跡と展望』ミネルヴァ書房、2008 年。
⑥大石高志「インド人商人のネットワーク――広域秩序と雑貨・食料品ビジネス」遠藤乾編『グローバル・ガバナンスの最前線』〈未来を拓く人文・社会科学 7〉東信堂、2008 年。
⑦小名康之『ムガル帝国時代のインド社会』山川出版社、2008 年。
⑧籠谷直人「日中戦争前の日本の経済外交――第二次『日印会商』(1936-37 年)を事例に」『人文学報』77、1996 年。
⑨籠谷直人・脇村孝平編『帝国とアジア・ネットワーク――長期の 19 世紀』世界思想社、2009 年。
⑩加藤祐三・川北稔『アジアと欧米世界』〈世界の歴史 25〉中央公論社、1998 年。
⑪ヴァスコ・ダ・ガマ（野々山ミナコ訳／増田義郎注）「ドン・ヴァスコ・ダ・ガマのインド航海記」『航海の記録』〈大航海時代叢書 1〉岩波書店、1965 年。
⑫川村朋貴「イギリス帝国下のイースタン・バンク問題――英領インドから海峡植民地へ (1853-67 年)」籠谷直人・脇村孝平編『帝国とアジア・ネットワーク

参考文献

──長期の19世紀』世界思想社、2009年。
⑬神田さやこ「環ベンガル湾塩交易ネットワークと市場変容──1780-1840年」籠谷直人・脇村孝平編『帝国とアジア・ネットワーク──長期の19世紀』世界思想社、2009年。
⑭佐藤正哲・中里成章・水島司『ムガル帝国から英領インドへ』中央公論新社、2009年。
⑮スミット・サルカール（長崎暢子他訳）『新しいインド近代史──下からの歴史の試み』（上・下）研文出版、1993年。
⑯杉原薫『アジア間貿易の形成と構造』ミネルヴァ書房、1996年。
⑰杉原薫「19世紀前半のアジア交易圏──統計的考察」籠谷直人・脇村孝平編『帝国とアジア・ネットワーク──長期の19世紀』世界思想社、2009年。
⑱グルチャラン・ダース（友田浩訳）『インド　解き放たれた賢い象』集広舎、2009年。
⑲田辺明生『カーストと平等性──インド社会の歴史人類学』東京大学出版会、2010年。
⑳谷口謙次「18世紀後半のベンガルにおけるイギリス東インド会社の貨幣政策」籠谷直人・脇村孝平編『帝国とアジア・ネットワーク──長期の19世紀』世界思想社、2009年。
㉑サティーシュ・チャンドラ（小名康之・長島弘訳）『中世インドの歴史』山川出版社、1999年。
㉒ビパン・チャンドラ（粟屋利江訳）『近代インドの歴史』山川出版社、2001年。
㉓内藤雅雄・中村平治編『南アジアの歴史──複合的社会の歴史と文化』有斐閣、2006年。
㉔中里成章『インドのヒンドゥーとムスリム』山川出版社、2008年。
㉕長島弘「インド洋とインド商人」『イスラーム・環インド洋世界』（岩波講座　世界歴史14）岩波書店、2000年。
㉖長島弘「アジア海域通商圏論──インド洋世界を中心に」歴史学研究会編『歴史学における方法的展開』〈現代歴史学の成果と課題1980-2000年：1〉青木書店、2002年。
㉗J・ネルー（辻直四郎他訳）『インドの発見（下）』岩波書店、1956年。
㉘狭間直樹・長崎暢子『自立へ向かうアジア』中央公論新社、2009年。
㉙イブン・バットゥータ（前嶋信次訳）『三大陸周遊記』角川書店、1989年。
㉚イブン・バットゥータ（家島彦一訳）『大旅行記』平凡社、1996-2002年。
㉛羽田正『東インド会社とアジアの海』〈興亡の世界史15〉講談社、2007年。
㉜M・N・ピアソン（生田滋訳）『ポルトガルとインド──中世グジャラートの商人と支配者』〈岩波現代選書〉岩波書店、1984年。

㉝アンドレ・グンダー・フランク（山下範久訳）『リオリエント——アジア時代のグローバル・エコノミー』藤原書店、2000 年。
㉞トーマス・フリードマン（伏見威蕃訳）『フラット化する世界——経済の大転換と人間の未来』（上・下）2006 年。
㉟デニス・フリン（秋田茂・西村雄志編訳）『グローバル化と銀』山川出版会、2010 年。
㊱クリストファー・ベイリ編（中村英勝他訳）『イギリス帝国歴史地図』東京書籍、1994 年。
㊲アンドリュー・ポーター編（横井勝彦他訳）『大英帝国歴史地図——イギリスの海外進出の軌跡 [1480 年～現代]』東洋書林、1996 年。
㊳マルコ・ポーロ（愛宕松男訳）『東方見聞録2』平凡社、2000 年。
㊴松田壽男『アジアの歴史——東西交渉からみた前近代の世界像』岩波書店、2006 年。
㊵ブライアン・ミッチェル編（北村甫監訳）『アジア・アフリカ・大洋州歴史統計：1750～1993』東洋書林、2002 年。
㊶村川賢太郎訳註『エリュトゥラー海案内記』中央公論社、1993 年。
㊷バーバラ・D・メトカーフ＆トーマス・R・メトカーフ（河野肇訳）『インドの歴史』創土社、2006 年。
㊸家島彦一「西からみた海のアジア史」尾本恵一他編『海のパラダイム』（海のアジアⅠ）岩波書店、2000 年。
㊹家島彦一『海域から見た歴史——インド洋と地中海を結ぶ交流史』名古屋大学出版会、2006 年。
㊺柳澤悠『南インド社会経済史研究——下層民の自立化と農村社会の変容』東京大学出版会、1991 年。
㊻柳澤悠「植民地期インド手織業の変容と消費構造」『東洋文化研究所紀要』118、1992 年。
㊼リンスホーテン（岩生成一他訳）『東方案内記』〈大航海時代叢書8〉岩波書店、1968 年。
㊽エドワード・ルース（田口未和訳）『インド——厄介な経済大国』日経ＢＰ社、2008 年。
㊾Ａ・Ｊ・Ｈ・レイサム（川勝平太・菊池紘一訳）『アジア・アフリカと国際経済 1865-1914 年』日本評論社、1987 年。
㊿脇村孝平「アジアから見た世界システム論——インド洋世界をめぐって」川北稔編『ウォーラーステイン』〈講談社選書メチエ　知の教科書〉講談社、2001 年。
㉑脇村孝平『飢饉・疫病・植民地統治——開発の中の英領インド』名古屋大学出版会、2002 年。

参考文献

㊾脇村孝平「一九世紀のコレラ・パンデミックと南アジア世界——環境史としての疫病史」池谷和信編『地球環境史からの問い——ヒトと自然の共生とは何か』岩波書店、2009年。

㊼脇村孝平「『長期の19世紀』アジア——インド経済史を中心に」籠谷直人・脇村孝平編『帝国とアジア・ネットワーク——長期の19世紀』世界思想社、2009年。

㊾Bayly, C., *Indian Society and the Making of the British Empire*, Cambridge: Cambridge University Press, 1983.

㊿Bayly, C. A., (ed.) *The Raj: India and the British, 1600-1947*, London: National Portrait Gallery Publications, 1990.

㊽Bose, S. and A. Jalal, *Modern South Asia: History, Culture, Political Economy*, Second Edition, New York: Routledge, 2004.

㊾Dasgupta, Ajit, *A History of Indian Economic Thought*, London: Routledge, 1993.

㊿Goswami, O., 'Agriculture in Slump: The Peasant Economy of East and North Bengal in the 1930 s', in G. Balachnadran (ed.), *India and the World Economy, 1850-1950*, New Delhi: Oxford University Press, 2003.

㊾Kumar, D. (ed.), *The Cambridge Economic History of India, Vol. 2, Cambridge*: Cambridge University Press, 1983.

⑥⓪Lal, D., *The Hindu Equilibrium: Cultural Stability and Economic Stagnation India C 1500 BC-AD*, Oxford: Clarendon Press, 1988.

⑥①Lal, D., *Unfinished Business: India in the World Economy*, New Delhi: Oxford University Press, 2000.

⑥②Livi-Bacci, M., *A Concise History of World Population, Third Edition*, Malden: Blackwell, 2001.

⑥③Maddison, Angus, *Class Structure and Economic Growth: India and Pakistan since the Moghuls*, London: Norton, 1971.

⑥④Maddison, Angus, *The World Economy: A Millennial Perspective*, Paris: Development Centre of the Organisation for Economic Co-operation and Development, 2001.

⑥⑤Pearson, M., *The Indian Ocean*, New York: Routledge, 2003.

⑥⑥Prakash, Om, 'Trade and Politics in Eighteenth-century Bengal', in Seema Alavi(ed.), *The Eighteenth Century in India*, New Delhi: Oxford University Press, 2002.

⑥⑦Rothermund, D., *An Economic History of India: From Pre-Colonial Times to 1991*, Second Edition, London: Routledge, 1993.

⑥⑧Rothermund, D., *India: The Rise of An Asian Giant*, New Haven: Yale

University Press, 2008.
⑲Roy, T., *The Economic History of India, 1857-1947*, New Delhi: Oxford University Press, 2000.
⑳Schmidt, K. J., *An Atlas and Survey of South Asian History*, New York: M. E. Sharpe, 1995.
㉑Sen, S. R., *Growth and Instability in Indian Agriculture*, Calcutta: Firma K. L. M., 1971.
㉒Sivasubramonian, S., 'Twentieth Century Economic Performance of India', in A. Maddison et al. (eds.), *The Asian Economies in the Twentieth Century*, Cheltenham: Edgar Elgar, 2002.
㉓Tinker, H., *The Banyan Tree: Overseas Emigrants from India, Pakistan and Bangladesh*, Oxford: Oxford University Press, 1977.
㉔Tomlinson, B. R., *The Economy of Modern India, 1860-1970*, Cambridge: Cambridge University Press, 1993.
㉕Washbrook, D., 'Progress and Problems: South Asian Economic and Social History, c. 1720-1860 ', *Modern Asian Studies*, Vol. 22, 1988.

第Ⅲ部

①石川敦彦『萩藩戸籍制度と戸口統計』(私家版) 2005 年。
②板倉聖宣『おかねと社会』仮説社、1982 年。
③尾高煌之助編『近現代アジア比較数量経済分析』〈比較経済研究所研究シリーズ 19〉法政大学出版局、2004 年。
④香月洋一郎「定住——農耕生産領域の形成と発展」『日本民俗文化大系 6：漂泊と定着』小学館、1984 年。
⑤苅谷春郎『江戸の性病』三一書房、1993 年。
⑥河合悦三『農業問題入門』岩波書店、1953 年。
⑦川越修・友部謙一編『生命というリスク』法政大学出版局、2008 年。
⑧神田文人『昭和の歴史 8：占領と民主主義』小学館、1989 年。
⑨北島正元『体系日本史叢書 7：土地制度史 II』山川出版社、1975 年。
⑩鬼頭宏『人口から読む日本の歴史』〈講談社学術文庫〉講談社、2000 年。
⑪鬼頭宏『「図説」人口で見る日本史——縄文時代から近未来社会まで』PHP 研究所、2007 年。
⑫木下忠『湿田農耕』岩崎美術社、1988 年。
⑬木村茂光『ハタケと日本人——もうひとつの農耕文化』〈中公新書〉中央公論社、1996 年。
⑭斎藤修『プロト工業化の時代』日本評論社、1985 年。

参考文献

⑮斎藤修・友部謙一「江戸町人の結婚・出生行動分析——1860年代末の日本橋・神田の戸籍資料による」『人口学研究』11、1988年。
⑯齋藤健太郎「近代日本における労働市場統合と生活水準に関する一試論——熟練労働者と農業労働者に関する地域間賃金変動の分析　1899-1940年」『三田学会雑誌』97（4）、2005年。
⑰栄原永遠男『日本古代銭貨流通史の研究』塙書房、1993年。
⑱須藤功編『写真でみる日本生活図引1：たがやす』弘文堂、1994年。
⑲トマス・C・スミス（大島真理夫訳）『日本社会史における伝統と創造——工業化の内在的諸要因 1750-1920年』ミネルヴァ書房、1995年。
⑳角山幸洋「八世紀中葉の畿内における物価変動——繊維製品の価格を中心として」『関西大学千里山論集』2、1963年。
㉑友部謙一「土地制度」西川俊作他編『日本経済の200年』日本評論社、1996年。
㉒友部謙一「数量経済史」友部謙一他『数量経済学入門』慶應義塾大学通信教育部、1999年。
㉓友部謙一「近世都市長崎における人口衰退について：その研究序説——桶屋町1742〜1851年」『三田学会雑誌』92（1）、1999年。
㉔友部謙一「歴史のなかの市場経済」『総研レビュー』17、2001年。
㉕友部謙一「徳川農村における『出生力』とその近接要因について——『間引き』説の批判と近世から近代への農村母性をめぐる考察」速水融編『近代移行期の人口と歴史』ミネルヴァ書房、2002年。
㉖友部謙一「日本における生活水準の変化と生活危機への対応——1880年代〜1980年代」『三田学会雑誌』97（4）、2005年。
㉗友部謙一「『人体計測・市場・疾病の社会経済史』とその一事例」『三田学会雑誌』99（3）、2006年。
㉘友部謙一『前工業化期日本の農家経済——主体均衡と市場経済』有斐閣、2007年。
㉙友部謙一「近代日本における平均初潮年齢の変遷と身長増加速度の分析」『社会経済史学』72（6）、2007年。
㉚友部謙一・西坂靖「労働の管理と勤労観」宮本又郎・粕谷誠編『講座日本経営史1：経営史・江戸の経験』ミネルヴァ書房、2009年。
㉛友部謙一・鈴木晃仁・永島剛・山下麻衣・齊藤健太郎・花島誠人『生活と市場から読み解く社会経済史——日本の古代から現代』有斐閣、2011年刊行予定。
㉜長塚節『土』〈中公文庫〉中央公論社、1993年。
㉝中村隆英編『日本経済史7：計画化と民主化』岩波書店、1989年。
㉞西川俊作『日本経済の成長史』東洋経済新報社、1985年。
㉟西川俊作『江戸時代のポリティカル・エコノミー』日本評論社、1979年。

㊱西川俊作・阿部武司編『日本経済史4：産業化の時代（上）』岩波書店、1990年。
㊲西村眞次『日本古代経済4』東京堂、1933年。
㊳沼田誠『家と村の歴史的位相』日本経済評論社、2005年。
㊴花島誠人「暦象オーサリング・ツールによる歴史地理情報の視覚化」『情報地理学会研究報告——人文科学とコンピュータ』2009 CH-83（4）、2009年。
㊵原田信男『中世の村のかたちと暮らし』〈歴史文化ライブラリー〉吉川弘文館、2008年。
㊶原洋之介『「農」をどう捉えるか』書籍工房早山、2006年。
㊷スーザン・B・ハンレー（指昭博訳）『江戸時代の遺産——庶民の生活文化』〈中公叢書〉中央公論社、1990年。
㊸平本嘉助「骨からみた日本人身長の移り変わり」『考古学ジャーナル』197、1981年
㊹松好貞夫『村の記録』岩波書店、1956年。
㊺三上参次『江戸時代史（上）』〈講談社学術文庫〉講談社、1992年。
㊻三上隆三『貨幣の誕生』〈朝日選書〉朝日新聞社、1998年。
㊼宮本常一他編『日本庶民生活史料集成』三一書房、1968年。
㊽安場保吉『経済成長論』筑摩書房、1980年。
㊾柳田國男『柳田國男全集6』〈ちくま文庫〉筑摩書房、1989年。
㊿山本成之助『川柳医療風俗史』牧野出版社、1972年。
(51)ジェイムス・ライリー（門司和彦訳者代表）『健康転換と寿命延長の世界誌』明和出版、2008年。
(52)E・ル＝ロワ＝ラデュリ（樺山紘一他訳）『新しい歴史——歴史人類学への道』（新版）〈藤原セレクション〉藤原書店、2002年。
(53)Allen, R. C., 'Real Wages in Europe and Asia', in R. C. Allen et al. (eds.), *Living Standards in the Past,* Oxford: Oxford University Press, 2005.
(54)Easterlin, R. A., 'The Worldwide Standard of Living since 1800', *Journal of Economic Perspective,* 14(1), 2000.
(55)Easterlin, R., *The Reluctant Economist: Perspectives on Economics, Economic History, and Demography,* Cambridge: Cambridge University Press, 2004.
(56)Graham, Carol, *Happiness around the World,* Oxford: Oxford University Press, 2009.
(57)Riley, James C., *Low Income, Social Growth and Good Health: A History of Twelve Countries,* Berkeley: University of California Press, 2008.
(58)Wright, Robert E., 'Living of Standards', in Joel Mokyr (ed.), *Oxford Encyclopedia of Economic History,* Vol. 3, Oxford: Oxford University Press, 2003.

参 考 文 献

第Ⅳ部
①青木虹二『百姓一揆総合年表』三一書店、1971 年。
②友部謙一『前期工業化日本の農家経済——主体均衡と市場経済』有斐閣、2007 年。
③花島誠人「暦象オーサリング・ツールによる歴史地理情報の視覚化」『情報処理学会研究報告——人文科学とコンピュータ』2009 CH-83(4)、2009 年。
④ Goodchild, Michael F., *National Science Priorities in Geoinformatics*, AAAS Research Competitiveness Program-Sioux Falls Meeting, http://www.aaas.org/spp/rcp/sdconf/goodchild.htm, 1997.
⑤ Hanashima, M., K. Tomobe and T. Hirayama, *Reki-Show Authoring Tools: Risk, Space, History*, Jounal of Systemics, Cybernetics and Informatics, Vol. 3, Number 6, IIISCI, 2006.

人名索引

あ行
アブー゠ルゴド、J.L. 69
有賀喜左衛門 146
イースターリン、R. 183
イブン・バットゥータ 71,72,73,75,77
ウォーラーステイン、E. 84
梅棹忠夫 76
エスピン-アンデルセン 47
エンゲルス、F. 22

か行
カー、E.H. 3
ガンディー、M. 109,110,120
ギデンズ、A. 58
クライブ、R. 89,91

さ行
サッチャー、M. 51
シャーリン、A. 154
ジョーンズ、E.L. 10
ショッパ、L. 58
鈴木栄太郎 146
セン、A. 62

た行
ダーウィン、C. 42
ダ・ガマ、ヴァスコ 77,79
タナー、J. 134
チャヤーノフ、A. 170

な行
ナオロジー、D. 112
中曽根康弘 51

長塚節 155,158
ネルー、J. 68,113,115,117,118,120

は行
ハンレー、スーザン・B. 27
ビスマルク、O. 22,50
ヒトラー、A. 42
フォーゲル、R. 134
福沢諭吉 200
フラウド 134
フリードマン、T. 68
ブレア、T. 59
ベック、U. 54,55
ポーロ、マルコ 72
ホブズボーム、E. 38

ま行
前田正名 147
マルサス、T.R. 134

や行
家島彦一 80
安場保吉 166
柳田國男 142
横山源之助 22
ユヌス、M. 60,62

ら行
ライリー、J. 186
ラデュリ、エマニュエル・ル・ロワ 134
ラナデー、M.G. 112
リンスホーテン、J.H. 79
レーガン、R. 51

事項索引

あ行

アーカイブ 204
IT（ソフトウェア） 121,123
新しい貧困 22
アヘン 91-93
――戦争 27,92
イエ社会 47,55,58,59
イスラーム・ネットワーク 80
一揆のマグニチュード 197
移民 7,16,17,106,108
――国家 15,26
――労働者 43,44
商業―― 108
年季契約―― 108
岩倉使節団 29
インターネット 200
Wikipedia 205
ヴェトナム戦争 43,45
Web GIS 192
WEBデータベース 202,203,204
疫病 105,140

か行

開放体系 65,73
家族形態・構造 175,178
花柳病 159,160
関税 116
――同盟 15,18
特恵―― 116
感染症 127,139,151,179
性―― 159,162
乾燥地帯 76
関東大震災 171,172,174
飢饉 101,105,140
気候変動 139

教育水準 19
銀 81,82,93
近代家族 31,35,47,54
近代世界システム 84
近代的綿工業 97,98
クラウド・コンピューティング 208
グラミン銀行 60,61,62
グローバル化 54,58,59,65,68,69,121, 124
クロノマトリクス 195,196,198,199
経済計画 113,117
経済自由化 68,121
計量体格史 134
結婚性向 175,178
遣欧使節団 200
検索エンジン 201
検証可能性 205
「耕作する事実」 167
香辛料 88
皇朝十二銭 135,136,138
交通革命 101
高度経済成長 43,55,175,178,186
高度工業化 15,22,23,38,55
購買力平価（PPP） 185
後発工業化 15,18,26
幸福 183,184,186
凍った涙 3,7
国際衛生会議 104
国土地理院 204
国民国家 3,10,23,26,31,35,38
誤差修正モデル 171,173,174
個人化 58,59
コレラ 103-105,159,161
――・パンデミック 103,104
婚姻率 52

事項索引

「混合経済」体制　113, 117, 120, 121

さ行

再帰的近代化　54
在来綿織物業　100
雑業者化仮説　152, 154
三角貿易　11, 13, 90
産業革命　7, 11, 14, 18, 19, 26, 38, 171
産業規制　117, 121
時空間的変化　189
GDP　44, 47, 48, 119, 122, 123, 180
　——成長率　12
　1人当たり——　7, 8, 15, 16, 179, 182, 183, 184, 185, 186
ジェンダー　19
　——秩序　47, 54, 55, 58
時空間情報　193
市場階層性　197
市場経済　34, 65, 117, 124, 127, 135, 138, 143, 150, 171
市場統合　171, 174
私鋳銭（贋金）　135, 136, 138
失業　39, 41, 43, 44, 183
湿田　142, 155, 156
地主小作関係　167, 169, 170
死亡率　31, 34, 106, 134
社会国家　3, 31, 35, 38, 39, 42, 43, 46, 50, 54, 55
　——性　47
社会史　3, 22
社会主義　38, 39, 43, 46, 50, 117, 121, 124, 170
社会ダーウィン主義　42
社会的なもの　62
社会保険　22, 23, 35, 50
社会問題　22, 46
13世紀世界システム　69, 70, 73
ジュート工業　97, 109
自由貿易　105, 112, 116, 124
出産期間　178

出生率　15, 18, 31, 34, 55, 106, 139, 152, 175
出生力（TFR、合計特殊出生率）　35, 36, 49, 52, 151, 152, 180, 182
情報ツール　193
情報の信頼性リスク　205
植民地　23, 24, 26, 27, 55, 65, 89, 93, 96, 105, 108, 109, 113, 124
初潮年齢　155, 157, 179
人口　7, 8, 15, 16, 139, 151, 154, 156, 164-166, 175, 176
　——移動（国際的な）　26
　——転換　31, 32, 34, 35, 47, 55, 56, 182
　——の農村から都市への移動　11, 151
スペイン風邪　109
生活水準　27, 31, 34, 131, 132, 166, 181, 182
清教徒革命　23
生計費上昇率、生計費指数　19, 20
生産弾力性　163, 164, 166
世界恐慌　39, 41
世界システム史　3
世帯規模　178
接合説　6, 14, 26
選挙権の拡大　20
潜在能力　179
1848年革命　22
全部雇用　163
専門職集団　39, 42, 47
総生産性（TFP）　166
総力戦体制、総力戦型社会　39, 55

た行

第一次世界大戦　3, 19, 38, 39, 40, 42, 46, 101, 105, 109, 110, 116
大航海時代　77, 78
第三の道　59
大衆の貧困　22, 34, 46
第二次5カ年計画（インド）　117, 118
第二次世界大戦　19, 39, 40, 43, 50, 55, 58,

221

65, 113, 116, 175, 186
大量生産システム　15, 26, 43
大量生産・大量消費社会　43, 55
断絶説　6
中絶（堕胎）　56, 58, 158
直系家族　143, 146, 155
地理情報学　189, 190
地理情報システム（GIS）　192
地理的空間情報　189
賃金　19, 20, 28
　実質――　131, 132
　男女の――格差　53
徴税権（ディワーニー）　93
帝国主義　23, 124
デジタルデータ　192
鉄道建設、鉄道網の発達　17, 101
デリー・スルターン朝　73
伝染病予防法　159
天然痘　139
『ドゥムズデイ・ブック』　150
都市化　31, 32, 34, 35, 47, 55, 147, 151, 154
　外的――　22, 34
都市墓場説　151, 152, 154
富の流出　93, 105, 112, 124
トルコ系遊牧民　73

な行
長い19世紀　3, 4, 5, 7, 11, 38, 54, 55
長い20世紀　3, 5, 7, 38, 54, 55
ナショナリズム　23, 124
ナチ、ナチス　39, 42, 46
南北戦争　30
二重構造（二重経済）　163, 166
乳児死亡率　19, 20, 31, 139, 151, 155, 157, 163, 164, 179, 182
ニューディール政策　39
人間開発度、人間開発指標（HDI）　60, 179
農地改革　167, 168, 170
農民層分解　167

は行
廃娼運動　159
梅毒（黴毒）　139, 142, 159
東インド会社　77, 85-89, 93
百姓一揆　197, 198
開かれたインド／閉じられたインド　124
ヒンドゥー的成長　117
福祉社会　47, 50
プラッシーの戦い　89, 93
フランス革命　18, 23
ブレトン・ウッズ体制　43, 55
プロト工業化　11, 131, 149
平均寿命　15, 179, 180, 184, 185, 186
閉鎖体系　117
ベヴァリッジ報告　43, 50
ペスト（黒死病）　11, 13, 69, 71
ベンガル　85, 89, 92, 93, 104
包摂と排除　42, 47, 58
補完性原理　50
保護主義、保護関税体制　18, 23, 65, 109, 113, 116
ホロコースト　42

ま行
マラリア　139, 142
見える化　196
未婚率　57, 177
民主主義　23, 181, 182
民族主義　65, 113, 120
　経済的――　109, 112
ムガル帝国　81, 82, 85
村請制　170
明治維新　30, 127, 147
メタ情報　204
綿製品　88, 93, 97, 109, 116
モンゴル帝国　69, 73
モンスーン　80

や・ら行
輸入代替工業化　68, 109, 113, 117

事項索引

ライフサイクル　143, 146, 177, 178
離婚率　52
リスク社会　54, 55, 58, 59
冷戦　43, 46, 121
歴史情報データベース　193
歴象オーサリングツール　194, 196
レッセ・フェール（自由放任）　105, 112, 124
連続説　6
連帯　59, 62
労働時間　19
労働生産性　166
労働力率　52, 53
ロシア革命　39, 46

【著者紹介】
川越修（かわごえ・おさむ）
　1947年生まれ。上智大学法学部卒、一橋大学大学院社会学研究科博士課程中退。博士（経済学、同志社大学）。現在、同志社大学経済学部教授。専攻はドイツ近現代社会経済史。主な著書に、『ベルリン　王都の近代』（ミネルヴァ書房、1988年）、『性に病む社会』（山川出版社、1995年）、『社会国家の生成』（岩波書店、2004年）、他。

脇村孝平（わきむら・こうへい）
　1954年生まれ。大阪市立大学経済学部卒、同大学院経済学研究科後期博士課程単位取得退学。博士（経済学、大阪市立大学）。現在、大阪市立大学大学院経済学研究科教授。専攻は、インド近現代社会経済史。主な著書に、『飢饉・疫病・植民地統治——開発の中の英領インド』（名古屋大学出版会、2002年）、『疾病・開発・帝国医療——アジアにおける病気と医療の歴史学』（編著、東京大学出版会、2001年）、『帝国とアジア・ネットワーク——長期の19世紀』（編著、世界思想社、2009年）、他。

友部謙一（ともべ・けんいち）
　1960年生まれ。慶應義塾大学経済学部卒、同大学院経済学研究科博士課程単位取得退学。博士（経済学、大阪大学）。現在、大阪大学大学院経済学研究科教授。専攻は数量経済史・日本経済史。主な著書に、『前工業化期日本の農家経済』（有斐閣、2007年）、『生命というリスク』（共編著、法政大学出版局、2008年）、『歴史人口学のフロンティア』（共編著、東洋経済新報社、2002年）、他。

花島誠人（はなしま・まこと）
　1960年生まれ。慶應義塾大学経済学部卒、情報セキュリティ大学院大学博士前期課程修了、大阪大学大学院経済学研究科博士後期課程修了。修士（情報学）、博士（経済学、大阪大学）。日本経済新聞社、地域開発研究所を経て、現在、独立行政法人防災科学技術研究所社会防災システム研究領域災害リスク研究ユニット研究員。専攻は日本経済史、地理情報学、災害リスク情報学。主な著書に『歴史GISの地平』（共著、勉誠出版、2012年）。

ワークショップ社会経済史
現代人のための歴史ナビゲーション

| 2010 年 10 月 28 日　初版第 1 刷発行 | (定価はカヴァーに表示してあります) |
| 2014 年 9 月 1 日　初版第 2 刷発行 | |

著　者　　川越　修　　脇村孝平
　　　　　友部謙一　　花島誠人
発行者　　中西健夫
発行所　　株式会社ナカニシヤ出版
　　　　　〒606-8161 京都市左京区一乗寺木ノ本町 15 番地
　　　　　　　　　　　　　　　TEL 075-723-0111
　　　　　　　　　　　　　　　FAX 075-723-0095
　　　　　　　http://www.nakanishiya.co.jp/

装幀＝白沢　正
印刷・製本＝創栄図書印刷
© O. Kawagoe, K. Wakimura,
K. Tomobe, and M. Hanashima 2010.
Printed in Japan.
＊乱丁・落丁本はお取り替え致します。
ISBN978-4-7795-0502-7　　C0033

モダン都市の系譜
――地図から読み解く社会と空間――

水内俊雄・加藤政洋・大城直樹 著

近代都市はいかにしてその景観を生産してきたのか。都市空間を構築する権力の作用、そこから生み出されるさまざまな政治、経済、社会問題の痕跡を、地図と景観の中に読み解く労作。図版等多数収録。　　　　　　二八〇〇円

食の共同体
――動員から連帯へ――

池上甲一・岩崎正弥・原山浩介・藤原辰史 著

近代日本やナチによる食を通じた動員、有機農業運動の夢と挫折、食育基本法による「食育運動」の展開の分析を通じて、食の機能が資本と国家によって二重に占拠されてしまったいま、「食の連帯」の可能性を探る。　　　　　二五〇〇円

経済のグローバル化とは何か

ジャック・アダ 著／清水耕一・坂口明義 訳

中世の地中海都市に端を発した一つの経済システムは、二十世紀末、ついに国家の論理を超え、市場と資源をめぐる競争を地球全体に押し広げていった――グローバル化の歴史と未来、理論と諸問題を包括的に解説する。　　二四〇〇円

ヨーロッパのデモクラシー
【改訂第2版】

網谷龍介・伊藤武・成廣孝 編

欧州二九ヵ国とEUの最新の政治状況を概観する決定版。民主主義の赤字、移民とポピュリズム、新自由主義、福祉国家の危機等、デモクラシーをめぐる様々な困難に、欧州各国はどのように立ち向かおうとしているのか。　三六〇〇円

表示は本体価格です。